漢字は日本文化をささえる根幹

長い日本文化の発展過程において、漢字はその根幹として文化の伝達と進展を支えてきました。現代に生きるわたしたちの漢字・日本語能力は、その日本文化を受けつぎ、進展させていくために欠くことのできない能力のひとつです。

日本人の歴史とともにあった漢字は奥が深いため、熟年層にも楽しい生涯学習のひとつとして受けとめられています。

いま、求められる漢字能力

あなたが身につけてきた漢字・日本語能力は、かけがえのない知的財産です。

いま学校で、企業で、確かな漢字・日本語能力があらためて求められています。

日本漢字能力検定（「漢検」）は、日本語の根幹である漢字についての能力を、客観的に評価する技能検定です。

漢字能力

高校では　単位認定

「漢検」資格の単位認定制度を導入している高校があります。これは今後、校外学習の成果を積極的に認めようとする大きな動きとして広く普及・定着すると思われます。

大学・短大では　入試評価

入学試験の際に「漢検」取得者を評価する大学・短大・高校が増えています。入試制度の多様化に伴い、今後もこの傾向はますます広がっていくものと思われます。

社会では　必須能力

コミュニケーション能力として漢字は社会人に不可欠な要素。それだけに「漢検」取得者は入社試験の際に有利と言えます。新人研修に「漢検」を導入している企業や、団体受検に取り組む企業も増加しています。

●「漢検」級別 主な出題内容●

10級 …対象漢字数 80字
漢字の読み／漢字の書取／筆順・画数

9級 …対象漢字数 240字
漢字の読み／漢字の書取／筆順・画数

8級 …対象漢字数 440字
漢字の読み／漢字の書取／部首・部首名／筆順・画数
送り仮名／対義語／同じ漢字の読み

7級 …対象漢字数 640字
漢字の読み／漢字の書取／部首・部首名／筆順・画数
送り仮名／対義語／同音異字／三字熟語

6級 …対象漢字数 825字
漢字の読み／漢字の書取／部首・部首名／筆順・画数
送り仮名／対義語・類義語／同音・同訓異字／三字熟語
熟語の構成

5級 …対象漢字数 1006字
漢字の読み／漢字の書取／部首・部首名／筆順・画数
送り仮名／対義語・類義語／同音・同訓異字／誤字訂正
四字熟語／熟語の構成

4級 …対象漢字数 1322字
漢字の読み／漢字の書取／部首・部首名／送り仮名
対義語・類義語／同音・同訓異字／誤字訂正／四字熟語
熟語の構成

3級 …対象漢字数 1608字
漢字の読み／漢字の書取／部首・部首名／送り仮名
対義語・類義語／同音・同訓異字／誤字訂正／四字熟語
熟語の構成

準2級 …対象漢字数 1945字
漢字の読み／漢字の書取／部首・部首名／送り仮名
対義語・類義語／同音・同訓異字／誤字訂正／四字熟語
熟語の構成

2級 …対象漢字数 1945字(他に人名用漢字)
漢字の読み／漢字の書取／部首・部首名／送り仮名
対義語・類義語／同音・同訓異字／誤字訂正／四字熟語
熟語の構成

準1級 …対象漢字数 約3000字
漢字の読み（含、国字、文章題）／漢字の書取（含、文章題）
故事・諺／対義語・類義語／同音・同訓異字／誤字訂正
四字熟語

1級 …対象漢字数 約6000字
漢字の読み（含、動植物名・外国名など、文章題）
漢字の書取（含、国字、文章題）／故事・諺／対義語・類義語
同音・同訓異字／誤字訂正／四字熟語

※ここに示したのは出題分野の一例です。毎回すべての分野から出題されるとは限りません。また、この他の分野から出題されることもあります。
※実際に出題された内容については、『漢検 過去問題集』（財団法人 日本漢字能力検定協会発行図書）を参照してください。

●日本漢字能力検定採点基準●（平成18年度第1回より）

❶字種・字体
①2〜10級の解答は、内閣訓令・告示「常用漢字表」による。ただし、旧字体での解答は正答とは認めない。
②1級および準1級の解答は、『漢字必携一級』（財団法人 日本漢字能力検定協会発行）に示す「標準字体」「許容字体」「旧字体一覧表」による。

❷字の書き方
解答は筆画を正しく、明確に記すこと。くずした字や、乱雑な書き方は採点の対象外とする。

❸読み
①2〜10級の解答は、内閣訓令・告示「常用漢字表」による。
②1級および準1級の解答には、①の規定は該当しない。

❹仮名遣い
仮名遣いは、内閣訓令・告示「現代仮名遣い」による。

❺送り仮名
送り仮名は、内閣訓令・告示「送り仮名の付け方」による。

❻部首
部首は、『漢字必携二級』（財団法人 日本漢字能力検定協会発行）収録の「部首一覧表と部首別の常用漢字」による。

❼筆順
筆順は、文部省（現 文部科学省、以下同じ）告示「小学校学習指導要領」の「学年別漢字配当表」に示された漢字については、文部省編「筆順指導の手びき」により、その他の常用漢字については、『漢字必携二級』による。

❽合格基準

級	満点	合格
1／準1／2級	二〇〇点	八〇％程度
準2／3／4／5／6／7級	二〇〇点	七〇％程度
8／9／10級	一五〇点	八〇％程度

●日本漢字能力検定審査基準●

10級

程度　小学校第1学年の学習漢字を理解し、文や文章の中で使えるようにする。

領域—読むことと書くこと
　　筆順

●小学校第1学年の学習漢字を読み、またその大体を書くことができる。

●点画の長短、接し方や交わり方、筆順および総画を理解する。

9級

程度　小学校第2学年までの学習漢字を理解し、文や文章の中で使えるようにする。

領域—読むことと書くこと
　　筆順

●小学校第2学年までの学習漢字を読み、またその大体を書くことができる。

●点画の長短、接し方や交わり方、筆順および総画を理解する。

8級

程度　小学校第3学年までの学習漢字を理解し、文や文章の中で使えるようにする。

領域—読むことと書くこと

小学校第3学年までの学習漢字を読み、またその大体を書くことができる。

- 音読みと訓読みを理解すること
- 対義語の大体がわかること（勝つ—負ける、重い—軽い　など）
- 送り仮名に注意して書くこと（当たる、楽しい、後ろ　など）

領域—筆順　筆順、総画を正しく理解する。

領域—部首　へん、かんむり、つくりなどを理解する。

7級

程度　小学校第4学年までの学習漢字を理解し、文章の中で正しく使えるようにする。

領域—読むことと書くこと

配当漢字が読める。

配当漢字の大体が書ける。

- 音読みと訓読みを正しく理解すること
- 対義語の大体がわかること（入学—卒業、得点—失点　など）
- 同音異字を理解すること（健康、高校、広告、外交　など）
- 三字熟語を理解すること（百貨店、軽音楽　など）
- 送り仮名に注意して正しく書くこと（落ちる、登る、放す　など）

領域—筆順　点画にも注意する。

領域—部首　脚、構、繞を理解する。

6級

程度 小学校第5学年までの学習漢字を理解し、文章の中で漢字が果たしている役割を知り、正しく使えるようにする。

領域—読むことと書くこと
配当漢字の大体が書ける。
配当漢字が読める。

- 音読みと訓読みを正しく理解すること
- 対義語、類義語の大体がわかること（欠点—短所、死去—他界　など）
- 同音・同訓異字、三字熟語を正しく理解すること
- 熟語の構成を知ること（日照、上下、美人、読書、不明　など）
- 送り仮名や仮名遣いに注意して正しく書くこと（等しい、短い　など）

領域—筆順 筆順、総画を理解する。

領域—部首 主な部首を理解する。

5級

程度 小学校第6学年までの学習漢字を理解し、文章の中で漢字が果たしている役割に対する知識を深め、漢字を文章の中で適切に使えるようにする。

領域—読むことと書くこと
配当漢字が読める。
配当漢字の大体が書ける。

- 音読みと訓読みを正しく理解すること
- 対義語、類義語、同音・同訓異字、四字熟語を正しく理解すること（豊年満作、郷土芸能　など）
- 熟語の構成を知ること
- 送り仮名や仮名遣いに注意して正しく書くこと

領域—筆順 筆順を正しく理解する。

領域—部首 漢字の形を理解する。

4級

程度 小学校学年別漢字配当表のすべての漢字と、その他の常用漢字300字程度を理解し、文章の中で適切に使えるようにする。

領域—読むことと書くこと
約1300字の漢字が読める。
学年別漢字配当表の漢字のうち900字程度の漢字を書き、文章の中で適切に使えるようにする。

- 音読みと訓読みを正しく理解すること
- 熟字訓、当て字を理解すること（小豆／あずき、時雨／しぐれ、土産／みやげ、大和／やまと　など）
- 対義語、類義語、同音・同訓異字を正しく理解すること
- 熟語の構成、四字熟語を理解すること
- 送り仮名や仮名遣いに注意して正しく書くこと

領域—部首 部首を理解し、漢和辞典の使用に慣れる。

3級

程度 小学校学年別漢字配当表のすべての漢字と、その他の常用漢字600字程度を理解し、文章の中で適切に使えるようにする。

領域—読むことと書くこと
約1600字の漢字が読める。
学年別漢字配当表の漢字を身につけ、文章の中で適切に使える。

- 音読みと訓読みを正しく理解すること
- 熟字訓、当て字を理解すること（乙女／おとめ、風邪／かぜ、足袋／たび、雪崩／なだれ　など）
- 対義語、類義語、同音・同訓異字を正しく理解すること
- 熟語の構成、四字熟語を正しく理解すること
- 送り仮名や仮名遣いに注意して正しく書くこと

領域—部首 部首を理解し、漢和辞典の使用に慣れる。

準2級

程度　小学校・中学校で学習する常用漢字の大体を理解し、文章の中で適切に使えるようにする。

領域―読むことと書くこと
常用漢字の大体が読める。特に中学校で学習する音・訓を身につける。
学年別漢字配当表の漢字およびその他の常用漢字300字程度を身につけ、文章の中で適切に使える。

- 熟字訓、当て字を理解すること
（硫黄／いおう、相撲／すもう、草履／ぞうり、凸凹／でこぼこ　など）
- 対義語、類義語、同音・同訓異字などを理解すること
- 典拠のある四字熟語を理解すること（驚天動地、孤立無援　など）

領域―部首　部首の理解を深め、正しく識別する。

2級

程度　小学校・中学校・高等学校で学習する常用漢字を理解し、文章の中で適切に使えるようにする。人名用漢字も読めるようにする。

領域―読むことと書くこと
すべての常用漢字の読み書きに慣れる。特に高等学校で学習する音・訓を身につけ文章の中で適切に使える。

- 熟字訓、当て字を理解すること
（海女／あま、玄人／くろうと、祝詞／のりと、寄席／よせ　など）
- 対義語、類義語、同音・同訓異字などを理解すること
- 典拠のある四字熟語を理解すること（鶏口牛後、呉越同舟　など）

領域―部首　部首の理解を深め、漢字の構成と意味を把握する。

準1級

程度　常用漢字を中心とし、約3000字の漢字の音・訓を理解し、文章の中で適切に使えるようにする。

領域―読むことと書くこと
常用漢字の音・訓を含めて、約3000字の漢字を読み、その大体が書ける。

- 熟字訓、当て字、対義語、類義語、同音・同訓異字などを理解すること
- 典拠のある四字熟語を理解すること
- 国字を読むこと（峠、凧、畠　など）
- 表外漢字を常用漢字に書き換えること

領域―故事・諺　故事成語・諺を正しく理解する。

※約3000字の漢字は、JIS第一水準を目安とする。

1級

程度　常用漢字を含めて、約6000字の漢字の音・訓を理解し、文章の中で適切に使えるようにする。

領域―読むことと書くこと
常用漢字の音・訓を含めて、約6000字の漢字を読み、その大体が書ける。

- 熟字訓、当て字、対義語、類義語、同音・同訓異字などを理解すること
- 典拠のある四字熟語を理解すること
- 国字を書くこと（怺える、毟る　など）
- 地名・国名等の漢字表記（当て字の一種）を読むこと
- 常用漢字体と旧字体との関連を知ること

領域―故事・諺　故事成語・諺を正しく理解する。

※約6000字の漢字は、JIS第二水準を目安とする。

●申し込みについて●

申し込みから合否の通知まで（個人の申し込みの場合）

1 受検級を決める

受検資格　制限はありません
実施級　1、準1、2、準2、3、4、5、6、7、8、9、10級
検定会場　全国主要都市約180か所に設置（受検地区は願書に記載）
検定料（税込）　1級：5000円　準1級：4500円
2級：4000円　準2～7級：2000円
8～10級：1500円

2 願書を入手する

①・②のいずれかで入手できます。

①取扱書店（大学生協含む）で入手する。

②協会へ郵便で請求する。

返信用の封筒（定形封筒＝長形3号23.5×12㎝に請求者の住所、氏名を書き、90円切手を貼《は》ったもの）を用意し、表に**「願書請求」**と朱書きした別の封筒に入れて、協会に請求する。

3 出願する

①・②のいずれかで出願できます。

①取扱書店で検定料を払う。

願書に必要事項を記入し、書店払込証書と共に専用封筒に入れ、必着日までに協会へ郵送する。

※1・準1・2・準2級を受検する方は写真が必要です。

注意

申し込みは受付期間内に！
必着日までに願書と書店払込証書が協会に到着しなければ申し込みは無効
（検定日・受付期間は協会にお問い合わせください）

②協会、または取扱新聞社などへ申し込む。

願書、検定料（現金）を直接持参、または現金書留で送付する。

注意

①家族・友人と同じ会場での受検を希望する方は、1つの封筒に同封して送付してください。同封されない場合には、受検会場が異なることがあります。

②車いすで受検される方や、体の不自由な方はお申し込みの際に協会までご連絡ください。

※申し込み後の変更・取り消し・返金はできません。また、次回への延期もできませんのでご注意ください。

4 受検票が届く

受検票は検定日の約1週間前に到着するよう協会より郵送します。

検定日の3日前になっても届かない場合は協会へお問い合わせください。

TEL **075(352)8300**
問い合わせ時間：月～金　9時00分～18時00分
土　9時00分～17時00分
※日祝除く（ただし、検定日は9時00分～18時00分）

●団体受検の申し込み

学校や企業などで志願者が一定以上まとまると、団体申込ができ、自分の学校や企業内で受検できる制度もあります。団体申込を扱っているかどうかは先生や人事関係の担当者に確認してください。

次の方法でも申し込みができます。
ホームページ
http://www.kentei.co.jp/
携帯電話からも利用可能！バーコード読取機能付き携帯電話で簡単アクセス！
ローソン　Loppi
セブン-イレブン　マルチコピー
ファミリーマート　Famiポート

5 検定日当日

検定時間

2級　：10時00分～11時00分（60分間）
準2級　：11時50分～12時50分（60分間）
8・9・10級　：11時50分～12時30分（40分間）
1・3・5・7級：13時40分～14時40分（60分間）
準1・4・6級：15時30分～16時30分（60分間）

持ち物　受検票、鉛筆（HB、B、シャープペンシルも可）、消しゴム

※ボールペン、万年筆などの使用は認められません。ルーペ持ち込み可。

注意

①**会場への車での来場（送迎）は、周辺の迷惑になりますのでご遠慮ください。**
②検定開始15分前までに入場してください。（答案用紙記入方法などの説明をします。）
③携帯電話やゲーム、電子辞書などは、電源を切り、かばんにしまってから入場してください。
④検定中は受検票を机の上に置いてください。
⑤答案用紙には、あらかじめ名前や受検番号などが印字されています。
⑥お申し込みされた皆様に、後日、検定問題と標準解答をお送りします。

6 合否の通知

検定実施後40日をめやすに、合格者には合格証書・合格証明書を、受検者全員に検定結果通知を郵送します。**受検票は検定結果が届くまで大切に保管**してください。

注目

進学・就職に有利！合格者全員に合格証明書発行

大学・短大の推薦入試の提出書類に、また就職の際の履歴書に添付してあなたの漢字能力をアピールしてください。合格者全員に、合格証書と共に合格証明書を2枚、無料でお届けいたします。

合格証明書が追加で必要な場合は

次の❶～❹を同封して、協会までお送りください。約1週間後、お手元にお届けします。

❶氏名・住所・電話番号・生年月日、および受検年月日・受検級・認証番号（合格証書の左上部に記載）を明記したもの
❷本人確認資料（在学証明書、運転免許証、住民票などのコピー）
❸住所・氏名を表に明記し80円切手を貼《は》った返信用封筒
❹証明書1枚につき発行手数料500円（切手可）

家族で漢検

家族受検表彰制度

ご家族（3～6名）で同年度同一回の検定に合格された場合は、表彰状をさしあげます。合格通知とともにお届けする「家族合格表彰申請書」に必要事項を記入の上、協会本部へ送付してください。

2級
漢検
分野別問題集
改訂版

財団法人　日本漢字能力検定協会

本書の特長と使い方

本書は、「日本漢字能力検定」の2級合格を目指した問題集です。読み、部首、熟語の理解、対義語・類義語、四字熟語、送りがな、書きとりの分野で構成しており、学習をスムーズに進められるように工夫されています。また練習問題は、「ウォーミングアップ」→「練習1」→「練習2」と基礎的なものから順にレベルアップしていきますので、無理なく学習に取り組むことができます。

1 まずは、要点整理 漢検おもしろゼミ

●各分野の問題に取り組む前に、ぜひ知っておいてほしい基礎知識を解説しています。

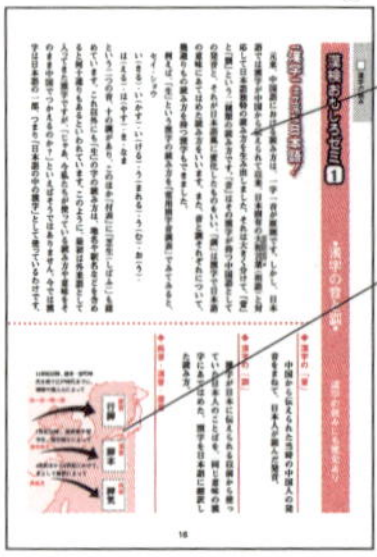

❶漢字のまめ知識なども取りあげていますので、読書感覚で読むことができます。

❷わかりにくい項目などは、表やイラストでまとめています。

2 基礎力を確かめよう ウォーミングアップ

●基礎力をチェックしましょう。

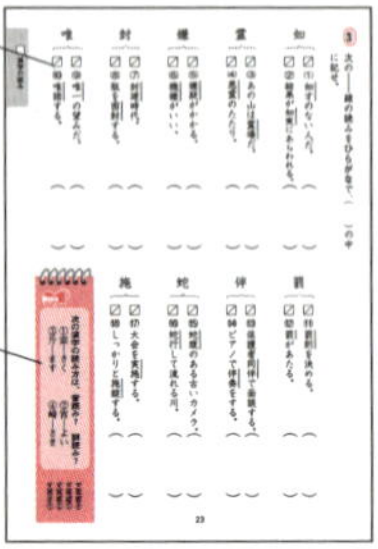

❶チェック欄
できなかった問題、まちがえた問題、自信のない問題はここにチェックして、復習に役立てましょう。

❷Memo
問題を解く上でのテクニック・注意点・ポイントを述べています。

3 色々な練習問題に挑戦 練習1・練習2

●練習1→練習2と学習を進めることで、検定に必要な漢字能力を正しく確実に身につけましょう。

練習1

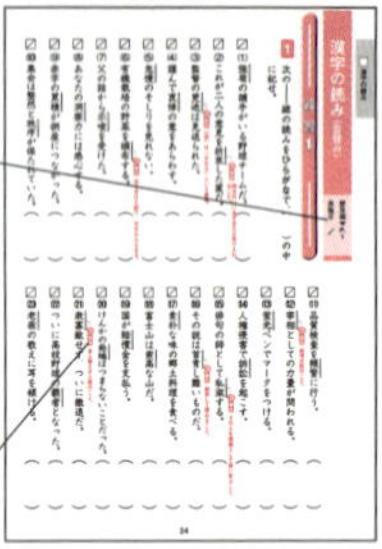

練習2

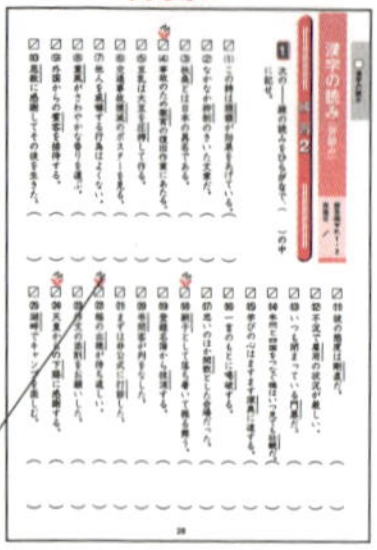

❶実施日記入欄

❷解答の手助けとなる「ヒント」や「意味」を設けているので、漢字の成り立ちや意味などをきちんと理解した上で、問題を解くことができます。

❸まちがえやすい問題や難易度の高い問題にはアイコンをつけています。アイコンのついた問題を解くことができれば、自信を持ってよいでしょう。

4 バッチリ力をつけよう 実力完成問題

●全分野の練習が済んだら、検定問題と同様の形式の実力完成問題にチャレンジしましょう。自己採点して、苦手分野は再度復習しましょう。

5 検定直前ポイント整理 巻末資料

●部首、四字熟語など、まとめて学習するとより効率的なものを掲載しています。集中的に学習でき、また検定直前の見直しにも効果があります。

この本で使っているアイコン

- ヒント：解答の手助けとなるヒントを示しています。
- バチバチ：難易度の高い問題です。
- 意味：難しいことばの意味を解説しています。
- まちがえやすい問題です。

2級 漢検分野別問題集 改訂版

もくじ

日本漢字能力検定審査基準

＜2級＞

程　　度	領　域	内　　　　容
小学校・中学校・高等学校で学習する常用漢字を理解し、文章の中で適切に使えるようにする。人名用漢字も読めるようにする。	読むことと書くこと	ア．すべての常用漢字の読み書きに慣れる。特に高等学校で学習する音・訓を身につけ文章の中で適切に使える。 ・熟字訓、当て字を理解すること （海女／あま、玄人／くろうと 祝詞／のりと、寄席／よせ　など） ・対義語、類義語、同音・同訓異字などを理解すること ・典拠のある四字熟語を理解すること （鶏口牛後、呉越同舟　など）
	部　首	イ．部首の理解を深め、漢字の構成と意味を把握する。

日本漢字能力検定2級の概要

●出題対象漢字について

「漢検」２級の出題は、中学校で学習する漢字九三九字のうち三三七字（巻末の配当漢字表参照）を中心とした常用漢字一九四五字すべての読み・書き、使い方などの漢字能力が検定の対象となります。また、人名用漢字（主な読み方）も出題対象漢字に含まれます。

●『漢字必携二級』のおすすめ

学習効果をより上げるために、『漢字必携二級』の併用をおすすめします。常用漢字のすべてがわかるこの本には、小・中・高別音訓表・部首・筆順・送りがななどのほか、漢字の起源や漢字の成り立ち、熟語の構成、対義語と類義語、四字熟語など、漢字のすべてについてくわしく説明されており、２級合格まで役立つ本です。ぜひ求めて、手元においてください。さらに、『漢検　常用漢字辞典』や『漢検　漢字辞典』、『漢検　四字熟語辞典』を仲間にして楽しく学習すると、漢字の力がぐんぐん伸びていきます。

日本漢字能力検定採点基準（平成十八年度第一回より）

財団法人　日本漢字能力検定協会

(1) 字種・字体

①2～10級の解答は、内閣訓令・告示「常用漢字表」による。ただし、旧字体での解答は正答とは認めない。

②1級および準1級の解答は、『漢字必携一級』（財団法人 日本漢字能力検定協会発行）に示す「標準字体」「許容字体」「旧字体一覧表」による。

(2) 字の書き方

解答は筆画を正しく、明確に記すこと。くずした字や、乱雑な書き方は採点の対象外とする。

(3) 読み

①2～10級の解答は、内閣訓令・告示「常用漢字表」による。

②1級および準1級の解答には、①の規定は該当しない。

(4) 仮名遣い

仮名遣いは、内閣訓令・告示「現代仮名遣い」による。

(5) 送り仮名

送り仮名は、内閣訓令・告示「送り仮名の付け方」による。

(6) 部首

部首は、『漢字必携一級』（財団法人 日本漢字能力検定協会発行）収録の「部首一覧表と部首別の常用漢字」による。

(7) 筆順

筆順は、文部省（現　文部科学省、以下同じ）告示「小学校学習指導要領」の「学年別漢字配当表」に示された漢字については、文部省編「筆順指導の手びき」により、その他の常用漢字については、『漢字必携一級』による。

(8) 合格基準

級	満点	合格
1／準1／2級	二〇〇点	八〇％程度
準2／3／4／5／6／7級	二〇〇点	七〇％程度
8／9／10級	一五〇点	八〇％程度

受検する時の心構え

○問題の答えは楷《かい》書体ではっきり書きなさい。

行書体や草書体のように、くずしたり、乱雑な字体は、検定の対象にはなりません。

特に漢字の書き取り問題では、答えの文字は教科書体をもとにして、はねるところ、とめるところなどはっきり書きなさい。

例えば、

扌・刂・心・内・月・丁・求・永・独の2画目や代・成・氏の4画目は必ずはねなければなりません。また、楷書体で書くことが大切です。これは画数とも関係があります。

例えば、

攵→1画目と2画目
欠→　〃
不→　〃
句→　〃
を続けて書いてはいけません。

隹→3画目と5画目
⻊→6画目と7画目
支→2画目と3画目
修→5画目と6画目
を続けて書いてはいけません。

学習上の留意点

①文字は小学校配当漢字でも音訓を高校で学習するものに誤りが多いので、特に留意して学習すること。

律　儀［リチギ］　回　向［エコウ］
亡　者［モウジャ］　建　立［コンリュウ］
染みる［し(みる)］　久　遠［クオン］
和　む［なご(む)］　奏でる［かな(でる)］

②書き取りについては、誤った同音異字を書いたりしないこと。

徐行（除）　忠告（注）　貯蓄（畜）
余生（世）　危険（倹）

「漢検」級別 主な出題内容

10級…対象漢字数 80字

漢字の読み	漢字の書取	筆順・画数

9級…対象漢字数 240字

漢字の読み	漢字の書取	筆順・画数

8級…対象漢字数 440字

漢字の読み	漢字の書取	部首・部首名
筆順・画数	送り仮名	対義語
同じ漢字の読み		

7級…対象漢字数 640字

漢字の読み	漢字の書取	部首・部首名
筆順・画数	送り仮名	対義語
同音異字	三字熟語	

6級…対象漢字数 825字

漢字の読み	漢字の書取	部首・部首名
筆順・画数	送り仮名	対義語・類義語
同音・同訓異字	三字熟語	熟語の構成

5級…対象漢字数 1006字

漢字の読み	漢字の書取	部首・部首名
筆順・画数	送り仮名	対義語・類義語
同音・同訓異字	誤字訂正	四字熟語
熟語の構成		

4級…対象漢字数 1322字

漢字の読み	漢字の書取	部首・部首名
送り仮名	対義語・類義語	同音・同訓異字
誤字訂正	四字熟語	熟語の構成

3級…対象漢字数 1608字

漢字の読み	漢字の書取	部首・部首名
送り仮名	対義語・類義語	同音・同訓異字
誤字訂正	四字熟語	熟語の構成

準2級…対象漢字数 1945字

漢字の読み	漢字の書取	部首・部首名
送り仮名	対義語・類義語	同音・同訓異字
誤字訂正	四字熟語	熟語の構成

2級…対象漢字数 1945字（他に人名用漢字）

漢字の読み	漢字の書取	部首・部首名
送り仮名	対義語・類義語	同音・同訓異字
誤字訂正	四字熟語	熟語の構成

準1級…対象漢字数 約3000字

漢字の読み（含、国字、文章題）	漢字の書取（含、文章題）	故事・諺
対義語・類義語	同音・同訓異字	誤字訂正
四字熟語		

1級…対象漢字数 約6000字

漢字の読み（含、動植物名・外国名など、文章題）	漢字の書取（含、国字、文章題）	故事・諺
対義語・類義語	同音・同訓異字	誤字訂正
四字熟語		

※ここに示したのは出題分野の一例です。毎回すべての分野から出題されるとは限りません。また、この他の分野から出題されることもあります。
※実際に出題された内容については、『漢検 過去問題集』（財団法人日本漢字能力検定協会発行図書）を参照してください。

漢検おもしろゼミ 1

・漢字の音と訓・

漢字の読みにも歴史あり

「漢字」は立派な日本語！

元来、中国語における読み方は、一字一音が原則です。しかし、日本語では漢字が中国から伝えられて以来、日本固有の大和言葉《やまとことば》（和語）と対応して日本語独特の読み方を生み出しました。それは大きく分けて、「音」と「訓」という二種類の読み方です。「音」はその漢字が持つ中国語としての発音と、それが日本語風に変化したものをいい、「訓」は漢字で日本語の意味にあてはめた読み方をいいます。また、音と訓それぞれについて、幾通りもの読み方を持つ漢字もできました。

例えば、「生」という漢字の読み方を「常用漢字音訓表」でみてみると、

セイ・ショウ

い（きる）・い（かす）・い（ける）・う（まれる）・う（む）・お（う）・は（える）・は（やす）・き・なま

という二つの音、十の訓があり、このほか「付表」に「芝生（しばふ）」も認めています。これ以外にも「生」の字の読み方は、地名や駅名などを含めると何十通りもあるといわれています。このように、最初は外来語として入ってきた漢字ですが、「じゃあ、今私たちが使っている読み方や意味をそのまま中国で使えるのか？」といえばそうではありません。今では漢字は日本語の一部、つまり「日本語の中の漢字」として使っているわけです。

◆漢字の「音」

中国から伝えられた当時の中国人の発音をまねて、日本人が読んだ発音。

◆漢字の「訓」

漢字が日本に伝えられる以前から使っていた日本人のことばを、同じ意味の漢字にあてはめた、漢字を日本語に翻訳した読み方。

◆呉音・漢音・唐音

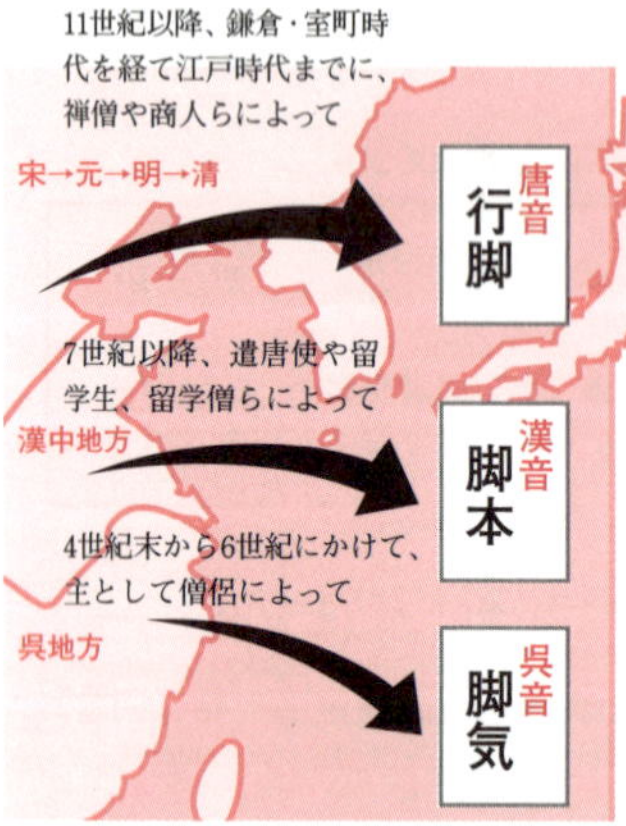

1 漢字の音読みのいろいろ

漢字の音は原則として中国語としての発音がもとになっていますが、例えば、「脚」という漢字では「カク」、「キャク」、「キャ」と三通りに音読みします。このように、一つの漢字で幾通りもの音があるのは、わが国に漢字が伝来した歴史的事情によります。漢字は古い時代から長い年月をかけてわが国に伝えられてきたものですが、その間に中国での漢字の音にも変化があり、日本に伝来した時によって音にも違いが生じています。いわゆる、呉音《ごおん》・漢音《かんおん》・唐《とう》音《おん》《いん》の区別ができたわけです。「脚」の例でいえば、「脚気」の「カッ（カク）」が呉音、「脚本」の「キャク」が漢音、「行脚」の「ギャ（キャ）」が唐音にあたります。

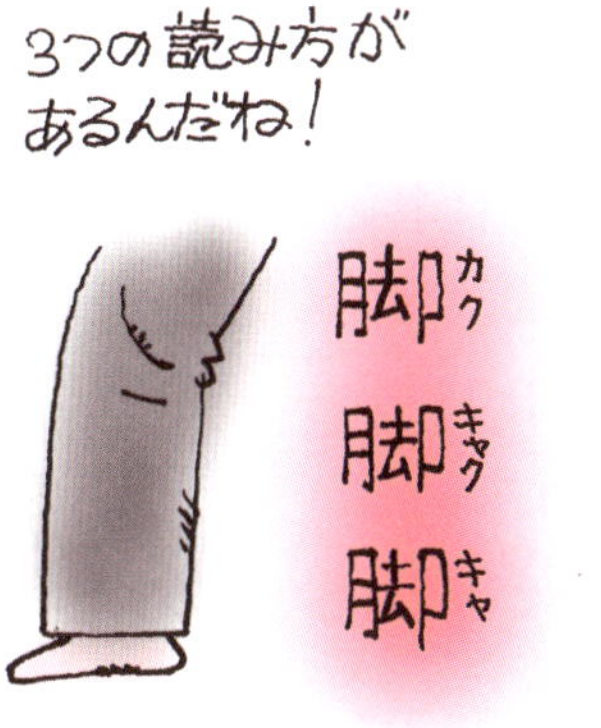

3つの読み方があるんだね！
脚カク
脚キャク
脚キャ

1 呉音 古株だけどまだまだ現役

呉音は、呉（揚子江の下流の地域）の中国音を伝えたものといわれ、四世紀末から六世紀にかけてわが国に最初に入ってきたものです。そのため、古くから日本語の中に吸収された漢語に多くその音がみられます。今日でも官職名・書名・仏教関係のことばなどに残っています。

◆仏教用語に残る呉音の例

法主《ほっす》…一宗一派の長《おさ》。
勤行《ごんぎょう》…僧侶が仏前で声を出してお経を読んだりするおつとめのこと。
権化《ごんげ》…仏が仮の姿で、この世に現れ出たもの。
還俗《げんぞく》…僧になり出家したものが、また、俗人にかえること。
清浄《しょうじょう》…煩悩や悪のないこと。清くて純粋であること。
解脱《げだつ》…雑念にとらわれず悟りの境地に達すること。

◆日常用語における呉音と漢音

呉音	漢音
平等《びょうどう》	平穏《へいおん》
人間《にんげん》	人権《じんけん》
天然《てんねん》	自然《しぜん》
献立《こんだて》	献身《けんしん》
有無《うむ》	有益《ゆうえき》
関西《かんさい》	西域《せいいき》
灯明《とうみょう》	明月《めいげつ》

呉音	漢音
本名《ほんみょう》	著名《ちょめい》
無言《むごん》	格言《かくげん》
修行《しゅぎょう》	孝行《こうこう》
極楽《ごくらく》	極地《きょくち》
家来《けらい》	家屋《かおく》
黄金《おうごん》	金貨《きんか》
文句《もんく》	文化《ぶんか》

2　漢音　今や一番メジャーな音

漢音は、奈良時代から平安時代初期にかけて、わが国の遣唐使や留学生・留学僧らによって伝えられた、隋から唐代へかけての発音です。当時黄河流域にあった都長安（現在の西安）付近の音は、中国の標準語の発音だったため、朝廷では音博士という者を置いて、「漢音」の学習に力を入れていました。しかし急には改まらず、仏典や仏教関係のことばにはなお多くの呉音が使われたのですが、次第に儒学関係など主に学問の世界で広く用いられるようになり、その後、一般的に使われるようになったものです。

また、江戸時代末期から明治時代にかけて、西欧の諸国語を翻訳する際、例えば「日曜・心理・種痘・手術・電信・酸素・公園」など字音読みの新しい訳語が大量につくられましたが、これらは主として漢音が使われました。そのため、現在私たちが使っている漢字では、漢音の字音で読むものが最も多くなっています。

3　唐音　ちょっと特殊な少数派

唐音は、平安時代中期から鎌倉・室町時代を経て江戸時代にかけて、禅僧や商人などが日本と中国を往来し、その時に伝えられた宋・元・明・清などの発音で、宋音とも呼ばれます。

この字音は、禅宗関係の用語や、「銀杏《ぎんなん》」や「行灯《あんどん》」など食物・器具などの名称にみられますが、やや特殊な音といえます。

◆器具などの名に比較的多い唐音

行灯《あんどん》　提灯《ちょうちん》　行火《あんか》　炭団《たどん》

風鈴《ふうりん》　花瓶《かびん》　蒲団《ふとん》　杏子《あんず》

銀杏《ぎんなん》　南京《なんきん》　和尚《おしょう》

◆呉音・漢音・唐音の読み分け

	呉音	漢音	唐音
京	京都《きょうと》	京師《けいし》	南京《なんきん》
経	経文《きょうもん》	経験《けいけん》	看経《かんきん》
頭	頭痛《ずつう》	頭髪《とうはつ》	饅頭《まんじゅう》
明	明星《みょうじょう》	明月《めいげつ》	明国《みんこく》
和	平和《へいわ》	和楽《からく》	和尚《おしょう》
外	外科《げか》	外国《がいこく》	外郎《ういろう》

◆主な慣用音

格子《こうし》　暴露《ばくろ》　信仰《しんこう》　懸念《けねん》　合戦《かっせん》　留守《るす》

情緒《じょうちょ》　掃除《そうじ》　仁王《におう》　早速《さっそく》　愛想《あいそ》　弟子《でし》

法度《はっと》　音頭《おんど》　納得《なっとく》　納屋《なや》　納戸《なんど》　出納《すいとう》

拍子《ひょうし》　博徒《ばくと》　反物《たんもの》　夫婦《ふうふ》　法主《ほっす》　由緒《ゆいしょ》

立願《りつがん》　女房《にょうぼう》　輸出《ゆしゅつ》

4 慣用音　使い慣れた日本独自の音

呉音・漢音・唐音という正式な音のほかに、日本に入った後に日本で独自に変化し使い慣らされた音があります。これを「**慣用音**」といいます。例えば、立（リュウ→リツ）、院（エン→イン）、輪（シュ→ユ）などの―をつけた音がそれにあたります。

また、慣用読みの一種に、漢字の意味をあらわす箇所をより普通の読み方に改変したり、本来、音を示さない部分を発音をあらわすものと誤ったりした結果、慣用読みとなってしまったものがあります。例えば、消耗（ショウコウ→ショウモウ）は元来「ショウコウ」と読むべきものが「ショウモウ」と誤って読まれるようになりました。これはつくりの「毛」の音符にひきずられて読み誤ったものです。ちなみに「耗」の呉音は「コウ」、漢音は「カウ」ですが、「消耗」は慣用読みの「ショウモウ」が一般化しています。ただし、「心神耗弱」の場合には「コウジャク」と読まれています。

2 漢字の訓読み

漢字がわが国に伝えられた当初は、漢字の読みはその字の音だけに限られていましたが、その後次第に漢字の持つ意味とわが国古来のことば（和語）とが関連づけられ、慣用として認められる読み方になりました。これが「**訓**」と呼ばれるものです。

常用漢字の中には、前述の「生」の字の読み方のように、一字の漢字で複数の訓を持つものもあります。

◆注意したい多くの訓を持つ漢字

漢字	（音）	（訓）
上	ジョウ・ショウ	うえ・うわ・かみ あ-げる・あ-がる のぼ-る・のぼ-せる のぼ-す
下	カ・ゲ	した・しも・もと さ-げる・さ-がる くだ-る・くだ-す くだ-さる お-ろす・お-りる
明	メイ・ミョウ	あ-かり・あか-るい あか-るむ・あか-らむ あき-らか・あ-ける・あ-く あ-くる・あ-かす

◆送りがなのつく、語幹が三音節以上の2級配当漢字

培（つちか）う
恭（うやうや）しい
唆（そその）かす
遮（さえぎ）る
賄（まかな）う
甚（はなは）だしい
陥（おとしい）れる
憤（いきどお）る
償（つぐな）う
煩（わずら）わす

ところが、元来中国語の文字である漢字を使って日本語を書きあらわそうとする場合、日本語にぴったりあてはまる漢字がない場合もありました。日本人は、平安時代の初期の頃から中国の造字法に慣れてきて、それを真似て新しい字をつくり出しました。このようにしてつくられた漢字を「**国字**」といいます。主な国字には、常用漢字表にも入っている「働・込・畑・匁・枠」があり、これらのほかにも樫（かし）、裃（かみしも）、笹（ささ）、畠（はた・はたけ）などが今日でも立派に通用字となっています。

わが国でつくられた国字は、当然のことながら、訓だけで音を持っていませんが、中には、「働（ドウ）」のように音を持つものもあります。

3 特別な読み方

訓読みの中には「**正訓**」のほかに、「**熟字訓**」や「**当て字訓**」があります。では、次のような漢字の読み方はどうでしょうか。

・五月雨（さみだれ→旧暦の五月に降る雨）
・土産（みやげ→旅をしたとき持ち帰る、その土地の名産品）
・浴衣（ゆかた→水浴したあとに着る衣）

「五月雨《さみだれ》」は、和語に「さみだれ」という、旧暦の五月に降る雨のことを意味したことばがあり、あとから「五月雨」と漢字をあてたものなのです。さらに、「さ／みだれ」「さみ／だれ」「さみだ／れ」というように漢字表記された部分の読みを区切ることはできません。「土産」や「浴衣」なども同様で、もともとある和語にあとから漢字表記があてられ、その表記された漢字の間には字音・字訓の音声上、関係が何

◆「常用漢字表　付表」（熟字訓・当て字）（高校で学習するもの）

- □あま－海女
- □いちげんこじ－一言居士
- □いぶき－息吹
- □うわき－浮気
- □おみき－お神酒
- □おもや－母屋・母家
- □かぐら－神楽
- □かし－河岸
- □かや－蚊帳
- □くろうと－玄人
- □ざこ－雑魚
- □さじき－桟敷
- □じゅず－数珠
- □しろうと－素人
- □しわす（しはす）－師走
- □すきや－数寄屋・数奇屋
- □だし－山車
- □ちご－稚児
- □つきやま－築山
- □てんません－伝馬船
- □とあみ－投網
- □とえはたえ－十重二十重
- □どきょう－読経
- □なこうど－仲人
- □のら－野良
- □のりと－祝詞
- □もさ－猛者
- □やおちょう－八百長
- □ゆかた－浴衣
- □よせ－寄席

◆「常用漢字表」の中の特別な音訓と用語例（高校で学習するもの）

- □依　帰依《キエ》
- □疫　疫病神《ヤクビョウがみ》
- □益　御利益《ゴリヤク》
- □和　和尚《オショウ》
- □遠　久遠《クオン》
- □火　火影《ほかげ》
- □華　香華《コウゲ》・散華《サンゲ》
- □回　回向《エコウ》
- □格　格子《コウシ》
- □眼　開眼《カイゲン》
- □期　最期《サイゴ》
- □脚　脚立《キャタツ》・行脚《アンギャ》
- □久　久遠《クオン》
- □宮　宮内庁《クナイチョウ》
- □虚　虚空《コクウ》・虚無僧《コムソウ》
- □供　供物《クモツ》・供養《クヨウ》
- □勤　勤行《ゴンギョウ》
- □建　建立《コンリュウ》

もないものがあります。このような読みを、「熟字訓」といいます。

特別な読み方の一つに、漢字本来の意味に関係なく単に字音や字訓だけを借りて、あてはめたものがあります。これを「当て字」といいます。例えば、砂利（じゃり）、可哀相（かわいそう）、合羽（かっぱ）などがそれにあたります。

また当て字の中には、外来語の音に漢字の持つ音をそのままあてはめたものもあります。例えば、常用漢字にも加えられている「缶」は、もともと英語のcanの音に漢字をあてはめたものです。

一方、次のような外来語の当て字には、漢字の音訓を利用するとともに、漢字本来が持つ意味を生かそうとしたものがあります。例えば、型録（カタログ→型を録したもの）、倶楽部（クラブ→倶《とも》に楽しむ）、煙草（タバコ→煙の草）などがそうです。

こうしてみてみると、先ほどの熟字訓も当て字の一種ととらえることができます。「漢検」では、常用漢字の当て字・熟字訓については「常用漢字表」の「付表」によっています。

□権　権化《ゴンゲ》・権現《ゴンゲン》
□厳　荘厳《ソウゴン》
□行　行脚《アンギャ》・行火《アンカ》
□殺　相殺《ソウサイ》
□事　好事家《コウズカ》
□寂　寂然《セキゼン》・寂《セキ》として
□衆　衆生《シュジョウ》
□祝　祝儀《シュウギ》・祝言《シュウゲン》
□上　上人《ショウニン》・身上《シンショウ》をつぶす
□食　断食《ダンジキ》
□成　成就《ジョウジュ》・成仏《ジョウブツ》
□政　摂政《セッショウ》
□請　普請《フシン》
□説　遊説《ユウゼイ》
□壇　土壇場《ドタンば》
□度　法度《ハット》
□南　南無《ナム》
□馬　馬子《まご》・絵馬《エま》
□煩　煩悩《ボンノウ》
□風　風情《フゼイ》・中風《チュウブ》
□法　法度《ハット》
□謀　謀反《ムホン》
□目　目深《まぶか》・目《ま》の当《あ》たり
□唯　唯々諾々《イイダクダク》
□律　律義《リチギ》
□糧　兵糧《ヒョウロウ》

□験　霊験《レイゲン》・験《ゲン》がある
□庫　庫裏《クリ》
□香　香車《キョウシャ》
□殺　殺生《セッショウ》
□質　言質《ゲンチ》
□主　法主《ホッス》・坊主《ボウズ》
□従　従《ジュ》○位《イ》
□女　女房《ニョウボウ》
□神　神々《こうごう》しい
□声　大音声《ダイオンジョウ》
□清　六根清浄《ロッコンショウジョウ》
□赤　赤銅《シャクドウ》
□想　愛想《アイソ》
□着　愛着《アイジャク》・執着《シュウジャク》
□頭　音頭《オンド》
□納　納屋《ナヤ》
□博　博労《バクロウ》・博徒《バクト》
□病　疾病《シッペイ》
□歩　歩《フ》
□法　法主《ホッス》
□凡　凡例《ハンレイ》
□遊　遊山《ユサン》
□流　流布《ルフ》・流罪《ルザイ》・流転《ルテン》
□緑　緑青《ロクショウ》

□懸　懸念《ケネン》・懸想《ケソウ》
□功　功徳《クドク》
□貢　年貢《ネング》
□仕　給仕《キュウジ》
□若　老若《ロウニャク》
□就　成就《ジョウジュ》
□従　従容《ショウヨウ》
□情　風情《フゼイ》
□数　人数《ニンズ》・数寄屋《スキヤ》
□青　緑青《ロクショウ》・紺青《コンジョウ》
□盛　繁盛《ハンジョウ》
□節　お節料理《セチリョウリ》
□団　布団《フトン》
□通　通夜《ツヤ》
□道　神道《シントウ》
□納　納戸《ナンド》
□反　謀反《ムホン》
□富　富貴《フウキ》
□鉢　衣鉢《イハツ》
□亡　亡者《モウジャ》
□耗　心神耗弱《シンシンコウジャク》
□由　由緒《ユイショ》
□立　建立《コンリュウ》
□棟　棟木《むなぎ》

漢字の読み（音読み）

解答編▼P.1
実施日　／

ウォーミングアップ

1 次の音を持つ**漢字**を後の□の中から選び、（　）にその**漢字**を**すべて**示せ。

(1) ハ（　　）
(2) セツ（　　）
(3) トウ（　　）
(4) ヒ（　　）

窃	罷	筒	棺	騰	拙	縄
謄	媒	把	妃	扉	浦	覇

2 次の**漢字**と同じ**音**を持つ**漢字**を後の□の中から選び、［　］にその**漢字**を**すべて**示せ。また、下の（　）にはその音を**カタカナ**で記せ。

(1) 娠［　　］（　　）
(2) 猫［　　］（　　）
(3) 沖［　　］（　　）
(4) 丙［　　］（　　）
(5) 渦［　　］（　　）

描	衷	弔	津	柄	靴	抽
紳	寡	塀	禍	唇	鋳	併

3 次の——線の読みを**ひらがな**で、（　）の中に記せ。

如

(1) 如才のない人だ。（　）

(2) 結果が如実にあらわれる。（　）

霊

(3) あの山は霊場だ。（　）

(4) 悪霊のたたり。（　）

嫌

(5) 嫌疑がかかる。（　）

(6) 機嫌がいい。（　）

封

(7) 封建時代。（　）

(8) 瓶を密封する。（　）

唯

(9) 唯一の望みだ。（　）

(10) 唯諾する。（　）

罰

(11) 罰則を決める。（　）

(12) 罰があたる。（　）

伴

(13) 保護者同伴で面談する。（　）

(14) ピアノで伴奏をする。（　）

蛇

(15) 蛇腹のある古いカメラ。（　）

(16) 蛇行して流れる川。（　）

施

(17) 大会を実施する。（　）

(18) しっかりと施錠する。（　）

Memo

次の漢字の読み方は、音読み？ 訓読み？

①索—さく　②宵—よい
③升—ます　④崎—さき

①音読み　②訓読み　③訓読み　④訓読み

漢字の読み（音読み）

解答編▼P.1
実施日　／

練習1

1 次の――線の読みを**ひらがな**で、（　）の中に記せ。

(1) 強肩の捕手がいる野球チームだ。（　）
(2) これが二人の意見を折衷した案だ。（　）
意味 両方のいい点を合わせ取り入れること。
(3) 監督の更迭は見送られた。（　）
意味 「迭」は「かわる」という意味。
(4) 謹んで哀悼の意をあらわす。（　）
(5) 怠慢のそしりを免れない。（　）
(6) 有機栽培の野菜を頒布する。（　）
意味 広く分けて配り、ゆきわたらせる。
(7) 父の話から示唆を受けた。（　）
(8) あなたの洞察力には感心する。（　）
(9) 赤字の累積が倒産につながった。（　）
(10) 集会は整然と秩序が保たれていた。（　）
(11) 品質検査を頻繁に行う。（　）
(12) 宰相としての力量が問われる。（　）
意味 総理大臣のこと。
(13) 蛍光ペンでマークをつける。（　）
(14) 人権侵害で訴訟を起こす。（　）
(15) 俳句の師として私淑する。（　）
意味 その人を模範として慕い学ぶこと。
(16) その説は首肯し難いものだ。（　）
意味 納得して認めること。
(17) 素朴な味の郷土料理を食べる。（　）
(18) 富士山は崇高な山だ。（　）
(19) 国が賠償金を支払う。（　）
(20) けんかの発端はつまらないことだった。（　）
(21) 衆寡敵せず、ついに撤退だ。（　）
意味 多人数と少人数のこと。
(22) ついに高校野球の覇者となった。（　）
(23) 老翁の教えに耳を傾ける。（　）

(24) 誠に時宜にかなった発言だ。（　　）
意味 ちょうどよい時のこと。

(25) 今回の釣果はまずまずだ。（　　）

(26) A国との借款が成立した。（　　）
意味 国と国との間の貸借。「款」は契約書の意味。

(27) 不正に対する弾劾演説を聞く。（　　）
意味 罪をあばきたてて攻撃すること。

(28) 誘拐事件が解決する。（　　）

(29) 堪忍袋の緒が切れる。（　　）

(30) 外国の大使が天皇に謁見する。（　　）
意味 手続きをとり身分の高い人や目上の人に会うこと。

(31) 一対一の均衡を破るシュートが決まった。（　　）

(32) 悪貨は良貨を駆逐する。（　　）

(33) 不確実なことばを妄信してはいけない。（　　）
意味 わけもなく信じること。

(34) 迅速な処理が望まれる。（　　）

(35) 官庁と企業との癒着を避ける。（　　）
ヒント 本来は医学用語だが比喩《ゆ》的に使っている。

(36) 地方文化への貢献が顕著だ。（　　）

(37) なかなか滋味あふれる作品だ。（　　）

(38) 地下茎から土中の養分を吸収する。（　　）

(39) 批判を謙虚に受けとめる。（　　）

(40) 海藻は体によい食材である。（　　）

(41) 昆虫図鑑で調べてみよう。（　　）

(42) 西洋医学の発祥の地を訪ねる。（　　）

(43) 彼の虚偽の証言には怒りを覚える。（　　）

(44) 戦前は天皇に統帥権があった。（　　）
意味 軍隊を指揮・統率すること。

(45) 享楽にふけった報いを受ける。（　　）

(46) テーマを逸脱してはならない。（　　）

Memo

音符は漢字の発音を示す部分

「肝《カン》」の「干」、「泊《ハク》」の「白」、「凍《トウ》」の「東」など、漢字の音符に注目すれば、漢字の音がとらえやすくなります。

漢字の読み（音読み）

解答編▼P.1
実施日　／

練習1

2 次の――線の読みを**ひらがな**で、（　）の中に記せ。

(1) それは生涯忘れられない出来事だ。（　）
(2) 今年は、米の生産が過剰だそうだ。（　）
(3) 母と桟橋で友人を見送る。（　）
(4) そのことは勘定に入れてある。（　）
意味 この場合は見積もり（考え）。
(5) スペースの関係でこれは割愛します。（　）
(6) 美しい旋律に思わず耳を傾ける。（　）
意味 メロディー・節ともいう。
(7) 祖父は頑強に反対し続けた。（　）
(8) あの二人は犬猿の仲だ。（　）
(9) 胃液が分泌されて消化が活発になる。（　）
(10) 父は製缶工場に勤務している。（　）
(11) 公衆に奉仕する人のことを公僕という。（　）
意味 公務員のこと。
(12) 多数の艦艇が港内に停泊している。（　）
意味 「艦」はいくさぶね、軍艦。「艇」は細長い小ぶね。
(13) 第三セクターの鉄道を敷設する。（　）
(14) 財産を二人の子供に譲渡する。（　）
(15) 北海道では大規模な酪農が行われている。（　）
(16) 収賄事件が報道される。（　）
ヒント 反対語は「贈賄」。
(17) 移行措置の期間を設ける。（　）
(18) 寸暇を惜しんで制作に打ち込む。（　）
(19) 可能性は皆無に等しい。（　）
(20) 多額の起債は将来に不安を抱かせる。（　）
意味 国債などを発行すること。
(21) これは受験生必携の参考書だ。（　）
(22) 責任を感じて家臣が自刃した。（　）
(23) 国会で条約が批准された。（　）
意味 全権委員（内閣）などが調印した条約を主権者（国会）が承認すること。

- ㉔ 完膚なきまでに打ちのめされた。（　　）
  - 意味 「完膚なきまでに」＝徹底的に。
- ㉕ 門限を破った理由を詰問された。（　　）
- ㉖ 春の叙勲式典をテレビで見る。（　　）
- ㉗ あくまで他には追随しない構えだ。（　　）
- ㉘ 華やかな桜桃の宴。（　　）
- ㉙ フロンを触媒に使用するのは禁止された。（　　）
- ㉚ 単なることばの羅列にすぎない。（　　）
  - 意味 ずらりと並べること。
- ㉛ しきたりを旧弊というべきではない。（　　）
- ㉜ 彼のことばが私の心の琴線に触れた。（　　）
- ㉝ 思いもかけない褒賞を授かった。（　　）
- ㉞ 前例を踏襲し、かつ新案も出す。（　　）
- ㉟ 少子化は人口を逓減させる。（　　）
  - 意味 「逓」は次にうつる、しだいにという意味を持つ。
- ㊱ 俳句の吟行旅行に参加する。（　　）
  - 意味 作句・作歌のために名所や郊外に出かけること。また詩歌を歌いながら歩くこと。
- ㊲ 紛糾する会議をまとめる。（　　）
- ㊳ 衛兵は非業の死を遂げた。（　　）
  - 意味 思いもよらない災難で死ぬこと。
- ㊴ 外国との貿易摩擦を避ける。（　　）
- ㊵ ゲーム機生産は漸次増加の傾向を示す。（　　）
  - 意味 だんだん、しだいに。
- ㊶ 厳しい修行を経て解脱を求める。（　　）
- ㊷ 厳粛な場面にそぐわない態度だ。（　　）
- ㊸ 部下を督励した成果があらわれてきた。（　　）
  - ヒント 監督して激励する。
- ㊹ ふきんを煮沸消毒する。（　　）
- ㊺ 同盟罷業の実行がせまる。（　　）
  - 意味 「同盟罷業」＝ストライキ。
- ㊻ やっと胸襟を開いてくれた。（　　）
  - 意味 胸の内。心の中。

Memo

熟語の読み方の原則　その①

会釈《えしゃく》・金言《きんげん》・椅子《いす》のように、上の字を音読みすれば、下の字も音読みするのが原則。

漢字の読み（音読み）

解答編▼P.1・2
実施日　／

練習2

1 次の――線の読みを**ひらがな**で、（　）の中に記せ。

□(1) この詩は頭韻が効果をあげている。（　）
□(2) なかなか抑制のきいた文章だ。（　）
□(3) 扶桑とは日本の異名である。（　）
□(4) 事故のため徹宵の復旧作業にあたる。（　）
□(5) 豆乳は大豆を圧搾して作る。（　）
□(6) 交通事故撲滅のポスターを見る。（　）
□(7) 他人を威嚇する行為はよくない。（　）
□(8) 薫風がさわやかな香りを運ぶ。（　）
□(9) 外国からの賓客を接待する。（　）
□(10) 恩赦に感謝してその後を生きた。（　）
□(11) 彼の態度は剛直だ。（　）
□(12) 不況で雇用の状況が厳しい。（　）
□(13) いつも閉まっている門扉だ。（　）
□(14) 本州と四国をつなぐ橋はいつ見ても壮観だ。（　）
□(15) 学びの心はますます深奥に達する。（　）
□(16) 一言のもとに喝破する。（　）
□(17) 思いのほか閑散とした会場だった。（　）
□(18) 嗣子として落ち着いて振る舞う。（　）
□(19) 登録名簿から抹消する。（　）
□(20) 弔問客が列をなした。（　）
□(21) まずは非公式に打診した。（　）
□(22) 稲の出穂が待ち遠しい。（　）
□(23) 作文の添削をお願いした。（　）
□(24) 天皇からの下賜に感謝する。（　）
□(25) 湖畔でキャンプを楽しむ。（　）

☐ (26) 惜しみない礼賛の声があがった。（　　）
☐ (27) 予約金を返戻してもらう。（　　）
☐ (28) 根気よく折衝を重ねる。（　　）
☐ (29) 歯並びを矯正した。（　　）
☐ (30) チームの勝利に貢献する。（　　）
☐ (31) 彼は言われるほど凡庸なわけではない。（　　）
☐ (32) 怠惰な生活に終止符を打つ。（　　）
☐ (33) 少年をモデルに塑像を作る。（　　）
☐ (34) 戦争中はここが駐屯地だった。（　　）
☐ (35) 挟撃されて大混乱となる。（　　）
☐ (36) 惰眠をむさぼり無気力となる。（　　）
☐ (37) その重量は風袋を含めたものだ。（　　）
☐ (38) 旅先での醜態を恥じる。（　　）
☐ (39) あの大臣は糾弾された。（　　）

☐ (40) ことば巧みに懐柔された。（　　）
☐ (41) 彼の高尚な趣味は心をいやす。（　　）
☐ (42) 屋上からの眺望は一見に価する。（　　）
☐ (43) 凹凸の激しい道を走る。（　　）
☐ (44) 過去と現在が交錯する。（　　）
☐ (45) 詐欺にあって金を取られた。（　　）
☐ (46) 彼の祖先は侯爵だった。（　　）
☐ (47) もう少し寛大だとよいのだが。（　　）
☐ (48) 将来への漠然とした不安がある。（　　）
☐ (49) 偏狭な考えは捨てよう。（　　）
☐ (50) 仕事に忙殺されて寧日なしだ。（　　）

Memo

漢字には二つ以上の音を持つものがあるので注意！

漢字には複数の音が伝えられたものがあり、「人間《ゲン》」（呉音）「期間《カン》」（漢音）のように二つ以上の音を持つものもあります。

漢字の読み（音読み）

練習2

解答編▼P.2
実施日　／

2 次の――線の読みを**ひらがな**で、（　）の中に記せ。

(1) 二人で婚姻届を出す。（　）
(2) 両者の値段には雲泥の差がある。（　）
(3) 彼はサッカーチームの大事な逸材だ。（　）
(4) 毎日懸垂をして腕を鍛える。（　）
(5) 物事を始める端緒をつかむ。（　）
(6) 大型タンカーが暗礁に乗り上げた。（　）
(7) 事件の渦中に巻き込まれる。（　）
(8) この病原菌に対する免疫がない。（　）
(9) 戦国時代の豪傑のような人物だ。（　）
(10) 健全な血液の循環をうながす。（　）
(11) 情状酌量が加味された判決が下りた。（　）
(12) 病巣を手術で切除した。（　）
(13) 約束を確実に履行する。（　）
(14) 家の普請が始まった。（　）
(15) 状況を把握してから実行する。（　）
(16) 彼は自由奔放に生きた人だ。（　）
(17) 途中の坂道には難渋する。（　）
(18) 容積で一勺は一合の十分の一である。（　）
(19) 働いて報酬を得る。（　）
(20) レベルの違いに自信を喪失する。（　）
(21) 新しい著書を二十人に謹呈した。（　）
(22) 植物性繊維は生野菜から取ろう。（　）
(23) 一刻の猶予も許されない事態だ。（　）
(24) 暗がりで突然、殴打された。（　）
(25) 彼はわがチームの中核選手である。（　）

(26) ガス栓をひねって火をつける。（　）
(27) 捕虜が主人公の映画を見た。（　）
(28) 共同生活では妥協も大切だ。（　）
(29) 地元の産業に奨励金を出す。（　）
(30) 詔勅が発布された。（　）
(31) 哲学的な思索にふける。（　）
(32) 会議中に睡魔におそわれた。（　）
(33) 過酷な条件をつきつけられた。（　）
(34) 委員会に決定案を付託する。（　）
(35) 国家の印を国璽という。（　）
(36) 私が全体を統括する。（　）
(37) 株価急騰のニュースを聞く。（　）
(38) 最低の年俸額は保証される。（　）
(39) 将来のために禍根を除く。（　）

(40) 突然の停電で町は漆黒の闇《やみ》に包まれた。（　）
(41) 諮問機関に意見を求めた。（　）
(42) あの人は愚痴が多いから嫌だ。（　）
(43) 豪族の石棺が発掘された。（　）
(44) 彼の地位は安泰だ。（　）
(45) 休憩室で僚友と談笑する。（　）
(46) 所轄の税務署に申告に行く。（　）
(47) 勤務態度が原因で罷免された。（　）
(48) 機械の歯車が長年の使用で磨耗した。（　）
(49) 彼は記者会見の場で遺憾の意を表明した。（　）
(50) 僧にとって斎戒は大切な勤めだ。（　）

Memo

「撤する」と「徹する」をまちがえない！
「撤する」→取り払う。取り去る。（例）陣を撤する。
「徹する」→貫く。染み通る。（例）脇役に徹した。

漢字の読み（訓読み）

解答編▼P.2
実施日　／

ウォーミングアップ

1 次の――線の読みを**ひらがな**で、（　）の中に記せ。

老
□(1) 人は皆老いる。（　）
□(2) 父は急に老けた。（　）

柄
□(3) 長い柄のほうき。（　）
□(4) 花柄のワンピース。（　）

凍
□(5) 手足が凍える。（　）
□(6) 池の水が凍る。（　）

稲
□(7) 稲刈りをする。（　）
□(8) 稲田にトンボが舞う。（　）

怒
□(9) 怒りをぶつける。（　）
□(10) 悪口雑言に怒る。（　）

恋
□(11) 初めての恋。（　）
□(12) 故郷の母を恋う。（　）

覆
□(13) 証言を覆す。（　）
□(14) 布で覆いをかける。（　）

潜
□(15) 物陰に潜んでいる猫。（　）
□(16) 海底に潜る。（　）

畳
□(17) 畳を取り替える。（　）
□(18) 店を畳む。（　）

触

⑲ 手で触る。（　　）

⑳ 規則に触れる。（　　）

怠

㉑ 毎日の研磨を怠る。（　　）

㉒ 怠け癖を直す。（　　）

競

㉓ 互いの技を競いあう。（　　）

㉔ オークションで競り落とした。（　　）

偽

㉕ 過去を偽る。（　　）

㉖ 偽のブランド品。（　　）

嫌

㉗ 嫌がる子をあやす。（　　）

㉘ 好き嫌いを直す。（　　）

汚

㉙ 汚い手を使ったが負けた。（　　）

㉚ 汚らわしい気持ちを捨てる。（　　）

初

㉛ 書き初め大会。（　　）

㉜ 初々しい笑顔。（　　）

頼

㉝ 頼もしい先輩。（　　）

㉞ すぐに人に頼る。（　　）

抱

㉟ 希望を抱く。（　　）

㊱ 悩みを抱える。（　　）

Memo

送りがなに注目して読み分ける　その①

複数の訓を持つ字には、「狭《せま》い・狭《せば》まる」「優《やさ》しい・優《すぐ》れる」「仰《あお》ぐ・仰《おお》せ」のように送りがなで区別できるものもあります。

漢字の読み（訓読み）

解答編▼P.3
実施日　／

練習1

1 次の――線の読みを**ひらがな**で、（　）の中に記せ。

- (1) 人に負けない強い心を培う。（　）
- (2) 干潟にすむ生き物を守ろう。（　）
- (3) この山全体が塚になっている。（　）
  - 意味 土を高く盛ったもの。墓。
- (4) 医者に傷を診てもらう。（　）
- (5) おいしい漬物で食事をする。（　）
- (6) 自分の殻に閉じこもるな。（　）
  - ヒント 「穀」とまちがえないように。
- (7) 川に洗剤の白い泡が浮いている。（　）
- (8) 悪を懲らして善をなす。（　）
- (9) 花散る里に逝く春を惜しむ。（　）
- (10) 但し書きを見落とさないこと。（　）
- (11) 刃渡り十センチのナイフ。（　）
- (12) 白んできた暁の空を見上げる。（　）
- (13) のどがからからに渇いた。（　）
- (14) 木に竹を接いだようなちぐはぐな説明だ。（　）
- (15) 流感の虞がある。（　）
  - ヒント 「恐れ」と同じ。
- (16) 心から友の死を悼む。（　）
  - ヒント 同訓異字は「痛む」「傷む」。
- (17) 欲するものを苦労して手に入れる。（　）
- (18) 毎朝、歯を磨く。（　）
- (19) くやしさに唇をかむ思いだ。（　）
- (20) 初孫の産着を用意する。（　）
- (21) この家の建坪をはかる。（　）
  - 意味 建物が占める土地の広さ。
- (22) 高層ビルに光を遮られる。（　）
- (23) 良い本を友人に薦める。（　）

(24) 期待にこたえられず甚だ申し訳ない。（　　）

(25) 綿から糸を紡ぐ。（　　）

(26) そんな歌はすぐ廃れる。（　　）
ヒント 反対語は「はやる」。

(27) 死者を手厚く弔う。（　　）
意味 亡くなった人の法要を営むこと。

(28) この家の棟木の太さに驚く。（　　）
意味 家の棟として使う木材。

(29) 難しい問題に挑む。（　　）

(30) 一生をかけて罪を償う。（　　）

(31) パンにチーズを挟む。（　　）

(32) 霜柱を踏んで歩く。（　　）
意味 冬、土中の水分が凍ってできる細い氷の柱。

(33) 彼女の依頼は否むことができない。（　　）
意味 こばむ、ことわる。

(34) 日米間の交渉を調える。（　　）
ヒント 同訓異字は「整える」。書き分けに注意。

(35) 雄大な景色を歌に詠む。（　　）

(36) 命を懸けても守りぬく。（　　）

(37) 事態は泥沼にはまった。（　　）

(38) 余った時間は漢字の練習に充てる。（　　）

(39) 庭に挿し木をする。（　　）
意味 枝や茎を地中にさして根を出させる。

(40) 偏った考え方を正す。（　　）

(41) 寝ぼけ眼で階段を降りては危ない。（　　）
ヒント 「血眼」の「眼」と同じ読み。

(42) いとこが尼寺で修行をしている。（　　）

(43) 洞穴に子ぐまが二匹いる。（　　）

(44) 子供だからと侮ったのが失敗だった。（　　）

(45) 足が絡んで転んでしまった。（　　）

(46) きれいな繭玉ができた。（　　）

Memo

送りがなに注目して読み分ける　その②

複数の訓を持つ字には、「脅《おど》す・脅《おびや》かす」「汚《きたな》い・汚《よご》れる・汚《けが》す」「滑《すべ》る・滑《なめ》らか」のように送りがなで区別できるものもあります。

漢字の読み（訓読み）

解答編▼P.3
実施日　／

練習2

1 次の――線の読みを**ひらがな**で、（　）の中に記せ。

(1) その旨を含んで返答する。（　）
(2) 歯の痛みが鎮まった。（　）
(3) 公園のベンチで憩う老人たち。（　）
(4) 彼は業界に顔が利く。（　）
(5) 棚田は畝や坪でいいあらわす。（　）
(6) 卑しい心は顔にあらわれる。（　）
(7) 政治家としての操を守る。（　）
(8) 子供を慈しむ姿は美しい。（　）
(9) ギターでメロディーを奏でる。（　）
(10) 二町と一村を併せて市になった。（　）
(11) お堀端を散歩する。（　）
(12) 身なりを繕ってから外出する。（　）
(13) 弟は専らパソコンに凝っている。（　）
(14) ポケットに硬貨を忍ばせる。（　）
(15) 祖父は病院で懇ろな看護を受けた。（　）
(16) 氏神さまにお酒を奉る。（　）
(17) 襟を正して先生の話を聞く。（　）
(18) 包丁で魚の腹を割く。（　）
(19) 忌まわしい思い出は捨てた。（　）
(20) 仕事を宵のうちに片づける。（　）
(21) あやしい雰囲気を醸し出している。（　）
(22) 甘言で人を唆すな。（　）
(23) 一年は瞬く間に過ぎ去った。（　）
(24) 煩わしい仕事も進んで受ける。（　）
(25) 恭しくおじぎをして証書をいただく。（　）

(26) サッカー部員を募る。
(27) 過去の秘密が暴かれる。
(28) これだけで必要且つ十分だ。
(29) 美しく装った人たちが集まった。
(30) 国王に貢ぎ物をする。
(31) 緑滴る季節になった。
(32) 心身を鍛える良い機会だ。
(33) 締め切りが迫り焦りを感じる。
(34) 勇気を持って要求を拒もう。
(35) 芳しい花の香りがする。
(36) 左手に見えるのは天皇の陵だ。
(37) 戯れに手を出すと危険だ。
(38) 野良猫にも縄張りがあるらしい。
(39) 書物は私の心の糧となっている。

(40) 病気は快方に赴いている。
(41) 下駄の鼻緒をすげ替える。
(42) 春の兆しが感じられる。
(43) 立場が危うくなり前言を翻す。
(44) 発車時間が迫り慌てた。
(45) 酸いも甘いもかみ分けた人だ。
(46) 新時代への扉を開こう。
(47) 首位を脅かす力を持ったチームだ。
(48) 気の緩みを正す。
(49) 謹んでお慶《よろこ》びを申し上げます。
(50) カーテンのすき間から光が漏れる。

Memo

熟語の読み方の原則　その②

舌鼓《したつづみ》、面影《おもかげ》、真綿《まわた》のように上の字を訓読みすれば、下の字も訓読みするのが原則。

漢字の読み（訓読み）

解答編▶P.3・4

実施日　／

練習2

2 次の——線の読みを**ひらがな**で、（　）の中に記せ。

(1) 一番搾りの油で揚げる。（　）

(2) 手際よい作業は仕上がりも良い。（　）

(3) その問題は一時棚上げにした。（　）

(4) 聞くに堪えないやじだった。（　）

(5) 彼は世の中のことに疎い。（　）

(6) お祝いのことばを賜った。（　）

(7) 周りの人の信用を損なう。（　）

(8) 人前では控えめにする。（　）

(9) 朗々とした謡に感動する。（　）

(10) 母の苦労は想像するに難くない。（　）

(11) 全国大会への出場は本校の誉れだ。（　）

(12) 母は近ごろガーデニングに凝っている。（　）

(13) 金一匁の値段を聞く。（　）

(14) 各の自覚に期待するところ大である。（　）

(15) 疲労に因って集中力が鈍る。（　）

(16) 議題は大枠のところで決まった。（　）

(17) 形見の品に亡き母をしのぶ。（　）

(18) 泣きっ面に蜂《はち》。（　）

(19) 音楽は人の気持ちを和らげる。（　）

(20) 麗しい友情がはぐくまれる。（　）

(21) 漆の木にさわるとかぶれる人がいる。（　）

(22) 一つ一つの真実を貴ぶ。（　）

(23) 裏事情など彼には知る由もなかった。（　）

(24) アルバイトをして学費を稼ぐ。（　）

(25) 「右へ倣え」の号令をかける。（　）

(26) 華やかな彩りの衣装だ。（　）
(27) 友人と酒を酌み交わす。（　）
(28) 庭の杉の木は樹齢三十年だ。（　）
(29) 玄関先に石を据える。（　）
(30) 琴の弦糸を張りなおす。（　）
(31) 今日は懐が暖かい。（　）
(32) どうにか責任を免れる。（　）
(33) お褒めにあずかり光栄です。（　）
(34) 心に希望の灯がともる。（　）
(35) よく矯めて弓を射る。（　）
(36) この書簡は候文で書かれている。（　）
(37) 撮影は夜が更けるまで続いた。（　）
(38) 仕事の発注を請う。（　）
(39) 風薫る空に鯉《こい》のぼりが舞う。（　）
(40) その話が事実かどうかは定かでない。（　）
(41) 人ごみに紛れて見えなくなる。（　）
(42) どんどん不安に陥った。（　）
(43) 新しく会社を興す。（　）
(44) 大波が砕けて散る。（　）
(45) 私はあの人とは肌が合わない。（　）
(46) 事件を闇《やみ》から闇《やみ》に葬る。（　）
(47) 氷室に氷をたくわえておく。（　）
(48) 王の死に国じゅうの民が喪に服した。（　）
(49) 名声は全国津津浦浦まで届いた。（　）
(50) 役員は重要な責任を担っている。（　）

Memo

同訓異字「うつ」の使い分け

討つ→たおす。攻め滅ぼす。(例) 賊を討つ。
撃つ→矢や弾をうって当てる。(例) 大砲を撃つ。

特別な読み（熟字訓・当て字）

解答編▼P.4
実施日　／

ウォーミングアップ

1 次の——線の読みを**ひらがな**で、（　）の中に記せ。

(1) 神楽を奉納する。（　）
(2) 神々しいお姿を見る。（　）
(3) 神主のおはらいを受ける。（　）
(4) 神前にお神酒を供える。（　）
(5) 母家で祖母が寝ている。（　）
(6) あの人は母方の伯母です。（　）
(7) 一年間、乳母に育てられた。（　）
(8) 外国人は納豆が苦手だ。（　）
(9) 小豆を煮る。（　）
(10) 大豆は味噌《みそ》の原料だ。（　）

2 次の——線の読みを**ひらがな**で、（　）の中に記せ。（*は特別な読み）

(1) *野良仕事に精を出す。（　）
(2) 良縁に恵まれる。（　）
(3) *雪崩にあう。（　）
(4) 山崩れで壊れる。（　）
(5) *祝詞をあげる。（　）
(6) 祝辞を述べる。（　）
(7) *仲人を願う。（　）
(8) 仲介を依頼する。（　）
(9) *相撲のけい古を見学する。（　）
(10) 知人に相談する。（　）

練習1

1 次の――線の読みを**ひらがな**で、（　）の中に記せ。

(1) 例年より早い梅雨入りだ。（　）

(2) 昔の人は行火で暖をとった。（　）

(3) 老若男女が楽しめるゲームだ。（　）
?意味 「老若男女」＝年齢・性別に関係なくすべての人。

(4) 今日はいい日和ですね。（　）

(5) これは国宝級の太刀だ。（　）

(6) 帽子を目深にかぶる。（　）

(7) 数寄屋橋は映画で有名になった。（　）
!ヒント 「数奇屋」とも書く。

(8) 成人式で二十歳の抱負を語る。（　）

(9) 居留守を使うとは失礼だ。（　）

(10) 親の残した身上をつぶした。（　）
?意味 身代。財産のこと。

(11) 十日の断食修行に参加する。（　）

(12) 仁王門の前で写真を撮る。（　）

(13) 一週間分の献立表を作る。（　）

(14) 日本庭園には築山が付き物だ。（　）

(15) のんびりと物見遊山に出かける。（　）

(16) 財布から一万円札を出す。（　）

(17) 和服のときは足袋をはく。（　）

(18) 糸を手繰って魚を引き上げた。（　）

(19) 記号の意味を凡例で調べる。（　）

(20) 今の勝負は八百長臭い。（　）

(21) 水が冷たくて心地よい。（　）

(22) 彼の行方は今もわからない。（　）

(23) 発言では言質をとられないようことばを選んだ。（　）
?意味 後で証拠となることば。

(24) 寂として声を立てるものはいない。（　）
?意味 「寂として」＝ひっそりとして。

Memo

漢字の特別な読み方

常用漢字音訓表で認められている音訓の中には、特別なものや、用法のごく狭いものとされている読み方があり、『漢検分野別問題集』ではこれらを「特別な読み」として扱っています。

特別な読み（熟字訓・当て字）

解答編▼P.4・5

実施日　／

練習2

1 次の――線の読みを**ひらがな**で、（　）の中に記せ。

(1) 謀反の嫌疑をかけられる。（　）
(2) 由緒ある茶室を拝見する。（　）
(3) 朝夕、読経の声が聞こえる。（　）
(4) 桟敷席で芝居見物をする。（　）
(5) 夢は虚空に舞って散っていった。（　）
(6) 寄席で落語を聞く。（　）
(7) 娘たちが浴衣がけで花火をしている。（　）
(8) 摂政は天皇に代わって政務を執った。（　）
(9) 今夜の宴会で仕事の話は御法度です。（　）
(10) 煩悩に悩まされる。（　）
(11) 数珠を持って法事に出かける。（　）
(12) 春の息吹を感じる。（　）
(13) 網にかかったのは雑魚ばかりだった。（　）
(14) 修行僧の勤行の声がもれる。（　）
(15) 去年の師走に引っ越した。（　）
(16) 薬師寺の東塔は八世紀に建立された。（　）
(17) わがクラスには猛者がそろっている。（　）
(18) 緑青は絵の具の原料になる。（　）
(19) 従容として事に当たる。（　）
(20) 前回の失敗をこの成功によって相殺する。（　）
(21) 夏至は例年六月二十二日頃です。（　）
(22) この寺の庫裏は百年は経っている。（　）
(23) わら草履は軽くて歩きやすい。（　）
(24) 浮気せずに一つの銘柄にこだわる。（　）
(25) 町の大通りを山車が行く。（　）

(26) 海女が海岸でたき火をしている。（　　）
(27) 回向して先祖の霊をまつる。（　　）
(28) 今でも伝馬船で荷物を運ぶ。（　　）
(29) 師の衣鉢が受け継がれた。（　　）
(30) 彼は律儀一遍の男だ。（　　）
(31) ジプシーは流浪の民といわれる。（　　）
(32) 硫黄は火薬やマッチなどの原料になる。（　　）
(33) 魚河岸は魚市場のことだ。（　　）
(34) 疫病神とののしられる。（　　）
(35) 聞きしにまさる荘厳な滝だ。（　　）
(36) 困っている人に功徳を施す。（　　）
(37) 脚立にのって棚をつる。（　　）
(38) 姪《めい》が稚児行列に参加する。（　　）
(39) 懸念した通りの結果に終わった。（　　）

(40) 霊験あらたかな山岳。（　　）
(41) 恥ずかしくて顔が火照った。（　　）
(42) 蚊帳は押し入れの奥にしまったままだ。（　　）
(43) 料理の腕は玄人はだしだ。（　　）
(44) 仏前に香華をささげる。（　　）
(45) 素人ばかりの合唱団ができた。（　　）
(46) 投網で小魚を獲った。（　　）
(47) やっと願いが成就した。（　　）
(48) 凸凹の道を車で走る。（　　）
(49) 彼は壮絶な最期を遂げた。（　　）
(50) 久遠の理想郷を描いた大作。（　　）

Memo

次の熟語を二通りの読み方で読んでみよう！

①祝詞　②紅葉

①のりと　しゅくし
②もみじ　こうよう

漢字の読み（同字の音訓）

解答編▼P.5
実施日　／

ウォーミングアップ

1 次の——線の漢字の読みを**ひらがな**で、（　）の中に記せ。

栄
(1) 虚栄（　）
(2) 栄える伝統（　）

染
(3) 染色体（　）
(4) 染みる（　）

鈴
(5) 土鈴（　）
(6) 鈴虫（　）

患
(7) 患者（　）
(8) 患う（　）

統
(9) 大統領（　）
(10) 統べる（　）

酢
(11) 酢酸（　）
(12) お酢（　）

担
(13) 担任（　）
(14) 担ぐ（　）

愁
(15) 愁嘆（　）
(16) 愁い（　）

軟
(17) 軟弱（　）
(18) 軟らかい（　）

押
(19) 押印
(20) 押す

彩
(21) 色彩
(22) 彩る

食
(23) 飽食
(24) 食らう

障
(25) 障害
(26) 障る

若
(27) 若干
(28) 若しくは

過
(29) 超過
(30) 過ち

柳
(31) 川柳
(32) 柳

捜
(33) 捜査
(34) 捜す

井
(35) 市井
(36) 井戸

Memo

「音」のみ、または「訓」だけの漢字の数は？

「音」のみの漢字の割合は、常用漢字一九四五字中、七三六字、「訓」のみの漢字の割合は、三七字と、「訓」は極端に少ない。

漢字の読み（同字の音訓）

解答編▼P.5
実施日　／

練習1

1 次の——線の読みを**ひらがな**で、（　）の中に記せ。

⑴ 敵の進撃を阻止する。（　）
⑵ 彼の要求を阻むには勇気がいる。（　）
⑶ 不動産の売買契約をする。（　）
⑷ 固い契りを結んだ仲。（　）
⑸ 緩急自在に球を投げ分ける。（　）
意味　遅いと速いの意。
⑹ 緊張を緩めてリラックスする。（　）
⑺ 刑事裁判を傍聴する。（　）
⑻ 母の傍らで子供が遊ぶ。（　）
⑼ 台風で甚大な被害が出た。（　）
⑽ そこに駐車されると甚だ迷惑だ。（　）
意味　たいへん・非常に。
⑾ 醸造所の見学をする。（　）
意味　微生物の発酵を利用して酒・しょう油・みそなどを造ること。
⑿ 思わぬ発言で物議を醸した。（　）
⒀ 病人に慈悲をかける。（　）
ヒント　「慈」を使った熟語に「慈愛」がある。
⒁ 子供を慈しみ育てる。（　）
⒂ 既成の概念にとらわれるな。（　）
⒃ 父は既に出発していた。（　）
⒄ 心からご逝去を悼み申し上げます。（　）
⒅ 逝く春を惜しんで句を詠む。（　）
ヒント　行って再び帰ってこないものには「逝」を使う。
⒆ 話を聞いて渋面をつくる。（　）
⒇ このお茶は渋い。（　）

(21) 王のもとに伺候する。（　　）
意味 貴人のそばで奉仕すること。
(22) 社長の意向を伺った。（　　）
(23) このことは内緒にしておこう。（　　）
(24) 下駄の緒が切れた。（　　）
(25) 首謀者は国外に逃亡した。（　　）
ヒント 「主謀」とも書き、中心となって悪事をはたらくことの意。
(26) 油断して謀りごとに引っかかる。（　　）
(27) 排水溝の清掃をする。（　　）
(28) 二人の間に溝ができる。（　　）
(29) 工場設立には潤沢な水資源が必要だ。（　　）
(30) 声まで力なく潤んでいた。（　　）
(31) 模倣は一概に悪いといえない。（　　）
(32) 兄のやり方に倣う。（　　）

(33) 清澄な月が輝いている。（　　）
(34) 澄んだ笛の音が聞こえる。（　　）
(35) びっくり仰天して腰をぬかす。（　　）
意味 非常に驚くこと。
(36) 仰せの通りです。（　　）
(37) 母は潔癖な人だ。（　　）
(38) 彼の潔い態度がいい。（　　）
(39) 意思の疎通を欠いたのが原因だ。（　　）
(40) 彼は世間に疎くて話にならない。（　　）

Memo
熟語の読みの少数派　その①「重箱《ジュウばこ》読み」
投網《トあみ》・額縁《ガクぶち》・歩合《ブあい》などのように、上の字を音読みし、下の字を訓読みする読み方を「重箱読み」といいます。

漢字の読み（同字の音訓）

解答編▼P.5
実施日　／

練習1

2 次の――線の読みを**ひらがな**で、（　）の中に記せ。

(1) 雨水が壁に浸透する。（　　）
(2) 手足を湯に浸す。（　　）
(3) 挑発的な行為は慎むべきだ。（　　）
(4) 今シーズン初めて冬山に挑む。（　　）
(5) 四輪駆動車を購入する。（　　）
ヒント「駆」の音符は「区」。
(6) 市民駅伝で二区を駆ける。（　　）
(7) いずれ地下資源は枯渇する。（　　）
意味 干しあがってなくなること。
(8) 水が足りなくて鉢植えを枯らした。（　　）
(9) 責任を他人に転嫁するな。（　　）
(10) 母は二十歳で嫁いだそうだ。（　　）
(11) 住む人もなく荒廃した家屋。（　　）
(12) 服装ははやり廃りが激しい。（　　）
(13) 頒価はかなり安くなっている。（　　）
意味 分け与える時のねだん。
(14) この勝負は一見に価する。（　　）
(15) 刑事責任を追及する。（　　）
(16) 二時間にも及ぶ長い試合だった。（　　）
(17) 恒久平和を渇望する。（　　）
意味 心から強くのぞむこと。
(18) 潤いがなく生活に渇きを覚える。（　　）
(19) バレエの華麗な演技を見る。（　　）
(20) 麗しい友情で結ばれている二人。（　　）

□ (21) 贈賄の容疑で出頭を命ぜられる。（　　）
□ (22) この店で大抵のものは賄える。（　　）
□ (23) 秋涼の宵、月見をする。（　　）
□ (24) 涼しい風に当たる。（　　）
□ (25) 昔は絞首の刑罰があった。（　　）
□ (26) 絞り染めの着物を着る。（　　）
□ (27) 和太鼓の海外公演が行われた。（　　）
□ (28) 小さいころから鼓のけい古をした。（　　）
□ (29) 人気稼業は競争が厳しい。（　　）
ヒント 「稼」の音符は「家」。
□ (30) 今月の稼ぎ頭は君だ。（　　）
□ (31) とうとう窮地に追い込まれた。（　　）
意味 苦境。苦しい立場。
□ (32) 進退窮まって相談にきた。（　　）

□ (33) 彼は少々狭量だ。（　　）
□ (34) 狭い部屋なのでベッドが置けない。（　　）
□ (35) 彼は時々尋常でない言動がある。（　　）
□ (36) 常夏の島、ハワイに旅行する。（　　）
□ (37) 覚えのない醜聞を流され迷惑だ。（　　）
意味 聞き苦しいうわさ、スキャンダル。
□ (38) うそは心を醜くする。（　　）
□ (39) 議論が沸騰して収拾がつかなくなる。（　　）
□ (40) 大歓声が沸き上がる。（　　）

Memo

熟語の読みの少数派　その② 「湯桶《ゆトウ》読み」

結納《ゆいノウ》・敷布《しきフ》・端数《はスウ》などのように、上の字を訓読みし、下の字を音読みする読み方を「湯桶読み」といいます。

漢字の読み（同字の音訓）

解答編▼P.6
実施日　／

練習2

1 次の――線の読みを**ひらがな**で、（　）の中に記せ。

(1) 庭の一隅に植え込みがある。（　　）
(2) ほこりが部屋の隅にたまる。（　　）
(3) 経済恐慌により失業者が急増した。（　　）
(4) 慌ただしい毎日を過ごす。（　　）
(5) 薬に拒絶反応を起こす。（　　）
(6) 度々の申し出を拒む。（　　）
(7) 十年ぶりの帰郷に感懐を抱いた。（　　）
(8) うちの猫はなぜか父にだけ懐かない。（　　）
(9) 先発投手を粉砕する。（　　）
(10) 細かく氷を砕く。（　　）
(11) 忌中だったので訪問がはばかられた。（　　）
(12) 不吉なことと忌み嫌う。（　　）
(13) エンジンに欠陥が見つかった。（　　）
(14) 敵をうまく陥れた。（　　）
(15) サッカーの基礎練習をする。（　　）
(16) ビルの礎を打ち込む。（　　）
(17) 判決を不服として高裁に控訴する。（　　）
(18) 達成目標を控えめにする。（　　）
(19) 憂色をたたえてたたずんでいる。（　　）
(20) カラオケで日ごろの憂さを晴らす。（　　）
(21) 氏は秀抜な批評眼の持ち主だ。（　　）
(22) 一芸に秀でた人物を結集させた。（　　）
(23) あまり自分を卑下しない方がいい。（　　）
(24) 卑しいことを平気でする奴だ。（　　）

(25) 今春小学校の教諭になった。（　　）
(26) 親がわが子を諭す。（　　）
(27) 日本は飽食の時代だといわれる。（　　）
(28) テレビはもう見飽きた。（　　）
(29) その領域は私が通暁している分野だ。（　　）
(30) 白んできた暁の空を見る。（　　）
(31) 人を侮辱するような言動はとるな。（　　）
(32) 敵を侮ってはいけない。（　　）
(33) 紡錘形をした道具を使う。（　　）
(34) 糸巻きの心棒を「錘」という。（　　）
(35) 茶道の秘奥を極める。（　　）
(36) タンスの奥にしまってあります。（　　）
(37) いかだが蛇行して下る。（　　）
(38) 蛇を怖がる人が多い。（　　）

(39) 思わぬ晩霜で苗が枯れた。（　　）
(40) まっ白な霜が降りた。（　　）
(41) 彼の行為にみんな憤慨している。（　　）
(42) あまりの仕打ちに憤りをおぼえる。（　　）
(43) 外国の推理小説を翻訳する。（　　）
(44) 前言を翻すとは何ということだ。（　　）
(45) 戦争でみな焦土と化した。（　　）
(46) 焦りが事故につながった。（　　）
(47) 端正な顔立ちに思わず見とれる。（　　）
(48) スター選手の引退が続き端境期を迎えた。（　　）

Memo

音で読むか訓で読むかが意味の分け目！

「内面《ナイメン》《うちづら》」「片言《ヘンゲン》《かたこと》」などのように、熟語には音で読むか訓で読むかで意味が違ってくるものがあります。

漢字の読み（同字の音訓）

解答編▶P.6
実施日　／

練習2

2 次の――線の読みを**ひらがな**で、（　）の中に記せ。

(1) 台風でいたんだ屋根を修繕する。（　　）
(2) 洋服のほころびを繕う。（　　）
(3) 無断欠席が重なり懲戒処分を受ける。（　　）
(4) 悪いことをしたら懲らしめる。（　　）
(5) この件を担当したものです。（　　）
(6) 重大な責任を担う。（　　）
(7) 飢餓にあえぐ子供たち。（　　）
(8) 人の愛に飢える子供たち。（　　）
(9) 繭糸を使って織った着物。（　　）
(10) 白い繭に色をつける。（　　）
(11) 入社にあたり、誓約書を書いた。（　　）
(12) 誓いは必ず守ろう。（　　）
(13) 花火大会が開催される。（　　）
(14) ロックコンサートを催す。（　　）
(15) 台風で無惨にも家が全壊した。（　　）
(16) この敗戦は惨めな負け方といえる。（　　）
(17) 大会社の傘下に入る。（　　）
(18) 折りたたみの傘を置き忘れた。（　　）
(19) 国会召集の詔書が公示された。（　　）
(20) 七四三年に大仏建立の詔が発せられた。（　　）
(21) 殊勝な心がけだと褒められる。（　　）
(22) 殊更声高に意見を述べた。（　　）
(23) 苦汁をなめた。（　　）
(24) 茶店で汁粉を注文する。（　　）

(25) 降雪のため道路が遮断される。（　　）
(26) 他人の話を遮る。（　　）
(27) 外科病棟に入院する。（　　）
(28) 棟上げ式を盛大に行う。（　　）
(29) 城主は暴虐の限りを尽くした。（　　）
(30) 彼は捕虜として虐げられた。（　　）
(31) 進路について三者で懇談する。（　　）
(32) 遠来の客を懇ろにもてなす。（　　）
(33) この窯業の会社は私で三代目です。（　　）
(34) 清水焼の窯元を訪ねる。（　　）
(35) 屈辱をばねに努力を続けた。（　　）
(36) 公衆の面前で辱めを受けた。（　　）
(37) 充実した生活を送る。（　　）
(38) 残金は図書の購入費に充てる。（　　）

(39) 人権問題で諮問する。（　　）
(40) 予算案を本会議に諮る。（　　）
(41) 不作により米が市場から払底した。（　　）
(42) 小切手で代金を支払う。（　　）
(43) この高台は眺望がきく場所だ。（　　）
(44) 船上から水平線を眺める。（　　）
(45) 手続きは思ったほど煩雑ではなかった。（　　）
(46) お手を煩わして申し訳ない。（　　）
(47) なんとなく俗臭が感じられる人だ。（　　）
(48) ガス臭いので窓を開けた。（　　）

Memo

音訓どちらで読んでも意味は同じ！

「表裏《おもてうら》《ヒョウリ》」、「山陰《やまかげ》《サンイン》」などのように、熟語には音訓の読み方に関係なく同じ意味のものがあります。

漢検おもしろゼミ2

・漢字の部首・

酒は水からつくるけれど…

「酒」の部首は「氵」？　それとも「酉」のどっち？

「酒」の漢字の字形を見ると、左側の「氵」と右側の「酉」の二つに分けることができます。それでは一体どちらが部首なのでしょうか。酒は水を材料にしてできているから水に関係する部首「さんずい」と考えてしまいがちですが、実は「さんずい」ではなく「酉」の部分が部首なのです。「酉」はもともと象形文字の「酉」に由来しており、これは口のすぼまった酒つぼの形そのものを意味します。そこから「酒」の部首は「酉（ひよみのとり）」としているのです。つまり、字形によっているのではなく、字義（字の意味）によって部首が決められているわけです。

部首は字形を分析し、さらに意味をも含んで考え作られたものです。したがって、部首は漢字の意味をあらわす部分であり、部首の意味を理解することで、その字のもとの意味や成り立ちを知ることができます。漢字を辞書を使って調べる場合には、部首索引によるのが基本的な方法ですから、部首は五万字もあるといわれる漢字の戸籍簿といえるでしょう。

1 部首とは

部首は、漢字を組み立てている部分のうちで、漢字をその字画構成から分類するときの基本となるもので、便宜的に考え出されたものです。漢和辞典はこの部首によって漢字を分類しています。

◆部首は漢字の意味をあらわす部分

上記であげた「酒」のように字義によって部首が決められている漢字は数多くあります。以下は同じ字形があっても字義により部首が異なる漢字の例です。

漢字	部首（部首名）	同じ部首の漢字
焼	火（ひへん）	灯・燃・煙など
畑	田（た）	男・画・番など
寡	宀（うかんむり）	宰・宵・寧など
案	木（き）	架・栽・桑など
職	耳（みみへん）	聴
恥	心（こころ）	慶・愛・憂など

2 部首一覧表

表の上には部首を画数順に配列し、下には漢字の中で占める位置によって形が変化するものや特別な名称を持つものを示しています。

偏《へん》…　旁《つくり》…　冠《かんむり》…　脚《あし》…　垂《たれ》…　繞《にょう》…　構《かまえ》…

部首一覧表

画数	番号	部首	名称
一画	1	一	いち
	2	丨	ぼう たてぼう
	3	丶	てん
	4	ノ	の はらいぼう
	5	乙	おつ
		乚	おつ
	6	亅	はねぼう
二画	7	二	に
	8	亠	なべぶた けいさんかんむり
	9	人	ひと
		亻	にんべん
		𠆢	ひとやね
	10	入	いる
	11	儿	ひとあし にんにょう
	12	八	はち
		ハ	は
	13	冂	どうがまえ けいがまえ まきがまえ
	14	冖	わかんむり
	15	冫	にすい
	16	几	つくえ
	17	凵	うけばこ
	18	刀	かたな
		刂	りっとう
	19	力	ちから
	20	勹	つつみがまえ
	21	匕	ひ
	22	匚	はこがまえ
	23	匸	かくしがまえ
	24	十	じゅう
	25	卜	と うらない
	26	卩	わりふ ふしづくり
		㔾	わりふ ふしづくり
	27	厂	がんだれ
	28	ム	む
	29	又	また
三画	30	口	くち
		口	くちへん
	31	囗	くにがまえ
	32	土	つち
		土	つちへん
	33	士	さむらい
	34	夊	すいにょう ふゆがしら
	35	夕	た ゆうべ

漢字	部首	例
薦	艹（くさかんむり）	菌・薪・藻など
夢	夕（た・ゆうべ）	夜・外・多など
罪	罒（あみがしら あみめ よこめ）	罷・羅・置など
買	貝（かい こがい）	貫・貢・賓など
虞	虍（とらがしら とらかんむり）	虚・虐・虜
慮	心（こころ）	慰・憩・怒など
考	耂（おいかんむり おいがしら）	者・老
孝	子（こ）	学・季・存など

以上の例のほかにも、「部首をまちがえやすい漢字」として巻末（P.182参照）に取りあげています。そちらとあわせて覚えましょう。

番号	部首	字形	名称
36	大	大	だい
37	女	女	おんな
		女	おんなへん
38	子	子	こ
		子	こへん
39	宀	宀	うかんむり
40	寸	寸	すん
41	小	小	しょう
		⺌	しょう
42	尢	尢	だいのまげあし
43	尸	尸	かばね しかばね
44	屮	屮	てつ
45	山	山	やま
		山	やまへん
46	川	川	かわ
		巛	かわ
47	工	工	え たくみ
		工	たくみへん
48	己	己	おのれ
49	巾	巾	はば
		巾	はばへん きんべん
50	干	干	かん いちじゅう
51	幺	幺	よう いとがしら
52	广	广	まだれ
53	廴	廴	えんにょう
54	廾	廾	こまぬき にじゅうあし
55	弋	弋	しきがまえ
56	弓	弓	ゆみ
		弓	ゆみへん
57	彡	彡	さんづくり
58	彳	彳	ぎょうにんべん
59	⺍	⺍	つかんむり

四画

忄→心　扌→手　氵→水　犭→犬　艹→艸　辶→辵　阝(右)→邑　阝(左)→阜

番号	部首	字形	名称
60	心	心	こころ
		忄	りっしんべん
		⺗	したごころ
61	戈	戈	ほこづくり ほこがまえ
62	戸	戸	と
		戸	とだれ とかんむり
63	手	手	て
		扌	てへん
64	支	支	し
65	攴	攵	のぶん ぼくづくり
66	文	文	ぶん
67	斗	斗	とます
68	斤	斤	きん
		斤	おのづくり
69	方	方	ほう
		方	ほうへん かたへん
70	日	日	ひ
		日	ひへん
71	曰	曰	ひらび いわく
72	月	月	つき
		月	つきへん
73	木	木	き
		木	きへん
74	欠	欠	あくび かける

◆部首の意味の例

へん（偏）

部首（部首名）	意味
冫（にすい）	冷たいもの・氷
巾（はばへん きんべん）	布の製品・用途
忄（りっしんべん）	心に関係すること
氵（さんずい）	水や液体
禾（のぎへん）	イネや穀物
貝（かいへん）	貨幣・財宝

つくり（旁）

部首（部首名）	意味
刂（りっとう）	刀・刃物《はもの》で切る
彡（さんづくり）	美しく飾る・いろどり
殳（るまた ほこづくり）	打つ動作
頁（おおがい）	人の姿・頭部

番号	部首	形	名前
75	止	止	とめる
76	歹	歹	かばねへん・いちたへん・がつへん
77	殳	殳	るまた・ほこづくり
78	毋	毋	なかれ
79	比	比	ならびひ・くらべる
80	毛	毛	け
81	氏	氏	うじ
82	气	气	きがまえ
83	水	水	みず
		氵	さんずい
		氺	したみず
84	火	火	ひ
		火	ひへん
		灬	れんが・れっか
85	爪	爫	つめかんむり・つめがしら
86	父	父	ちち
87	片	片	かた
		片	かたへん
88	牛	牛	うし
		牛	うしへん
89	犬	犬	いぬ
		犭	けものへん

王→玉　ネ→示　耂→老

五画

番号	部首	形	名前
90	玄	玄	げん
91	玉	玉	たま
		王	おう
		王	おうへん・たまへん
92	瓦	瓦	かわら
93	甘	甘	かん・あまい
94	生	生	うまれる
95	用	用	もちいる
96	田	田	た
		田	たへん
97	疋	疋	ひき
		𤴔	ひきへん
98	疒	疒	やまいだれ
99	癶	癶	はつがしら
100	白	白	しろ
101	皮	皮	けがわ
102	皿	皿	さら
103	目	目	め
		目	めへん
104	矛	矛	ほこ
105	矢	矢	や
		矢	やへん
106	旡	旡	なし・ぶ・すでのつくり
107	石	石	いし
		石	いしへん
108	示	示	しめす
		礻	しめすへん
109	禾	禾	のぎ
		禾	のぎへん
110	穴	穴	あな
		穴	あなかんむり
111	立	立	たつ
		立	たつへん

六画

番号	部首	形	名前
112	竹	竹	たけ
		⺮	たけかんむり

かんむり（冠）

部首	意味
宀（うかんむり）	家・家の部分
耂（おいかんむり／おいがしら）	老人に関係すること
雨（あめかんむり）	雨・気象

あし（脚）

部首	意味
灬（れんが／れっか）	火
小（したごころ）	心の動き

たれ（垂）

部首	意味
厂（がんだれ）	がけ・岩
广（まだれ）	建物・屋根

にょう（繞）

部首	意味
辶（しんにょう／しんにゅう）	行く・進む
廴（えんにょう）	道・行く

番号	部首	形	名前
113	米	米	こめ
		米	こめへん
114	糸	糸	いと
		糸	いとへん
115	缶	缶	ほとぎ
116	网	罒	あみがしら あみめ よこめ
117	羊	羊	ひつじ
118	羽	羽	はね
119	老	耂	おいかんむり おいがしら
120	而	而	しかして しこうして
121	耒	耒	すきへん らいすき
122	耳	耳	みみ
		耳	みみへん
123	聿	聿	ふでづくり
124	肉	肉	にく
		月	にくづき
125	自	自	みずから
126	至	至	いたる
127	臼	臼	うす
128	舌	舌	した
129	舟	舟	ふね
		舟	ふねへん
130	艮	艮	ねづくり こんづくり
131	色	色	いろ
132	艸	艹	くさかんむり
133	虍	虍	とらがしら とらかんむり
134	虫	虫	むし
		虫	むしへん
135	血	血	ち
136	行	行	ぎょう
		行	ぎょうがまえ ゆきがまえ
137	衣	衣	ころも
		衤	ころもへん
138	襾	西	にし
		覀	おおいかんむり
七画			
139	見	見	みる
140	臣	臣	しん
141	角	角	かく つの
		角	つのへん
142	言	言	げん
		言	ごんべん
143	谷	谷	たに
144	豆	豆	まめ
145	豕	豕	ぶた いのこ
146	貝	貝	かい こがい
		貝	かいへん
147	赤	赤	あか
148	走	走	はしる
		走	そうにょう
149	足	足	あし
		足	あしへん
150	身	身	み
151	車	車	くるま
		車	くるまへん
152	辛	辛	からい
153	辰	辰	しんのたつ
154	辵	辶	しんにょう しんにゅう
155	邑	阝	おおざと
156	酉	酉	ひよみのとり

かまえ（構）

囗（くにがまえ）	囲う・範囲
行（ぎょうがまえ ゆきがまえ）	道路・行く

◆紛らわしい部首

❶「阝（おおざと）」と「阝（こざとへん）」

●おおざと―旁《つくり》に属する

「邑《むら》」を省略したもので、「村・国」の意味。（例）郡・郷・郭など

●こざとへん―偏《へん》に属する

「阜《おか》」を省略したもので、「地勢・階級」の意味。（例）陸・陥・陵など

❷漢字のどこに位置するかで呼び名が変わるもの

場・地・坂・塩・境 → つちへん
土・型・堂・圧・基 → つち

記・説・調・該・謡 → ごんべん
言・警・誓・謄・誉 → げん

帳・帆・幅・帽 → はばへん・きんべん
希・師・布・幕・帝 → はば

156	酉	酉	とりへん
157	釆	釆	のごめ
158	里	里	さと
		里	さとへん
159	舛	舛	まいあし
160	麦	麦	むぎ
八画			
161	金	金	かね
		釒	かねへん
162	長	長	ながい
163	門	門	もん
		門	もんがまえ
164	阜	阝	こざとへん
165	隶	隶	れいづくり
166	隹	隹	ふるとり
167	雨	雨	あめ
		雨	あめかんむり
168	青	青	あお
169	非	非	あらず / ひ
170	斉	斉	せい
九画			
171	面	面	めん
172	革	革	かくのかわ / つくりがわ
		革	かわへん
173	音	音	おと
174	頁	頁	おおがい
175	風	風	かぜ
176	飛	飛	とぶ
177	食	食	しょく
		飠	しょくへん
178	首	首	くび
179	香	香	か / かおり
十画			
180	馬	馬	うま
		馬	うまへん
181	骨	骨	ほね
		骨	ほねへん
182	高	高	たかい
183	髟	髟	かみがしら
184	鬼	鬼	おに
184	鬼	鬼	きにょう
185	竜	竜	りゅう
十一画			
186	魚	魚	うお
		魚	うおへん
187	鳥	鳥	とり
188	鹿	鹿	しか
189	麻	麻	あさ
190	黄	黄	き
191	黒	黒	くろ
十二画			
192	歯	歯	は
		歯	はへん
十三画			
193	鼓	鼓	つづみ
十四画			
194	鼻	鼻	はな

◆部首「月」について

「月」の形の成り立ちには三つの系統があります。

❶「月」―新月の形を描いた象形文字　（「つき」と呼ぶ）

（例）　期・有など

❷「月」―舟の変形　（「ふなづき」と呼ぶ）

現在は「つきへん」

（例）　服・朕など

❸「月」―肉の変形　（「にくづき」と呼ぶ）

「にく」のときは「肉」と書きますが、他の字と組み合わされるときは「月」の形になり、人の体に関係する字に添えられています。

（例）　腸・脈・肥など

常用漢字になって、字体では、❶、❷、❸の区別はなくなり、すべて「月」の形で書きます。

「漢検」では、「月（にくづき）」に属さない字は「肉（にく）」の部に入れています。

漢字の部首

解答編▼P.7
実施日 ／

ウォーミングアップ

1 次の漢字群のうち、一つだけ部首が**異なるもの**がある。その**漢字を選んで**（　）に書き、さらにその**部首**を［　］に記せ。

(例) 渉・准・潤・浸・洪　（准）［冫］
漢字　部首

(1) 申・甲・画・由・塁　（　）［　］
(2) 芳・荒・薫・夢・荘　（　）［　］
(3) 幕・師・帯・常・丙　（　）［　］
(4) 原・厄・厚・厘・歴　（　）［　］
(5) 柳・朴・相・槽・棋　（　）［　］
(6) 旅・放・施・旗・旋　（　）［　］
(7) 煙・炉・畑・煩・燥　（　）［　］
(8) 仮・併・化・偏・伴　（　）［　］
(9) 次・冷・凍・准・凝　（　）［　］
(10) 粉・粧・料・粒・粘　（　）［　］
(11) 労・劣・務・勢・協　（　）［　］
(12) 我・戒・戯・成・賊　（　）［　］
(13) 唯・唆・噴・鳴・嘆　（　）［　］
(14) 胎・肪・勝・肌・胞　（　）［　］
(15) 頻・頼・瀬・顧・顕　（　）［　］
(16) 贈・購・賦・賄・則　（　）［　］
(17) 寮・寂・宣・寧・賓　（　）［　］
(18) 殻・殴・殺・役・殿　（　）［　］
(19) 単・厳・営・覚・巣　（　）［　］
(20) 維・雄・雅・離・難　（　）［　］

2 次の漢字の**部首**をア～エから選び、（　）の中にその**記号**を記せ。

(1) 覆〔ア彳　イ覀　ウ又　エ日）（　）
(2) 腐〔ア肉　イ亻　ウ寸　エ广〕（　）
(3) 舞〔ア一　イ夕　ウ舛　エ皿〕（　）
(4) 癖〔ア广　イ疒　ウ辛　エ亠〕（　）
(5) 奉〔ア二　イ人　ウ十　エ大〕（　）
(6) 褒〔ア衣　イ亠　ウ亻　エ口〕（　）
(7) 壁〔ア土　イ十　ウ尸　エ辛〕（　）
(8) 奮〔ア人　イ隹　ウ田　エ大〕（　）
(9) 墓〔ア艹　イ日　ウ土　エ八〕（　）
(10) 導〔ア目　イ辶　ウ寸　エ首〕（　）
(11) 憲〔ア宀　イ罒　ウ王　エ心〕（　）
(12) 慕〔ア艹　イ⺗　ウ日　エ大〕（　）
(13) 命〔ア口　イ人　ウ卩　エ一〕（　）
(14) 爵〔ア爫　イ罒　ウ艮　エ寸〕（　）
(15) 繭〔ア艹　イ冂　ウ糸　エ虫〕（　）
(16) 賞〔ア貝　イ⺌　ウ冖　エ口〕（　）
(17) 章〔ア亠　イ十　ウ立　エ日〕（　）
(18) 募〔ア艹　イ力　ウ日　エ八〕（　）
(19) 穀〔ア土　イ冖　ウ殳　エ禾〕（　）
(20) 傑〔ア亻　イ夕　ウ舛　エ木〕（　）
(21) 豪〔ア亠　イ口　ウ冖　エ豕〕（　）
(22) 喫〔ア刀　イ口　ウ一　エ大〕（　）

Memo

部首は便宜的に考え出された漢字の分類方法です。「漢検」は『漢字必携二級』に示す部首分類によります。

漢字の部首

解答編▼P.7
実施日　／

練習1

1 次の漢字の**部首**を（　）に記せ。

(例) 菜（艹）　間（門）

□(1) 姻（　）
□(2) 依（　）
□(3) 哀（　）
□(4) 慰（　）
□(5) 乱（　）
□(6) 越（　）
□(7) 己（　）
□(8) 香（　）
□(9) 淡（　）
□(10) 陣（　）
□(11) 帆（　）
□(12) 冗（　）
□(13) 震（　）
□(14) 嘱（　）

ヒント (3) かなしみの声をあげることから「哀れむ」となった字。

ヒント (4) 気持ちに関係する字であることに注目。

□(15) 麻（　）
□(16) 慎（　）
□(17) 厳（　）
□(18) 芋（　）
□(19) 縄（　）
□(20) 臨（　）
□(21) 診（　）
□(22) 偉（　）
□(23) 郵（　）
□(24) 献（　）
□(25) 逸（　）
□(26) 閲（　）
□(27) 缶（　）
□(28) 衆（　）
□(29) 論（　）
□(30) 辱（　）
□(31) 覧（　）
□(32) 訳（　）
□(33) 悦（　）
□(34) 各（　）

ヒント (15) この漢字の部首は常用漢字ではこれのみ。

ヒント (24) 神に動物をそなえることから、ささげるの意を持つ字。

ヒント (28) この漢字の部首は字形から分類されている。

ヒント (31) 「展覧」「観覧」などの熟語から「覧」の意味を考える。

(35) 盟（　）

(36) 鶏（　）

(37) 欲（　）

(38) 圏（　）

(39) 迎（　）

(40) 駆（　）

ヒント 音符と意符に分けてみるとよい。

(41) 吟（　）

(42) 含（　）

(43) 菌（　）

(44) 脅（　）

ヒント もともとは「わきばら」の意をあらわした字。

(45) 蛮（　）

(46) 翌（　）

ヒント もともとは「鳥が飛ぶ」意をあらわした字。

(47) 兼（　）

(48) 朗（　）

(49) 暁（　）

(50) 僚（　）

(51) 愚（　）

(52) 偶（　）

(53) 狭（　）

(54) 輝（　）

(55) 携（　）

(56) 弧（　）

(57) 堅（　）

(58) 巧（　）

(59) 傾（　）

(60) 衡（　）

(61) 享（　）

(62) 肯（　）

ヒント 字形どおりの部首ではないことに注意。

(63) 候（　）

(64) 甘（　）

ヒント 「甚」も同じ部首の漢字。

(65) 賢（　）

(66) 鯨（　）

(67) 玄（　）

ヒント 「率」も同じ部首の漢字。

(68) 渓（　）

(69) 抗（　）

(70) 凶（　）

Memo

部首を字の形だけで考えると×になる漢字

「項」(頁)・「酒」(酉)・「初」(刀)・「次」(欠)・「務」(力)・「灰」(火)・「騰」(馬)などがあるので気をつけよう。

漢字の部首

練習1

解答編▼P.7
実施日　／

2 次の漢字の**部首**を（　）に記せ。

(例) 菜（艹）　間（門）

(1) 拷（　）
(2) 概（　）
(3) 緊（　）
(4) 襟（　）
(5) 壇（　）
(6) 巨（　）
(7) 罷（　）
(8) 丹（　）
ヒント「丸」「主」も同じ部首の漢字。
(9) 窯（　）
(10) 猶（　）
(11) 替（　）
(12) 卯（　）
ヒント 漢字の下の部分になると「㔾」の形になる部首。
(13) 忘（　）
(14) 蓄（　）
(15) 誉（　）
(16) 弾（　）
(17) 鍛（　）
(18) 幼（　）
(19) 胆（　）
(20) 夜（　）
ヒント「夢」も同じ部首の漢字。
(21) 奨（　）
ヒント 音をあらわす部分は部首でないことに注目。
(22) 泰（　）
(23) 六（　）
(24) 疫（　）
(25) 鋳（　）
(26) 謄（　）
(27) 裁（　）
ヒント 布を裁って着物をつくる意をあらわした漢字。
(28) 匿（　）
(29) 稚（　）
(30) 幽（　）
(31) 逮（　）
(32) 袋（　）
(33) 宴（　）
(34) 貞（　）

□ (35) 帝（　　）
□ (36) 逓（　　）
□ (37) 彫（　　）
ヒント かがやき、かざりなどの意を示す漢字がこの部首。
□ (38) 困（　　）
□ (39) 癒（　　）
□ (40) 到（　　）
□ (41) 頑（　　）
□ (42) 突（　　）
ヒント あなから犬がとび出す意から「つき出る」の意となった字。
□ (43) 邸（　　）
□ (44) 曇（　　）

□ (45) 軟（　　）
□ (46) 緯（　　）
□ (47) 免（　　）
□ (48) 躍（　　）
□ (49) 塗（　　）
ヒント 「どろ」をぬる意をあらわす漢字であることに注目。
□ (50) 畜（　　）
□ (51) 峠（　　）
□ (52) 企（　　）
□ (53) 魔（　　）
ヒント 音をあらわす部分は部首でないことに注目。
□ (54) 嫁（　　）

□ (55) 隠（　　）
□ (56) 猛（　　）
□ (57) 厄（　　）
□ (58) 怠（　　）
□ (59) 誤（　　）
□ (60) 磨（　　）
□ (61) 兄（　　）
□ (62) 触（　　）

□ (63) 飢（　　）
□ (64) 盆（　　）
□ (65) 凡（　　）
□ (66) 丘（　　）
ヒント 「丈」「与」も同じ部首の漢字。
□ (67) 裕（　　）
□ (68) 房（　　）
ヒント とびら・家などに関係する漢字がこの部首。
□ (69) 冒（　　）
□ (70) 棄（　　）

Memo

その漢字自体が部首になっている例

斉…（斉）　鼻…（鼻）　皮…（皮）
至…（至）　鬼…（鬼）　麻…（麻）

漢字の部首

練習 2

解答編▼P.7・8

実施日 ／

1 次の漢字の**部首**と**部首名**を記せ。

	漢字	部首	部首名
(例)	菜	艹	くさかんむり
(1)	孝		
(2)	麗		
(3)	呼		
(4)	奏		
(5)	竜		
(6)	姿		
(7)	斥		

	漢字	部首	部首名
(8)	匹		
(9)	半		
(10)	是		
(11)	弔		
(12)	去		
(13)	靴		
(14)	虜		
(15)	斉		

	漢字	部首	部首名
(16)	陳		
(17)	棚		
(18)	呉		
(19)	叔		
(20)	幸		
(21)	斎		
(22)	勅		
(23)	辛		
(24)	烈		
(25)	奔		

	漢字	部首	部首名
(26)	醸		
(27)	厘		
(28)	匁		
(29)	融		
(30)	挑		
(31)	亜		
(32)	畳		
(33)	卸		
(34)	睡		
(35)	甚		

⑶⑹	⑶⑺	⑶⑻	⑶⑼	⑷⑽	⑷⑴	⑷⑵	⑷⑶	⑷⑷	⑷⑸
占	尼	端	疎	舶	弟	閥	遮	天	廃

⑷⑹	⑷⑺	⑷⑻	⑷⑼	⑸⑽	⑸⑴	⑸⑵	⑸⑶	⑸⑷	⑸⑸
忍	覇	歳	培	傘	賠	崎	卑	蛇	賜

⑸⑹	⑸⑺	⑸⑻	⑸⑼	⑹⑽	⑹⑴	⑹⑵	⑹⑶
弊	耐	佐	頒	岬	征	影	粋

⑹⑷	⑹⑸	⑹⑹	⑹⑺	⑹⑻	⑹⑼	⑺⑽	⑺⑴
凹	懐	戻	且	虐	韻	及	白

Memo

同じ部首でもどこに位置するかによって呼び名が変わるものに注意！　その①

塀・塚…「つちへん」　塾・堕…「つち」

軟・軸…「くるまへん」　輩・輝…「くるま」

漢字の部首

練習2

解答編▼P.8・9

実施日　／

2 次の漢字の**部首**と**部首名**を記せ。

	漢字	部首	部首名
(例)	菜	艹	くさかんむり
(1)	鮮		
(2)	垂		
(3)	耕		
(4)	珍		
(5)	釈		
(6)	登		
(7)	隷		
(8)	殻		
(9)	戒		
(10)	款		
(11)	敷		
(12)	膚		
(13)	延		
(14)	屯		
(15)	哲		
(16)	塾		
(17)	誓		
(18)	矯		
(19)	聞		
(20)	臭		
(21)	陰		
(22)	舗		
(23)	炎		
(24)	瓶		
(25)	毒		
(26)	再		
(27)	巻		
(28)	署		
(29)	亭		
(30)	斗		
(31)	髪		
(32)	冠		
(33)	聴		
(34)	粛		
(35)	看		

☐(36)	☐(37)	☐(38)	☐(39)	☐(40)	☐(41)	☐(42)	☐(43)	☐(44)	☐(45)
興	舎	量	黙	軒	魅	養	餓	齢	幹

☐(46)	☐(47)	☐(48)	☐(49)	☐(50)	☐(51)	☐(52)	☐(53)	☐(54)	☐(55)
密	朕	殊	輩	衝	鼓	戯	籍	猿	版

☐(56)	☐(57)	☐(58)	☐(59)	☐(60)	☐(61)	☐(62)	☐(63)
雇	義	双	劣	翼	巡	隆	当

☐(64)	☐(65)	☐(66)	☐(67)	☐(68)	☐(69)	☐(70)	☐(71)
零	欄	励	楼	面	徹	唐	蛍

Memo

同じ部首でもどこに位置するかによって呼び名が変わるものに注意！　その②

誇・訟…［ごんべん］　警・誉…［げん］

機・標…［きへん］　楽・柔…［き］

漢検おもしろゼミ3

熟語の理解

組み合わせ方が意味の分かれ目！

◆熟語とは

二字以上の漢字を組み合わせてできたことば（単語）で、一定の意味をあらわすもの。

組み合わされたことば……熟語

漢字は表意文字であり、一字一字がそれぞれの意味を持っています。そして、その漢字を二字以上組み合わせてできたことば（単語）も一定の意味をあらわします。このようにしてつくられ、使われている単語を「熟語（あるいは「熟字」）」といいます。

例として、「理解」という熟語を考えてみましょう。

「理」はおさめる、おさまる、物事の道すじなどの意味を持つ漢字で、「解」にはとく、わかる、ばらばらにする、ほどくなどの意味があります。それぞれの意味の中から「物事の道すじ」という意味の「理」と「わかる」という意味の「解」とが組み合わさって、「物事の道すじがわかる」という意味の「理解」という熟語ができました。

しかしながら、単に漢字一字一字を適当に組み合わせただけで熟語になるわけではありません。同じ漢字を使っても、上下を逆さまにした「解理」という熟語はないのです。

その一方で、「客観」「観客」のように、組み合わせた漢字の上下を入れ換えると意味が全く変わるものもあります。

このように、一つの漢字には複数の意味を持つものがあり、その漢字同士が互いに組み合わさることによって新しい意味のことば、熟語が生まれてくるのです。私たちは、このようにして生まれ、つくられた熟語を日本語の言語表現の中で使っているわけです。

組み合わせていくと
どんどん新しい意味の
ことばができるのね
答
理
解
答
合

1 熟語の読み方

熟語の読み方には、法則があります。それは、上の字を音読みすれば下の字も音読みする、上の字を訓読みすれば下の字も訓読みする、というものです。前者を「音読語」、後者を「訓読語」といいますが、この二つにあてはまらない例外もあります。一つの熟語で音読みと訓読みが混用される、「重箱読み《じゅうばこ》」「湯桶読み《ゆとう》」と呼ばれるものです。さらに、熟字訓や当て字といった慣用的な読みをするものもあります。

1 音読語

「礼拝《らいはい》」「建設《けんせつ》」といった、上の字も下の字も音読みするものをいいます。原則としては、上の字を呉音《ごおん》で読めば下の字も呉音で、漢音《かんおん》で読めば漢音で、唐音《とうおん》で読めば唐音で読みますが、実際には原則的なものばかりでなく、例外的なものもあります。

2 訓読語

「親潮《おやしお》」「似顔《にがお》」といった、上の字も下の字も訓読みするものをいいます。

3 重箱読み

「投網《とあみ》」「献立《こんだて》」といった、上の字を音読み、下の字を訓読みするものをいいます。

4 湯桶読み

「消印《けしいん》」「手順《てじゅん》」といった、上の字を訓読み、下の字を音読みするものをいいます。

5 慣用的な読み

「山車《だし》」「七夕《たなばた》」など、例外的に認められている読み方をするものもあります。

◆**音読語**

◇上下とも呉音で読むもの
金色《こんじき》　人間《にんげん》　天然《てんねん》　建立《こんりゅう》　無言《むごん》　など

◇上下とも漢音で読むもの
特色《とくしょく》　期間《きかん》　殺人《さつじん》　金言《きんげん》　協会《きょうかい》　など

◇上下とも唐音で読むもの
行脚《あんぎゃ》　払子《ほっす》　炭団《たどん》　提灯《ちょうちん》　など

◇上を呉音、下を漢音で読むもの
無職《むしょく》　文句《もんく》　極意《ごくい》　境界《きょうかい》　自由《じゆう》　など

◇上を漢音、下を呉音で読むもの
所望《しょもう》　権限《けんげん》　勘定《かんじょう》　感情《かんじょう》　承認《しょうにん》　など

◆**訓読語**

舌鼓《したつづみ》　浅瀬《あさせ》　傷跡《きずあと》　横綱《よこづな》　薄紅《うすくれない》　端境《はざかい》
麻布《あさぬの》　真綿《まわた》　面影《おもかげ》　乳首《ちくび》　など

◆**重箱読み**

縁組《えんぐみ》　座敷《ざしき》　雑煮《ぞうに》　額縁《がくぶち》　素顔《すがお》　幕内《まくうち》
歩合《ぶあい》　定宿《じょうやど》　石高《こくだか》　台所《だいどころ》　茶柱《ちゃばしら》　など

◆**湯桶読み**

酒代《さかだい》　強味《つよみ》　落度《おちど》　小僧《こぞう》　敷布《しきふ》　湯気《ゆげ》
野宿《のじゅく》　身分《みぶん》　夕刊《ゆうかん》　湯茶《ゆちゃ》　店番《みせばん》　など

◆**慣用的な読み**

若人《わこうど》　掃除《そうじ》　歳暮《せいぼ》　紅葉《もみじ》　笑顔《えがお》　など

2 熟語の構成と意味の理解

実際に文章を読むとき、文中に知らない熟語が出てくることがあります。そういうときは、一つ一つの漢字の意味を思い出し、**熟語の組み立て方・構成**を考えると、おおよその意味が推測できます。

つまり、熟語になった互いの漢字について、意味上の関係や、組み立て方を理解していれば、熟語全体のだいたいの意味を知ることができるのです。これは表意文字である漢字の最大の利点です。

熟語の組み立て・構成から、熟語理解の型は次のように分類できます。

1 ○→□型

A ○が主語、□が述語の関係

上の字が主語、下の字が述語になっているもの。「―が～する」というように、上から下へ意味を考えます。（例）「国営」（→国が営む）

B ○が修飾語、□が被修飾語の関係

上の字が下の字を修飾している熟語の例で、意味は上から下へ考えます。この例には、以下の二つのパターンがあります。

●上の字が下の名詞性の字を修飾するもの。（例）「細心」（→細かい心）

●上の字が下の動詞性の字を修飾するもの。（例）「重視」（→重く視《み》る）

C 連続の関係にある語

「流失」（→流れて失う）などがこれにあたります。

◆熟語の組み立て方の例

A 主語、述語の関係にある語

地震　人造　雷鳴　国立　私製　官選

B 修飾語、被修飾語の関係にある語

●上の字が下の名詞性の字を修飾する熟語

漢字　会員　字典　罪人　血管　胃液
品質　洋画　脳波　物価　銀幕　麦芽
酪農　急病　新人　悪役　晩秋　重罪
美談　国旗　短気　古書　清酒　好漢
暖流　長寿　珍事

●上の字が下の動詞性の字を修飾する熟語

早熟　予告　優遇　楽勝　漸進　永住
先発　互助　厳禁　急増　晩成　断定
激突　徐行　予知

C 連続の関係にある語

説得　没入　注記　活用　追求　消去
説明　混在　清算　温存　測定　発進
要求

D 上下同義の関係にある語

●同じ漢字を重ねて、様子や状態をあらわす熟語

少少　個個　再再　刻刻　続続　堂堂
淡淡　洋洋　朗朗　歴歴

2 ○・□型

D 上下同義(○＝□)の関係

●同じ漢字を重ねて、様子や状態をあらわすもの。

「点点」「青青」などがこれにあたります。「人々」のように、踊り字(々)を使って書くこともできます。

●同じような意味の漢字を重ねて、互いに意味を補い合うもの。

この種の熟語は数多く、どちらかの漢字の意味がわかると、その熟語の意味もだいたい見当がつきます。

・物のありさまや性質をあらわす漢字を重ねたもの。(例)「豊富」「永久」

・動作をあらわす漢字を重ねたもの。(例)「尊敬」「禁止」

・物の名をあらわす漢字を重ねたもの。(例)「樹木」「租税」

E 反対、対応(○↔□)の関係

上と下の字が反対または対応の意味をあらわしている熟語の例で、以下の三つのパターンがあります。

●物のありさまや性質をあらわす漢字を組み合わせたもの。

(例)「美醜」「善悪」

●動作をあらわす漢字を組み合わせたもの。(例)「集散」「贈答」

●物の名をあらわす漢字を組み合わせたもの。(例)「吉凶」「陰陽」

この型に分類できる熟語は、相反する二つの意味を対応的にあらわすものですが、中にはどちらか一つの漢字の意味をあらわすものや、そこから転じた別の意味をあらわすものもありますので、これらの熟語の意味を考えるときは要注意です。

●同じような意味の漢字を重ねて、互いに意味を補い合う熟語

・物のありさまや性質をあらわす漢字を重ねたもの

貧乏 善良 強硬 軽薄 濃厚 新鮮

清潔 粗悪 精密 悲哀 詳細 華麗

・動作をあらわす漢字を重ねたもの

建設 言語 圧迫 依頼 勤務 映写

過去 上昇 分割 選択 満足 繁栄

・物の名をあらわす漢字を重ねたもの

岩石 森林 絵画 船舶 宮殿 身体

皮膚 河川 道路 機器 霊魂 陰影

E 反対、対応の関係にある語

・物のありさまや性質をあらわす漢字を組み合わせたもの

苦楽 軽重 広狭 寒暑 有無 細大

厚薄 安危 難易 高低

・動作をあらわす漢字を組み合わせたもの

取捨 昇降 攻守 送迎 浮沈 断続

愛憎 去来 授受 伸縮 発着 貸借

・物の名をあらわす漢字を組み合わせたもの

腹背 表裏 今昔 和戦 縦横 師弟

賞罰 慶弔 経緯 主従 順逆

異同《いどう》（異なっているところ、違いの意味）
黒白《こくびゃく》（物のよしあしの意味）
始終《しじゅう》（いつもの意味）
動静《どうせい》（人や物事の活動の様子の意味）

F　並列の関係

「○と□（動作をあらわす字なら、○すると□する）」というように意味を考えることができるもの。（例）「牛馬」（→牛と馬）

3　○←□型

G　述語、目的語（補語）の関係

上の漢字が動詞で、下の漢字がその目的語（あるいは補語）になっているもの。（例）「握手」（→手を握る）

これらは、「□を（に）○する」という関係になっています。語の意味を考えるときは、下から上へと読むとおおよその意味がわかります。

4　上下いずれかに特別な字がついた熟語

H　上に否定の意味の漢字がついて下の漢字の意味を打ち消す関係

上に「不」・「無」・「未」・「非」など、打ち消し（否定）の意味をあらわす漢字がついて、下の漢字の意味を打ち消すもの。（例）「不穏」「無情」「未開」「非運」

I　上に「所」・「被」がつく関係

上に「所」がついて「～するところのもの」、「被」がついて「～される（もの）」という意味になるもの。（例）「所見」「被災」

J　下に接尾語がつく関係

下に「性」・「然」・「化」・「的」などの接尾語がついたもの。（例）「酸性」「整然」「転化」「病的」

F　並列の関係にある語

飲食　手足

G　述語、目的語（補語）の関係にある語

越年　延期　開会　加熱　改心　観劇
起工　給食　護身　決議　作文　始業
指名　失明　執務　失策　借金　出題
尽力　点火　避難　増税　提案　保健
防災　献金　着席　就職　遅刻　昇天
遭難　耐震　在庫　入札　棄権　即位
整地　治水

H　否定の意味をあらわす漢字が上についた語

●「不」がついた熟語

不純　不慮　不備　不断　不潔　不服
不当　不徳　不滅　不義　不興　不要
不振　不在　不作　不浄　不信　不審

●「無」がついた熟語

無為　無縁　無我　無害　無冠　無機
無給　無休　無形　無芸　無効　無骨
無言　無限　無断　無欲　無謀　無精

●「未」がついた熟語

未明　未完　未刊　未婚　未収　未熟
未遂　未然　未知　未着　未定

●「非」がついた熟語

非番　非行　非才　非常　非情　非凡

《注意すべき語例》

二字の熟語のほとんどは、これまでに説明した型に分類し、一つ一つの漢字の意味を吟味することで、その語の意味をとらえることができます。しかし、次に示す熟語は、熟語の構成・組み立ての型にあてはめても、その意味をとらえることができない特別な例です。多くは明治以降に日本人が作った熟語で、注意が必要です。

観念　経済　消息　哲学　人間　小説　理念

❸ 三字の熟語の組み立て方

三字の熟語は、そのほとんどが二字の熟語の上か下に漢字が一字ついてできた語です。

1 漢字が一字上につく

「最」＋「高潮」で「最高潮」となる形です。

2 否定の意味をあらわす漢字が上につく

「不本意」「無作為」「非公開」「未成年」のように、「不」・「無」・「非」・「未」などが下の熟語の意味を打ち消す形のものです。ちなみに、「不凍港」（「不凍」＋港→凍結しない港）や「無医村」（「無医」＋村→医者のいない村）のように、「不」や「無」などが下の一字を否定して三字めの字を修飾する熟語もあるので、その場合は注意が必要になります。

3 漢字が一字下につく

「自尊」＋「心」で「自尊心」となる形です。

4 接尾語が下につく

「協調性」「標準的」など、「性」・「的」・「化」などの接尾語がつく形です。

5 漢字が三字対等に重なる

「陸」＋「海」＋「空」で「陸海空」となる形です。

◆三字の熟語の組み立て方の例

1 漢字が一字上についた語

再確認　大自然　夢心地　低気圧
小規模　高性能　定位置　美意識
微生物　手荷物　初対面　核実験
間一髪　密貿易

2 否定の意味をあらわす漢字が上についた語

不始末　不合理　不名誉　不首尾
無意識　無責任　無感覚　無慈悲
無造作　無分別　非公式　非合法
非常識　非人情　未経験　未完成
未解決　未開拓

3 漢字が一字下についた語

埋蔵量　人類愛　専門家　安心感
調査官　最大限　必需品　善後策
報道陣　性善説

4 接尾語が下についた語

人間性　国民性　社交性　柔軟性
必然性　道徳的　効果的　本格的
通俗的　楽観的　図案化　合理化
長期化　機械化　習慣化

5 漢字が三字対等に重ねられた語

大中小　衣食住　松竹梅　天地人

熟語の理解（熟語の構成）

解答編▼P.9
実施日　／

ウォーミングアップ

1 次のAの漢字と、後のBの漢字一字を組み合わせて、**二字の熟語**を作りなさい。（A・Bどちらの漢字が上でもよい。）

A

(1) 逸　(2) 韻　(3) 免　(4) 姻　(5) 厳
(6) 渦　(7) 野　(8) 拝　(9) 拐　(10) 寡
(11) 叙　(12) 循　(13) 励　(14) 悪　(15) 倫

B

謁　誘　奨　勲　醜
中　婚　黙　猿　律
疫　威　環　理　脱

(1)（　）(2)（　）(3)（　）
(4)（　）(5)（　）(6)（　）
(7)（　）(8)（　）(9)（　）
(10)（　）(11)（　）(12)（　）
(13)（　）(14)（　）(15)（　）

2 次の漢字と下のa～fの漢字を組み合わせて熟語を作る場合、**熟語とならない漢字が一つだけある**。その漢字を**記号**で答えよ。（a～fの漢字は上でも下でもよい。）

(1) 懐〔a紙 b剣 c中 d柔 e諾 f疑〕（　）
(2) 浄〔a土 b財 c書 d緒 e地 f衣〕（　）
(3) 監〔a視 b房 c展 d査 e修 f禁〕（　）
(4) 肢〔a上 b義 c下 d四 e手 f体〕（　）
(5) 巨〔a人 b万 c海 d頭 e木 f額〕（　）
(6) 障〔a礼 b子 c万 d壁 e支 f故〕（　）
(7) 制〔a抑 b働 c禁 d止 e御 f覇〕（　）
(8) 滞〔a停 b沈 c納 d渋 e在 f人〕（　）
(9) 謀〔a反 b首 c思 d略 e議 f殺〕（　）
(10) 献〔a本 b呈 c身 d上 e金 f康〕（　）
(11) 贈〔a寄 b賄 c笑 d与 e答 f呈〕（　）
(12) 賢〔a愚 b人 c明 d兄 e先 f案〕（　）

3 (1)～(10)の三つの□に**共通する漢字**を入れて熟語を作れ。漢字は**ア～ソ**から選び、（　）に**記号**で記せ。

- (1) 結□・未□・□期（　）
- (2) 恩□・下□・□杯（　）
- (3) □奏・相□・□走（　）
- (4) 脳□・心□・骨□（　）
- (5) □培・盆□・植□（　）
- (6) 情□・概□・状□（　）
- (7) 私□・貞□・□徳（　）
- (8) □想・□信・□挙（　）
- (9) □善・根□・資□（　）
- (10) □望・□仰・枯□（　）

ア 賜　イ 婚　ウ 髄　エ 況　オ 延
カ 伴　キ 完　ク 渇　ケ 妄　コ 性
サ 塾　シ 栽　ス 淑　セ 慈　ソ 偉

4 (1)～(8)の三つの□に**共通する漢字**を入れて熟語を作れ。漢字は**ア～ソ**から選び、（　）に**記号**で記せ。

- (1) □索・□検・□究（　）
- (2) □傷・決□・分□（　）
- (3) □行・簡□・臭□（　）
- (4) 宣□・□書・□願（　）
- (5) □髪・秋□・晩□（　）
- (6) □細・□弱・□維（　）
- (7) 模□・師□・典□（　）
- (8) 年□・□代・音□（　）

ア 裂　イ 負　ウ 探　エ 譜　オ 霜
カ 食　キ 捜　ク 範　ケ 素　コ 微
サ 白　シ 誓　ス 貢　セ 唱　ソ 繊

Memo

○↔□の関係を持つ熟語

「浮沈」のように、反対、対応の意味をあらわす字を重ねた熟語は、「浮くこと」と「沈むこと」というように、「と」を入れて考えるとよい。

熟語の理解（熟語の構成）

解答編▼P.10
実施日　／

練習1

1 **熟語の構成**のしかたには次のようなものがある。

ア　同じような意味の漢字を重ねたもの　（**岩石**）
イ　反対または対応の意味をあらわす字を重ねたもの　（**高低**）
ウ　上の字が下の字を修飾しているもの　（**洋画**）
エ　下の字が上の字の目的語・補語になっているもの　（**着席**）
オ　主語と述語の関係にあるもの　（**国立**）
カ　上の字が下の字の意味を打ち消しているもの　（**未熟**）

次の**熟語**は、ア〜カのどれにあたるか。（　）の中に**記号**で記せ。

(1) 頻発（　）
(2) 互助（　）
(3) 諾否（　）
(4) 愉悦（　）
(5) 経緯（　）
(6) 遷都（　）
ヒント「遷」は「うつす」という意の字。
(7) 哀悼（　）
(8) 殉教（　）
ヒント「殉職」も同じ構成の熟語。
(9) 無常（　）
(10) 長寿（　）

(11) 喫茶（　）
(12) 飢餓（　）
(13) 遭遇（　）
(14) 遺児（　）
(15) 即位（　）
(16) 白墨（　）
ヒント 色の「白」と「墨」ととらえて考えない。
(17) 白髪（　）
(18) 廉価（　）
ヒント この「廉」は「やすい」の意。
(19) 卓見（　）
ヒント この「卓」は「すぐれた」の意。
(20) 寛厳（　）

(21) 封鎖（　　）
(22) 囲碁（　　）
(23) 融資（　　）
(24) 美醜（　　）
(25) 逸話（　　）
ヒント　この「逸」は、「世間にあまり知られていない」の意。
(26) 披露（　　）
(27) 遭難（　　）
(28) 不遇（　　）
(29) 酪農（　　）
ヒント　乳製品を作る農業のことをいう。
(30) 霊魂（　　）
(31) 頑固（　　）

(32) 傍聴（　　）
(33) 巡回（　　）
(34) 提訴（　　）
(35) 岐路（　　）
(36) 未練（　　）
(37) 徹夜（　　）
(38) 圧迫（　　）
(39) 避難（　　）
(40) 懐古（　　）
意味　昔をなつかしく思い出すこと。
(41) 酷似（　　）
(42) 匿名（　　）

(43) 未決（　　）
(44) 巧拙（　　）
(45) 給食（　　）
(46) 空虚（　　）
意味　何もないこと。むなしいこと。
(47) 墜落（　　）
(48) 漸進（　　）
意味　「漸」には、「だんだんに」という意味がある。
(49) 無為（　　）
(50) 厳禁（　　）
(51) 不屈（　　）

(52) 選択（　　）
(53) 威嚇（　　）
(54) 日没（　　）
(55) 打撲（　　）
(56) 早熟（　　）
(57) 献金（　　）
(58) 媒介（　　）
(59) 愛憎（　　）
(60) 非凡（　　）

Memo

「貧」と「乏」は、熟語になっても「とぼしい」

熟語「貧乏」のように、同じような意味の漢字を重ねた熟語は、熟語になっても同じような意味をあらわします。

熟語の理解（熟語の構成）

解答編▼P.10
実施日　／

練習1

2 **熟語の構成**のしかたには次のようなものがある。

ア　同じような意味の漢字を重ねたもの　（**岩石**）
イ　反対または対応の意味をあらわす字を重ねたもの　（**高低**）
ウ　上の字が下の字を修飾しているもの　（**洋画**）
エ　下の字が上の字の目的語・補語になっているもの　（**着席**）
オ　主語と述語の関係にあるもの　（**国立**）
カ　上の字が下の字の意味を打ち消しているもの　（**未熟**）

次の**熟語**は、ア～カのどれにあたるか。（　）の中に**記号**で記せ。

□ (1) 失策（　）
ヒント 「失った策」ととらえないこと。
□ (2) 未刊（　）
□ (3) 弊履（　）
意味 やぶれたはきもののこと。
□ (4) 淑女（　）
□ (5) 無縁（　）
□ (6) 苦衷（　）
意味 苦しい心の内。
□ (7) 雪崩（　）
□ (8) 気絶（　）
□ (9) 悲哀（　）
□ (10) 不慮（　）
□ (11) 無窮（　）
□ (12) 点滅（　）
□ (13) 亜流（　）
意味 「亜」は「次ぐ」「二番目」という意味がある。
□ (14) 穏和（　）
□ (15) 称賛（　）
□ (16) 愚問（　）
□ (17) 雷鳴（　）
□ (18) 被害（　）
□ (19) 不粋（　）
意味 人情や風流を解さないこと。
□ (20) 麗句（　）

3 次の熟語と**同じ構成**でできている熟語を［　］から選び、その**記号**を（　）に記せ。

□ (1) 永久［ア 豊富 イ 会員 ウ 握手 エ 凸面］（　）
□ (2) 就職［ア 逝去 イ 不当 ウ 提案 エ 贈答］（　）
□ (3) 未納［ア 始終 イ 奔流 ウ 不信 エ 突如］（　）
□ (4) 銀幕［ア 細心 イ 強硬 ウ 柔軟 エ 集散］（　）
□ (5) 方円［ア 余裕 イ 往来 ウ 懲悪 エ 王妃］（　）
□ (6) 賓客［ア 廃屋 イ 叙述 ウ 甲乙 エ 不覚］（　）

ヒント 「来賓」などの熟語から「賓」の意味をとらえるとよい。

□ (7) 悪役［ア 濃淡 イ 森林 ウ 皮膚 エ 晩秋］（　）
□ (8) 起工［ア 映写 イ 未完 ウ 増税 エ 繁栄］（　）
□ (9) 漢字［ア 講堂 イ 座礁 ウ 延期 エ 仏滅］（　）
□ (10) 清潔［ア 詳細 イ 先発 ウ 新旧 エ 盗作］（　）
□ (11) 討伐［ア 移籍 イ 防災 ウ 濫伐 エ 店舗］（　）
□ (12) 腰痛［ア 過去 イ 重罪 ウ 地震 エ 被災］（　）
□ (13) 不備［ア 所見 イ 吉凶 ウ 催促 エ 無念］（　）
□ (14) 邦楽［ア 決議 イ 麦芽 ウ 点火 エ 着席］（　）
□ (15) 加熱［ア 品質 イ 承認 ウ 保健 エ 経由］（　）
□ (16) 古書［ア 暖流 イ 未熟 ウ 犠牲 エ 看病］（　）
□ (17) 非常［ア 罪悪 イ 搾乳 ウ 断定 エ 不朽］（　）
□ (18) 軽薄［ア 明暗 イ 華麗 ウ 疾走 エ 主従］（　）
□ (19) 国営［ア 人造 イ 清酒 ウ 急病 エ 侮辱］（　）
□ (20) 禍福［ア 悪人 イ 凶刃 ウ 師弟 エ 無事］（　）

Memo
「主語＋述語」の関係を持つ熟語
上の字が主語、下の字が述語になっている熟語があります。「国立」は国が立てる（―が～する）というように意味を考えます。

熟語の理解（熟語の構成）

解答編▼P.10
実施日　／

練習2

1 **熟語の構成**のしかたには次のようなものがある。

ア　同じような意味の漢字を重ねたもの　（**岩石**）
イ　反対または対応の意味をあらわす字を重ねたもの　（**高低**）
ウ　上の字が下の字を修飾しているもの　（**洋画**）
エ　下の字が上の字の目的語・補語になっているもの　（**着席**）
オ　主語と述語の関係にあるもの　（**国立**）
カ　上の字が下の字の意味を打ち消しているもの　（**未熟**）

ア～カの熟語構成になるように後の□の中から漢字を選んで**熟語を完成**させ、（　）にその**記号**を記せ。

ア
(1) 超□　（　）
(2) 俊□　（　）

イ
(3) □尾　（　）
(4) 虚□　（　）

ウ
(5) 辞□　（　）
(6) □漢　（　）

エ
(7) □身　（　）
(8) 除□　（　）

オ
(9) 天□　（　）
(10) 鶏□　（　）

カ
(11) □遂　（　）
(12) □才　（　）

a 非　b 実　c 授　d 好
e 典　f 籍　g 越　h 鳴
i 英　j 未　k 首　l 護

2

熟語の構成のしかたには次のようなものがある。

ア　同じような意味の漢字を重ねたもの　（**岩石**）
イ　反対または対応の意味をあらわす字を重ねたもの　（**高低**）
ウ　上の字が下の字を修飾しているもの　（**洋画**）
エ　下の字が上の字の目的語・補語になっているもの　（**着席**）
オ　主語と述語の関係にあるもの　（**国立**）
カ　上の字が下の字の意味を打ち消しているもの　（**未熟**）

ア～カの熟語構成になるように後の□の中から漢字を選んで**熟語を完成**させ、（　）にその**記号**を記せ。

ア
(1) 枢□　（　）
(2) 憂□　（　）

イ
(3) 正□　（　）
(4) 興□　（　）

ウ
(5) 雪□　（　）
(6) □視　（　）

エ
(7) □韻　（　）
(8) 失□　（　）

オ
(9) 年□　（　）
(10) 性□　（　）

カ
(11) □欲　（　）
(12) □滅　（　）

a 渓	b 押	c 要	d 亡	e 重	f 邪
g 無	h 患	i 急	j 明	k 少	l 不

Memo

○←□の関係を持つ熟語

「仰天」のように、下の字が上の字の目的語・補語となっている熟語は、下の「天」から上の「仰」へと意味を考える（天を仰ぐ）とよい。

熟語の理解（熟語の構成）

解答編▼P.10
実施日　／

練習2

3 次の――線の漢字と**反対の意味の漢字**を□に入れて**熟語を作り**、その**漢字**を（　）に記せ。

□ (1) 慶□用の礼服を用意する。（　）
□ (2) スペースの広□を問う。（　）
□ (3) 彼は硬□併せ持った人柄だ。（　）
□ (4) 苦□を共にした仲間。（　）
□ (5) 磁気にある陰□の極。（　）
□ (6) □我事情を異にする。（　）
□ (7) 作品には□泥の差がある。（　）
□ (8) 道路の□凸を調査する。（　）
□ (9) □雄分かち難い。（　）
□ (10) 事件の真□を調べる。（　）

4 次の――線の漢字と**似た意味の漢字**を□に入れて**熟語を作り**、その**漢字**を（　）に記せ。

□ (1) 不正に嫌□感を持つ。（　）
□ (2) 宝石を研□する。（　）
□ (3) 悪事を放□する。（　）
□ (4) 善行に□賞を与える。（　）
□ (5) 銀行が合□する。（　）
□ (6) □快に談笑する。（　）
□ (7) 侮□してはいけない。（　）
□ (8) 精□な検査をする。（　）
□ (9) 百度に煮□する。（　）
□ (10) 彼は思□深い人だ。（　）

5 次の□には――線の漢字を**修飾する漢字**が入る。その漢字を後の□の中から選んで**熟語を作り**、その**記号**を（　）に記せ。

☑ (1) 念のため□波の検査をする。（　）
☑ (2) 最近□事が続いている。（　）
☑ (3) すばらしい□犬だ。（　）
☑ (4) 古墳から□棺が掘り出された。（　）
☑ (5) □賓席を設ける。（　）
☑ (6) □殺されてすべて帳消しになった。（　）
☑ (7) 高齢者を□遇する条例が可決された。（　）
☑ (8) 彼女は□想を抱く癖がある。（　）

a 貴	b 相	c 慶	d 妄
e 猟	f 脳	g 優	h 石

6 次の――線の漢字と**同じ意味で用いられている熟語**をア～オから選び、**記号**で記せ。

☑ (1) 容器→物を入れる・盛る（　）
ア 容態　イ 容積　ウ 形容　エ 理容　オ 容易

☑ (2) 退職→身をひく・地位から去る（　）
ア 引退　イ 衰退　ウ 退屈　エ 撃退　オ 退化

☑ (3) 要求→いる・もとめる（　）
ア 要約　イ 概要　ウ 需要　エ 要素　オ 要路

☑ (4) 統一→筋をまとめる・すべる（　）
ア 血統　イ 統合　ウ 系統　エ 正統　オ 伝統

☑ (5) 食通→くわしく知っている・知りつくす（　）
ア 貫通　イ 通説　ウ 通学　エ 精通　オ 通訳

Memo

漢字の本来の意味が別の意味になった熟語
「黒白」→「物のよしあし」の意味、「始終」→「いつもの」という意味になります。

漢検おもしろゼミ4

•対義語・類義語•

お互いは微妙な関係！

語彙《ごい》を豊かにすることは……

ことばには様々な意味があり、様々な意味を持つことばは無数に存在します。ですから、互いに反対の意味を持ったり、似たような意味をあらわしたりといった関係のことばが生じてくるのは当然のことといえます。しかも、その対応のしかたは、重なる部分が多いもの、全く同じ意味、全く同じ意味でも語感が違う、正反対、複数の語と対応する、などいろいろです。それだけことばの意味関係というのは多様なのです。対義語・類義語を学ぶということは、その多様性にふれることだともいえます。また、それと同時に語彙《い》を増やすことにもなるのです。

1 反対語と対応語

「上―下」や「速い―遅い」というように、お互いに反対の意味を持つことばを「**反対語**（または反意語）」といいます。そしてこれらの漢字を含む熟語、例えば「上品―下品」「上手《じょうず》―下手《へた》」「速筆―遅筆」もそれぞれ反対語の関係となります。

ところが、同じように「上―下」を使った熟語でも「上水（飲み水用のきれいな水）」と「下水（家庭排水）」は二つのことばを互いに対応させて、一対のものとして使っています。そして意味の関係から反対のことばとなります。このような語を「**対応語**（または対照語）」といいます。

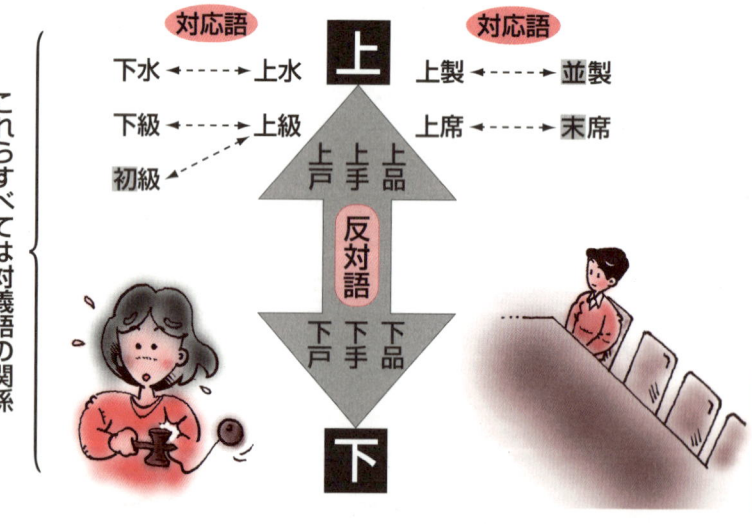

◆反対語「上」と「下」を使った熟語の関係

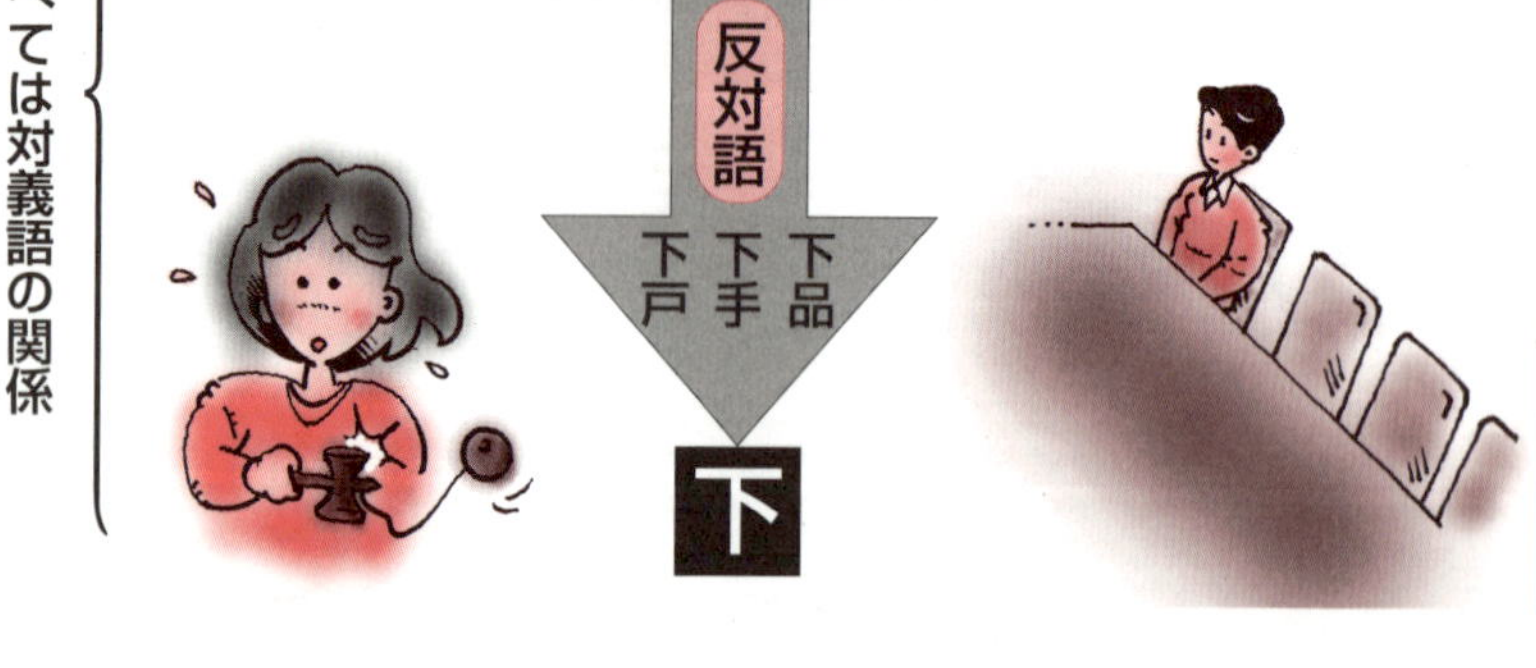

さらに、「上」を使った対応語の例には、

上級 ⇔ 下級・初級　　上席 ⟷ 末席

上旬 ⇔ 下旬・中旬　　上製 ⟷ 並製

などがあります。また、「上級」の対応語には「下級」と「初級」があるように、あることばの対応語は一つとは限らないことに留意しましょう。

2 対義語について

「漢検」では反対語と対応語とを合わせて「対義語」としています。語彙を増やし、それぞれのことばを体系づけて理解していくことが、対義語を克服するための方法です。

対義語を熟語の構成のうえから分類すると、次のようになります。

①漢字一字で対義語の関係になっているもの

（例）天―地　上―下　大―小

②共通の字があるもの

・上の字が対応していて下の字が共通しているもの

（例）異常―正常　清音―濁音　楽勝―辛勝

・上の字が共通で下の字が対応しているもの

（例）義父―義母　令息―令嬢　農閑―農繁

◆対義語の例

◎共通の字があるもの

○上の字が対応していて下の字が共通のもの

悪意―善意　違法―合法　汚点―美点
加害―被害　退任―就任　逆境―順境
急性―慢性　原告―被告　好況―不況
硬化―軟化　自律―他律　進化―退化
絶対―相対　独唱―斉唱　必然―偶然
能動―受動　否認―是認　敏感―鈍感
平凡―非凡　有望―絶望　優性―劣性

○上の字が共通で下の字が対応しているもの

最高―最低　叙事―叙情　輸出―輸入
避暑―避寒　債権―債務　太陽―太陰
過疎―過密　厳寒―厳暑　急増―急減

◎共通の字がないもの

○上下ともそれぞれ対応しているもの

上昇―下降　優良―劣悪　開放―閉鎖
低俗―高雅　集合―解散　拾得―遺失

○上下とも対応しない異なる字のもの

受理―却下　軽微―甚大　性急―悠長
国産―舶来　放任―干渉　回収―頒布

③共通の字がないもの

・上下ともそれぞれ対応しているもの

（例）増進―減退　拡大―縮小　拙速―巧遅

・上下とも対応しない異なる字のもの

（例）戦争―平和　原則―例外　栄転―左遷

④熟語の上に「不」「未」「無」「非」等の打ち消しの字がついて反対の意味をあらわしているもの

（例）便利―不便　解決―未解決

⑤三語以上が一組になるもの（複数の対義語があるもの）

（例）気体―液体―固体　春―夏―秋―冬

3 同義語と類義語

例1 「手紙」と「書簡」

ア手紙を書く。

イ書簡集が出版される。

「手紙」と「書簡」は表現のしかたは違いますが、お互いの意味の重なりが全く同じことば（熟語）です。このような語を「同義語（または同意語）」といいます。ところが、意味が全く同じだからといってアとイの――部分を入れ換えて、

書簡を書く。

手紙集が出版される。

○熟語の上に打ち消しの字がついて反対の意味をあらわしているもの

平穏―不穏　快適―不快　博学―無学

成年―未成年　風流―無風流

◎三語以上が一組になるもの

・現在―過去―未来

・昨日―今日―明日

・青―朱―白―玄

・東―西―南―北

◆類義語の意味の重なり

同義語を次のように図示すると……。

「手紙」と「書簡」

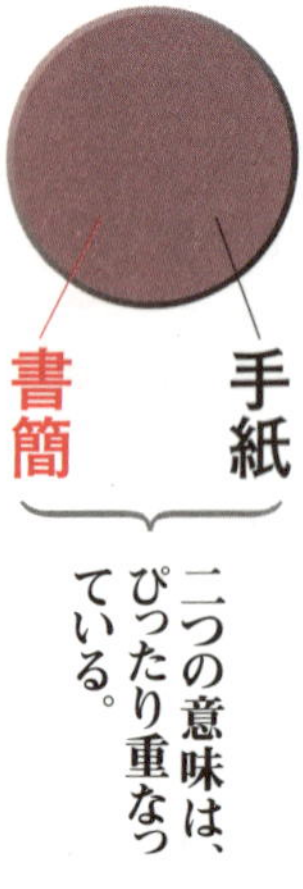
手紙
書簡
二つの意味は、ぴったり重なっている。

というふうにはまず使いません。「書簡」は「手紙」よりも改まったときに使うことばなのです。

このように、全く同じ意味のことば（同義語）でも、相手や状況に応じて使い分ける必要が生じる場合もありますし、使うことばで印象やニュアンスが変わったりもします。

例2 「多数」と「無数」

数がたくさんあるのが「多数」、それでは数がないのが「無数」でしょうか？ 違いますね。「無数」は、「無数の星が空に輝いている」というように、数えきれないほど数が多いという意味で用いられる語です。「多い」と「無い」は、意外なところで仲間だったわけです。

「多数」と「無数」は全く意味や重なりが一致するわけではありませんが、数がたくさんあるという意味では重なり合っています。このように互いに似た意味を持つことばを「類義語」といいます。

例3 和語「考える」と漢語「考慮」「思案」

「考える」という和語は、漢語（熟語）「考慮」「思案」に置き換えることができます。

「考慮に入れる」…よく考えること。
「思案に暮れる」…どうしたものかとあれこれ考えること。

さらに「考える」という意味をあらわすことばには、それぞれ微妙に意味は違いますが、「思考」「思索」「思慮」「思念」などもあります。

これらのことばの関係は、和語「考える」が漢語「考慮」「思案」さらに

「多数」と「無数」

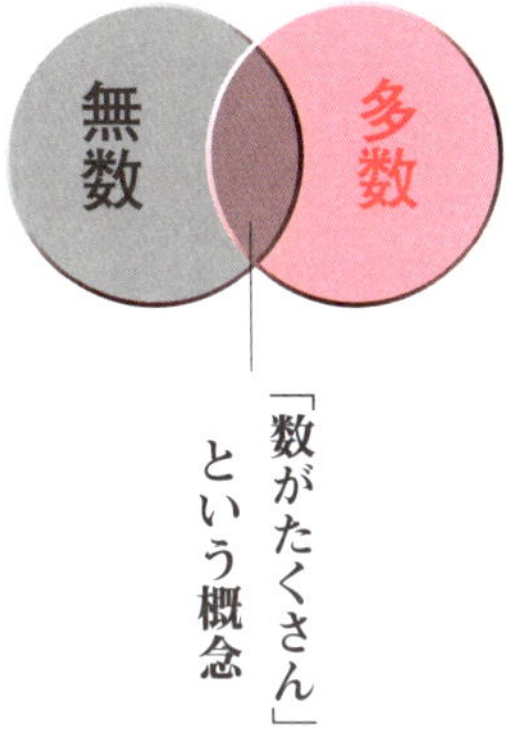

和語「考える」と漢語「考慮」「思案」

対義語・類義語

「思考」「思索」「思慮」「思念」を含むという関係です。つまり、一方のことばの意味が他方のことばの意味をすっぽり包むという関係なのです。これも類義語の関係といえます。

4 類義語について

「漢検」では同義語と類義語を合わせて「**類義語**」としています。
また、あることば（熟語）の類義語は一つとは限りません。
類義語を熟語の構成のうえから分類すると次のようになります。

①漢字一字で類義語の関係になっているもの
（例）善—良　邪—悪　尊—敬

②共通の字があるもの
・上の字が対応していて下の字が共通しているもの
（例）意外—案外　格別—特別　休養—静養
・上の字が共通で下の字が対応しているもの
（例）改善—改良　永久—永遠　推量—推測

③共通の字がないもの
（例）重責—大任　同意—賛成　突然—不意

④類義語が複数あるもの
（例）掲示—表示—展示—展覧
風習—風俗—習慣—習俗

◆類義語の例

◎上の字が対応していて下の字が共通しているもの

異国—外国　一生—終生　一致—合致
栄養—滋養　許可—認可　倹約—節約
自然—天然　資産—財産　断行—敢行
弁明—解明　失礼—無礼　必死—決死

◎上の字が共通で下の字が対応しているもの

異存—異議　否認—否定　運送—運輸
看病—看護　外観—外見　休息—休憩
効能—効用　残酷—残虐　志願—志望
質疑—質問　首都—首府　修理—修繕

◎共通の字がないもの

沿革—変遷　我慢—忍耐　欠点—短所
向上—進歩　交渉—談判　回顧—追憶
最期—臨終　次第—順序　使命—任務
盛衰—興廃　親友—知己　善戦—健闘

5 対義語・類義語を学んで語彙《ごい》を豊かに

対義語と類義語の学習で大切なことがらは、次の三つです。

①熟語になることば「語彙《ごい》」をできるだけ多く覚えるようにする

対義語・類義語の問題は、語彙がどれだけ豊かであるか、つまり、語彙力を調べる問題であるといえます。

②熟語の意味を正しく理解する

熟語の意味を正しく理解しなければ、適当な対義語ないし類義語を答えることができないことになります。

③熟語を漢字で正確に書けるようにする

対義語・類義語の問題は、漢字の書き取りの問題を兼ねているといえます。ですから、答えとなることばを知っていても、漢字で正確に書きあらわすことができなければ、正しい解答にはなりません。そこで、対義語・類義語の学習では、必ずその意味が対応する一対の熟語（あるいはグループ単位）で覚えるようにしましょう。

以上のことをふまえて、対義語も類義語も熟語をできるだけ多く習得し、分類しながらいろいろな角度からとらえ、意味まで理解するよう心がけてください。そうすることで語彙が拡充し、豊かな日本語を使えるようになるのです。

◎類義語が複数あるもの

精密―綿密―詳細―委細
衰微―衰退―減退―退潮
措置―処理―処置―対処
怠慢―怠惰―不精―横着
上品―高尚―高雅―典雅
納得―了解―了承―首肯
計略―策略―謀略―策謀―陰謀―方策
死亡―死去―物故―他界―永眠―逝去

次第－順序
看病－看護
グループ単位で覚えましょう。

対義語・類義語

解答編▼P.11
実施日　／

ウォーミングアップ

1 次の熟語の**対義語**を後の□から選び、（　）に記せ。

- ☐ (1) 栄達（　　）
- ☐ (2) 削除（　　）
- ☐ (3) 要談（　　）
- ☐ (4) 慎重（　　）
- ☐ (5) 剛胆（　　）
- ☐ (6) 巧妙（　　）
- ☐ (7) 忘恩（　　）
- ☐ (8) 実在（　　）
- ☐ (9) 空前（　　）
- ☐ (10) 専任（　　）

閑話・添加・絶後・拙劣・小心
軽率・感謝・零落・兼務・架空

2 次の熟語の**類義語**を後の□から選び、（　）に記せ。

- ☐ (1) 邪魔（　　）
- ☐ (2) 特別（　　）
- ☐ (3) 自負（　　）
- ☐ (4) 演説（　　）
- ☐ (5) 外聞（　　）
- ☐ (6) 通例（　　）
- ☐ (7) 独裁（　　）
- ☐ (8) 綿密（　　）
- ☐ (9) 逐次（　　）
- ☐ (10) 経歴（　　）

体裁・阻害・克明・格別・自信
履歴・弁論・順次・恒例・専制

3 次の□の中の語を**必ず一度**使って**漢字に直し、対義語・類義語**を記せ。

対義語

(1) 密集―散（　　）
(2) 安楽―苦（　　）
(3) 違反―（　　）守
(4) 延長―短（　　）
(5) 歓喜―悲（　　）

類義語

(6) 奇抜―突（　　）
(7) 列挙―（　　）列
(8) 大胆―（　　）放
(9) 追従―追（　　）
(10) 発議―（　　）案

あい・ごう・ざい・しゅく・じゅん・ずい・てい・ぴ・ろう・ら

4 次の□の中の語を**必ず一度**使って**漢字に直し、対義語・類義語**を記せ。

対義語

(1) 精密―（　　）雑
(2) 国産―（　　）来
(3) 暴落―高（　　）
(4) 理論―実（　　）
(5) 卵生―（　　）生

類義語

(6) 快活―明（　　）
(7) 同僚―同（　　）
(8) 一新―（　　）新
(9) 完全―無（　　）
(10) 興廃―盛（　　）

けつ・さっ・すい・せん・そ・たい・とう・はい・はく・ろう

Memo

「対義語」について
反対語と対応語を合わせて「対義語」といいます。一対の熟語として覚えることが大切です。

対義語・類義語

解答編▼P.11
実施日　／

練習1

1 次の〔　〕から**対義語の関係**になる組み合わせを一組選び、その**記号**を（　）に記せ。

(1) 〔ア 概況　イ 委託　ウ 委細　エ 概略〕（　・　）

(2) 〔ア 緩慢　イ 緩急　ウ 速達　エ 敏速〕（　・　）

ヒント 似た意味の字を重ねている語に注目。

(3) 〔ア 拘泥　イ 拘禁　ウ 釈放　エ 釈然〕（　・　）

(4) 〔ア 屈伸　イ 伸長　ウ 屈曲　エ 追伸〕（　・　）

(5) 〔ア 硬質　イ 柔軟　ウ 柔和　エ 硬直〕（　・　）

ヒント 「考え方」を形容する語に注目。

(6) 〔ア 拒否　イ 拒止　ウ 受諾　エ 内諾〕（　・　）

(7) 〔ア 慢性　イ 勤勉　ウ 勤務　エ 怠慢〕（　・　）

(8) 〔ア 隆起　イ 欠陥　ウ 興隆　エ 陥没〕（　・　）

(9) 〔ア 魂胆　イ 落胆　ウ 奮闘　エ 発奮〕（　・　）

ヒント 「心の動き」をあらわす語に注目。

(10) 〔ア 煩雑　イ 簡略　ウ 煩悩　エ 簡明〕（　・　）

(11) 〔ア 未満　イ 渇望　ウ 枯渇　エ 充満〕（　・　）

2 次の〔　〕から**類義語の関係**になる組み合わせを一組選び、その**記号**を（　）に記せ。

(1)〔ア 思想　イ 思案　ウ 回顧　エ 追憶〕（　・　）

(2)〔ア 過去　イ 未然　ウ 未来　エ 既往〕（　・　）

(3)〔ア 審判　イ 疑似　ウ 疑惑　エ 不審〕（　・　）

ヒント「人のありさま」を形容する語に注目。

(4)〔ア 富貴　イ 裕福　ウ 豊富　エ 祝福〕（　・　）

(5)〔ア 賛辞　イ 同意　ウ 賛成　エ 意中〕（　・　）

ヒント 読み方によって意味が違ってくる語に注意。

(6)〔ア 世話　イ 追従　ウ 追跡　エ 世辞〕（　・　）

(7)〔ア 運命　イ 使命　ウ 任務　エ 任命〕（　・　）

(8)〔ア 不意　イ 不断　ウ 突然　エ 激突〕（　・　）

(9)〔ア 辛苦　イ 難儀　ウ 苦楽　エ 災難〕（　・　）

(10)〔ア 遺憾　イ 残念　ウ 遺志　エ 念願〕（　・　）

ヒント「才能」を意味する語に注目。

(11)〔ア 資本　イ 性質　ウ 天性　エ 資質〕（　・　）

Memo

「類義語」について
「漢検」では同義語（同意語）と類義語を合わせて「類義語」としています。

対義語・類義語

解答編▼P.11
実施日 ／

練習1

3 次のア・イはそれぞれ**対義語の関係**になっている。アはその**熟語の読みをひらがな**で、イは**カタカナを漢字に直して**（　）に記せ。

(1)
ア 恒久（　）
イ ザンジ（　）
意味 しばらくの間。

(2)
ア 充実（　）
イ クウキョ（　）
ヒント 「むなしい」という意の字を重ねた語。

(3)
ア 喪失（　）
イ カクトク（　）

(4)
ア 騰貴（　）
イ ゲラク（　）
意味 物価が上がること。

(5)
ア 愛護（　）
イ ギャクタイ（　）

(6)
ア 愚鈍（　）
イ シュンビン（　）

(7)
ア 妥協（　）
イ ケツレツ（　）

(8)
ア 寛容（　）
イ ヘンキョウ（　）
意味 度量がせまいこと。

(9)
ア 普遍（　）
イ トクシュ（　）

(10)
ア 繁忙（　）
イ カンサン（　）

4 次のア・イはそれぞれ**類義語の関係**になっている。アはその**熟語の読みをひらがなで**、イは**カタカナを漢字に直して**（　）に記せ。

(1)
ア 困窮（　）
イ シンサン（　）
ヒント 「シンサンをなめる」などと使う語。

(2)
ア 削除（　）
イ マッショウ（　）

(3)
ア 悪習（　）
イ ヘイフウ（　）
ヒント 「ヘイ害」の「ヘイ」も同じ字。

(4)
ア 連綿（　）
イ リクゾク（　）
ヒント ともに「つづく」さまをあらわす語。

(5)
ア 策略（　）
イ インボウ（　）

(6)
ア 壮挙（　）
意味 スケールの大きい計画。
イ ユウト（　）
意味 勇ましく大きな計画。

(7)
ア 納得（　）
イ リョウカイ（　）

(8)
ア 本質（　）
イ セイズイ（　）
ヒント 「神ズイ」の「ズイ」もこの字。

(9)
ア 夢中（　）
イ ケイトウ（　）

(10)
ア 解雇（　）
意味 雇っていた人をやめさせること。
イ ヒメン（　）
意味 一方的に役職をとくこと。

Memo
「出席」の反対語は「退席」？「欠席」？
「出席」の反対語は「欠席」。
「退席」は、「出席」の対応語になります。

対義語・類義語

練習 2

解答編▼P.11・12
実施日 ／

1 次の□の中の語を**必ず一度**使って漢字に直し、対義語・類義語を記せ。

対義語

□ (1) 丁寧―（　　）
□ (2) 終局―（　　）
□ (3) 流行―（　　）
□ (4) 仮眠―（　　）
□ (5) 賢明―（　　）

類義語

□ (6) 憂慮―（　　）
□ (7) 節約―（　　）
□ (8) 詩歌―（　　）
□ (9) 迎合―（　　）
□ (10) 暗示―（　　）

あんぐ・いんぶん・しさ・じゅくすい
しんぱい・せっけん・そりゃく
ついしょう・ふえき・ほったん

2 次の□の中の語を**必ず一度**使って漢字に直し、対義語・類義語を記せ。

対義語

□ (1) 派遣―（　　）
□ (2) 乾燥―（　　）
□ (3) 多弁―（　　）
□ (4) 絶賛―（　　）
□ (5) 凝結―（　　）

類義語

□ (6) 把握―（　　）
□ (7) 沿革―（　　）
□ (8) 我慢―（　　）
□ (9) 逐電―（　　）
□ (10) 犠牲―（　　）

かもく・けんしん・こくひょう・しつじゅん
しゅっぽん・しょうあく・しょうかん
じょうはつ・にんたい・へんせん

3 次の□の中の語を**必ず一度**使って**漢字に直し、対義語・類義語**を記せ。

対義語

□ (1) 漠然—(　　)
□ (2) 希薄—(　　)
□ (3) 秩序—(　　)
□ (4) 巧遅—(　　)
□ (5) 円滑—(　　)

類義語

□ (6) 道徳—(　　)
□ (7) 錯覚—(　　)
□ (8) 遺恨—(　　)
□ (9) 断行—(　　)
□ (10) 不和—(　　)

かくしつ・かんこう・ごかい
こんらん・せっそく・ちんたい
のうこう・みれん・りんり・れきぜん

4 次の□の中の語を**必ず一度**使って**漢字に直し、対義語・類義語**を記せ。

対義語

□ (1) 炎暑—(　　)
□ (2) 軽減—(　　)
□ (3) 回収—(　　)
□ (4) 狭小—(　　)
□ (5) 拾得—(　　)

類義語

□ (6) 横領—(　　)
□ (7) 静穏—(　　)
□ (8) 代理—(　　)
□ (9) 詳細—(　　)
□ (10) 交渉—(　　)

あんたい・いさい・いしつ・いたく
かじゅう・こうだい・こっかん
さしゅ・せっしょう・はんぷ

Memo

類義語は一つとは限らない!!　その①
□に漢字を入れて類義語の関係を完成させよう。
礼儀—①節—行②—作③

①礼　②儀　③法

対義語・類義語

解答編▼P.12
実施日 ／

練習 2

5 次の□の中の語を**必ず一度**使って漢字に直し、対義語・類義語を記せ。

対義語

(1) 嫡流―(　　)
(2) 過激―(　　)
(3) 創刊―(　　)
(4) 具体―(　　)
(5) 服従―(　　)

類義語

(6) 介入―(　　)
(7) 排斥―(　　)
(8) 敢闘―(　　)
(9) 光陰―(　　)
(10) 架空―(　　)

いはい・おんけん・かんよ・きょこう
せいそう・そがい・ちゅうしょう
はいかん・ふんせん・ぼうけい

6 次の□の中の語を**必ず一度**使って漢字に直し、対義語・類義語を記せ。

対義語

(1) 生成―(　　)
(2) 解放―(　　)
(3) 凡人―(　　)
(4) 新奇―(　　)
(5) 起工―(　　)

類義語

(6) 勘弁―(　　)
(7) 親友―(　　)
(8) 没頭―(　　)
(9) 不滅―(　　)
(10) 変革―(　　)

かんこう・かんにん・けつぶつ
しょうめつ・せんねん・そくばく
ちき・ちんぷ・てんかん・ふきゅう

7

次の□の中の語を**必ず一度**使って**漢字**に直し、**対義語・類義語**を記せ。

対義語

- (1) 親密—(　　　)
- (2) 放任—(　　　)
- (3) 栽培—(　　　)
- (4) 謙虚—(　　　)
- (5) 進撃—(　　　)

類義語

- (6) 物故—(　　　)
- (7) 抜粋—(　　　)
- (8) 達成—(　　　)
- (9) 帰結—(　　　)
- (10) 激励—(　　　)

かんしょう・こうまん・こぶ・じせい
じょうじゅ・しょうろく・そえん
たいきゃく・たかい・らくちゃく

8

次の□の中の語を**必ず一度**使って**漢字**に直し、**対義語・類義語**を記せ。

対義語

- (1) 購入—(　　　)
- (2) 虚弱—(　　　)
- (3) 高尚—(　　　)
- (4) 豊作—(　　　)
- (5) 独唱—(　　　)

類義語

- (6) 恐喝—(　　　)
- (7) 丹念—(　　　)
- (8) 漂泊—(　　　)
- (9) 永遠—(　　　)
- (10) 沈滞—(　　　)

いかく・きょうさく・きょうそう
こくめい・せいしょう・ていたい
ばいきゃく・ひぞく・ゆうきゅう・るろう

Memo

類義語は一つとは限らない!! その②

□に漢字を入れて類義語の関係を完成させよう。

衰退—①微—減②—退③

③潮 ②退 ①衰

漢検おもしろゼミ5

•四字熟語•

四字から得る歴史と教訓！

さあ、今日から四字熟語のある生活！

日本人は古来より、好んで四字熟語を用いてきましたが、それには理由がないわけではありません。漢字は、一字一字が意味を持った「語」であり、加えて一字が一音節で発音されるという特徴を持っています。四字熟語は、この特質を生かした四字句、四音節の漢語なので、口ずさみやすさがあるうえに、意味内容を的確に表現することができるのです。その四字熟語には、中国の故事を背景に持つもの、仏教語に基づくもの、そして成句や格言としての性格を持つもの、さらには現代における日本人の言語生活の中から生まれたものなどもあり、それらには人生の教訓となることばも少なくありません。日本人はこのような四字熟語を積極的に使って、言語生活を豊かにしてきたのです。

1 四字熟語の組み立て

四字の熟語「四字熟語」を分解して、その成り立ちを考えてみましょう。

ア □+□+□+□……春夏秋冬

イ □+□□□……再+就職先

ウ □□□+□……自家用+車

エ □□+□□……都市+計画

四字熟語はそのほとんどが、エのような二字の熟語を二つ適当に重ねてつくられたものです。

◆四字熟語の組み立て

1 数字が使われてできている語

三寒四温　四苦八苦　十人十色　百鬼夜行

千載一遇　千変万化　一朝一夕　一長一短

一挙一動　一喜一憂　一利一害　一騎当千

一意専心　一知半解　一刻千金　八方美人

七転八倒　千差万別　千紫万紅　九死一生

2 上の二字と下の二字が似た意味で対応している(一対になっている)語

平平凡凡　奇奇怪怪　自暴自棄　空理空論

絶体絶命　無念無想　全知全能　天変地異

自由自在　流言飛語　牛飲馬食　美辞麗句

公明正大　広大無辺　悪戦苦闘　平身低頭

悪口雑言　豊年満作　浅学非才　青天白日

雲散霧消　電光石火　沈思黙考　日進月歩

完全無欠　無我夢中　粉骨砕身　天災地変

その組み立て方には、次のようなものがあります。

1 数字が使われてできているもの。

「一進一退」（「一」が二つ）、「一日千秋」（「一」と「千」）など、熟語のどこかに数字があります。中には「三三五五」のように四字すべてが数字のものもあります。

2 上の二字と下の二字が似た意味で対応しているもの。（一対になっている）○□≒○□型

「大言壮語」（「大言」も「壮語」もえらそうなことばの意）のような語がそれで、意味的にも個々の二字の意味が強められます。

3 上の二字と下の二字が反対の意味で対応しているもの。（一対になっている）□□↔○○型

「有名無実」（名前だけがある意味の「有名」と、実際が伴わない意味の「無実」が重なって〈名称・評判と実際が合わないことの意〉）がこれにあたります。

4 上の二字も下の二字もそれぞれ反対語になっていて、しかも上と下が一対になっているもの。□↔○ △↔×型

「離合集散」（「離」↔「合」の「離合」と、「集」↔「散」の「集散」が重ねられている）のような語がこの例です。

5 上の二字と下の二字が主語と述語の関係になっているもの。

「主客転倒」（主客が転倒する）のように、「□□が○○だ（する）型」という形でとらえられます。

6 上の二字と下の二字が修飾語と被修飾語の関係、または連続の関係にあるもの。○○→□□型

「暗中模索」（暗中を模索する）のように、上の二字から下の二字へと意味がとらえられる形です。

3 上の二字と下の二字が反対の意味で対応している（一対になっている）語

大同小異　針小棒大　弱肉強食　半死半生
外柔内剛　夏炉冬扇　内憂外患　不即不離
自問自答　異口同音　人面獣心　勧善懲悪
温故知新　信賞必罰　晴耕雨読　朝令暮改

4 上の二字も下の二字もそれぞれ反対語になっていて、しかも上と下が一対になっている語

治乱興亡　栄枯盛衰　利害得失
老若男女　理非曲直　生殺与奪

5 上の二字と下の二字が主語と述語の関係になっている語

生者必滅　適者生存　諸行無常　用意周到
本末転倒　人跡未踏　機会均等　危機一髪
大器晩成　玉石混交　感慨無量　終始一貫
首尾一貫　油断大敵　才色兼備　旧態依然

6 上の二字と下の二字が修飾語と被修飾語の関係、または連続の関係にある語

単刀直入　我田引水　付和雷同　縦横無尽
馬耳東風　急転直下　前後不覚　前代未聞
熟慮断行　隠忍自重　粒粒辛苦　昼夜兼行
不言実行　以心伝心　取捨選択　堅忍不抜

7　四字が対等の関係にあるもの。○□△×型

「**東西南北**」のような語です。数は多くありません。

8　注意すべき組み立ての四字熟語

「**五里霧中**」という語があります。この**四字熟語**は、その構成を「二字」＋「二字」と思いこんで「五里-霧中」（ごり-むちゅう）と考え、そこから「むちゅう」を「**夢中**」と書きまちがえてしまうことがあります。「五里霧中」は、中国後漢の張楷《ちょうかい》という人が、「五里霧」という仙術で五里四方に霧を起こし、方向を見失わせたという故事から出た熟語で、物事の手がかりがつかめずとまどうことの意味です。手さぐりで進む意味にも使いますが、このことからわかるように、語の構成は「五里霧」＋「中」で、「ごりむ-ちゅう」となります。

2　故事成語

四字熟語の中には「**故事成語**」と呼ばれるものがあり、これを四字熟語と受けとめる解釈もあります。

故事は、中国やわが国の古い時代に実際にあった事柄や、古い書物の中に書かれていることから出てきた事柄、いい伝えであり、**成語**は昔の人が作ったことばです。**故事成語**は、まとまった特別の意味をあらわすことばとして、長い間使われているうちに使い慣らされて「**慣用語**」のようになった熟語ですが、中には一字一字の意味や組み立てがわかっても、熟語全体の意味を理解するには困難なものがあります。その場合には、熟語の成り立ちと内容との関連性をよく考えて全体の意味をとらえる**必要**があります。

7　四字が対等の関係にある語

喜怒哀楽　花鳥風月　春夏秋冬　冠婚葬祭

8　注意すべき組み立ての四字熟語

一衣帯水→「一」＋「衣帯」＋「水」

⇩「衣帯」は衣服の帯、「水」は川や海のことで、ひとすじの帯のような細長い川や海峡をあらわし、転じて、双方の間にそのような狭いへだてがあるくらいで、近接しているという意味。非常に近しい関係のたとえに使う。

老婆心切→「老婆心」＋「切」

⇩「老婆心」は年とった女性の必要以上の気遣い、「切」は思いがひたすらで強いさま。もとは仏教のことばで、師匠であるお坊さんが修行者を親切に教えみちびくことをいい、転じて、必要以上に世話をやきすぎることの意味に使う。

◆故事とは

昔あった事柄や、古い書物の中に書かれていたことから出てきた事柄、いい伝えをいう。

◆成語とは

昔の人が作ったことばをいう。

▼故事成語の例

・**合従連衡**《がっしょうれんこう》→その時の利害に応じて、団結したり離れたりすること。「従」は縦の意味。「衡」は横の意味で、縦の同盟と横の同盟ということ。「合従」は、中国の戦国時代（紀元前四〇三～前二二一年）、西方の強大国、秦《しん》に対して、南北につらなった六カ国（趙《ちょう》・魏《ぎ》・韓《かん》・燕《えん》・斉《せい》・楚《そ》）が、縦の連盟をむすんで対抗しようとした蘇秦《そしん》の政策のこと。「連衡」は、この六カ国が秦と個別に同盟をむすび存立をはからせようという、横（東西）の関係を重んじた張儀《ちょうぎ》の外交策のこと。

（出典『史記』孟軻《もうか》伝）

・**汗牛充棟**《かんぎゅうじゅうとう》→蔵書が非常に多いことのたとえ。牛車に積んで運ぶと牛が汗だくになり、家の中に積むと棟木《むなぎ》までとどいてしまうほど、本が多いこと。

（出典　柳宗元《りゅうそうげん》の『陸文通先生墓表《りくぶんつうせんせいぼひょう》』）

・**呉越同舟**《ごえつどうしゅう》→仲の悪い者同士が、同じ場所や境遇にいること。もとは、反目し合いながらも利害が一致するときには協力し合うという意味。「呉」「越」は中国春秋時代の国名、「同舟」は同じ舟に乗ること。春秋時代（紀元前七七〇～前四〇三年の約三七〇年間）、呉・越の両国は敵対関係にあり、しばしば戦ったので、国民同士は非常に仲が悪かったが、その憎み合っている両国の人が同じ舟に乗って川を渡り、大風に遭ったときに互いに助け合ったという故事から出た語。

（出典『孫子』九地）

※同義語に「同舟共済」がある。

・**国士無双**《こくしむそう》→国内に並ぶ者がいないほどすぐれた人物のこと。「国士」は国を背負って立つような傑出した人物のこと。「無双」は二つとない、並ぶ者がない意。項羽《こうう》と劉邦《りゅうほう》が、秦《しん》滅亡の天下争奪戦を行っていた折、蕭何《しょうか》という人物が劉邦に「漢軍の韓信《かんしん》は国士無双の人物だからぜひ登用すべきだ」と進言したところ、劉邦は韓信を重用し、のちに項羽を破ったという故事から。

（出典『史記』淮陰侯伝《わいいんこうでん》）

・**鼓腹撃壌**《こふくげきじょう》→理想的な政治がゆきとどいて、人々が平和な生活をすること。「鼓腹」は腹鼓《はらつづみ》をうつこと、「壌」は地面のことで、「撃壌」は地面をたたいて拍子をとる意。一説に履物を遠くから投げて当てる遊びの名。古代中国尭帝《ぎょう》（古代伝説上の聖天子）のとき、市井の老人が腹鼓をうち、大地をたたいてリズムをとりながら、太平の世をたたえる歌をうたったという故事から。

（出典『十八史略《じゅうはっしりゃく》』五帝《ごてい》）

・**傍若無人**《ぼうじゃくぶじん》→人前にもかかわらず、勝手で無遠慮な振る舞いをすること。まるでそばに人がいないかのように振る舞うこと。中国戦国時代、荊軻《けいか》という人物が燕《えん》の国へ行った際、筑《ちく》（琴に似た竹で打ち鳴らす楽器）の名人高漸離《こうぜんり》と意気投合して、酒を飲んではあたりはばからず大声でうたったり、抱き合って大声で泣いたりしたという故事から。

（出典『史記』刺客《しかく》・荊軻伝《けいかでん》）

四字熟語

解答編▼P.13
実施日　／

ウォーミングアップ

1 次の□には**共通の漢字一字**が入る。（　）の中にその**漢字**を記し、四字熟語を完成せよ。

(1) ア 前代□聞　イ 人跡□踏　（　）

(2) ア □胆不敵　イ 公明正□　（　）

(3) ア 狂喜□舞　イ 一心不□　（　）

(4) ア 傍若□人　イ 感慨□量　（　）

(5) ア 悠悠自□　イ □者生存　（　）

(6) ア 暗□模索　イ 五里霧□　（　）

(7) ア 勇猛□敢　イ 因□応報　（　）

(8) ア 粉□砕身　イ 換□奪胎　（　）

(9) ア 明鏡止□　イ 山紫□明　（　）

(10) ア 秋霜烈□　イ □進月歩　（　）

(11) ア □然自若　イ 天下□平　（　）

(12) ア 独□専行　イ 言語道□　（　）

2 次はいずれも**漢数字を使った**四字熟語である。□に入る**漢数字**を（　）の中に記し、四字熟語を完成せよ。

□ (1) □方美人（　　）
□ (2) 悪事□里（　　）
□ (3) □家争鳴（　　）
□ (4) 再三再□（　　）
□ (5) □載一遇（　　）
□ (6) □言居士（　　）
□ (7) □日坊主（　　）
□ (8) 千客□来（　　）
□ (9) 冷汗□斗（　　）
□ (10) □切合切（　　）
□ (11) □風十雨（　　）
□ (12) □拝九拝（　　）
□ (13) □分九厘（　　）
□ (14) □転八倒（　　）
□ (15) □人十色（　　）
□ (16) □律背反（　　）
□ (17) □根清浄（　　）
□ (18) 三位□体（　　）
□ (19) □丁孤苦（　　）
□ (20) □死一生（　　）

Memo

四字対等は少数派

四字熟語は二字の熟語が重ねられたものがほとんどで、「春夏秋冬」「起承転結」のように四つの字が対等に並ぶものはわずかしかありません。

四字熟語

解答編▼P.13
実施日　／

練習1

1 次の□内に入る適切な語を後の□の中から選び、**漢字に直して四字熟語**を完成せよ。

(1) 我田□水
(2) 刻苦勉□
(3) 孤立無□
(4) □越同舟
(5) 温□知新
(6) 酒□肉林　意味 ぜいたくの限りを尽くした豪華な酒宴。
(7) 疾風□雷　意味 行動が素早く激しいさま。
(8) □口牛後
(9) □刀直入
(10) 佳人□命

いん・えん・けい・こ・ご
じん・たん・ち・はく・れい

2 次の□内に入る適切な語を後の□の中から選び、**漢字に直して四字熟語**を完成せよ。

(1) 厚顔無□
(2) 軽挙□動　意味 軽はずみに行動すること。
(3) 東□西走
(4) 有為□変
(5) 多□亡羊　意味 方針が多すぎて選択に迷うたとえ。
(6) 内□外患
(7) 当意即□
(8) 付和□同
(9) 執行猶□
(10) □暗花明　意味 春の野の美しいさま。

き・てん・ち・ほん・みょう
もう・ゆう・よ・らい・りゅう

3 次の□内に入る適切な語を後の□の中から選び、**漢字に直して四字熟語**を完成させよ。

(1) 栄□盛衰

(2) 優柔不□

(3) 時期□早

(4) 喜怒□楽

(5) 堅□不抜
意味 意志が強いものに動じないこと。

(6) 支□滅裂
意味 ばらばらで筋道が立っていないこと。

(7) 不□不休

(8) 自□自賛

(9) □心伝心

(10) 忙中有□
意味 多忙の中にも、多少の一息つく時間があること。

あい・い・が・かん・こ・しょう・だん・にん・みん・り

4 次の□内に入る適切な語を後の□の中から選び、**漢字に直して四字熟語**を完成させよ。

(1) 勧善□悪

(2) 大□一声
意味 大声でどなりつけたり、しかりつけたりすること。

(3) 異国情□

(4) 一□当千

(5) 首尾一□

(6) □問機関

(7) 前□洋洋

(8) 暗雲低□
意味 先行き不安な状態が続くこと。

(9) 面目□如

(10) 温厚□実

かつ・かん・き・し・ちょ・ちょう・と・とく・めい・やく

Memo
意味を知るだけではものたりない！
中国や日本の故事・古典から生まれてきた四字熟語は、意味だけでなく、その来歴まで調べるようにしよう。

四字熟語

練習1

解答編▼P.13
実施日　／

5 次の□内に入る適切な語を後の□の中から選び、**漢字に直して四字熟語**を完成せよ。

- ⑴ 天□孤独
- ⑵ 一陽来□
  - 意味 悪運が続いたあと幸運に向かうこと。
- ⑶ 同工□曲
- ⑷ 破邪□正
  - 意味 不正を打破し、正義を守ること。
- ⑸ 物価□貴
- ⑹ 雲散霧□
- ⑺ 綱紀□正
- ⑻ □飲馬食
- ⑼ 閑話□題
  - 意味 それはさておき。
- ⑽ 疑心暗□

い・がい・き・きゅう・げい・けん
しゅく・しょう・とう・ふく

6 次の□内に入る適切な語を後の□の中から選び、**漢字に直して四字熟語**を完成せよ。

- ⑴ 遠□深慮
  - ヒント 「深□遠慮」ともいう。
- ⑵ 自縄自□
- ⑶ 不□不党
- ⑷ 森羅万□
  - 意味 宇宙に存在するすべてのもの。
- ⑸ 治乱□亡
- ⑹ 清廉□白
- ⑺ 一触□発
- ⑻ □勢裁判
- ⑼ 和洋折□
- ⑽ 隠□自重
  - 意味 行いを慎み軽率にしないこと。

けっ・こう・しょう・そく・だん
ちゅう・にん・ばく・へん・ぼう

7 次の（　）内に入る適切な語を後の□の中から選び、**漢字に直して四字熟語を完成せよ。**

(1) 時代（　　）
(2) 正真（　　）
(3)（　　）少見
意味 見聞がせまく、わずかな知識しかないこと。
(4) 容姿（　　）
(5)（　　）秋思
意味 気候のいいときに何となく気のふさぐこと。
(6) 偶像（　　）
(7)（　　）代謝
意味 新しいものが古いものにとって代わること。
(8)（　　）浄土
(9) 永代（　　）
(10) 群雄（　　）

かっきょ・かぶん・くよう・ごくらく
さくご・しゅんしゅう・しょうめい
しんちん・すうはい・たんれい

8 次の（　）内に入る適切な語を後の□の中から選び、**漢字に直して四字熟語を完成せよ。**

(1) 天衣（　　）
意味 飾りけがなく自然であること。
(2) 勢力（　　）
(3)（　　）蛇尾
(4) 襲名（　　）
(5)（　　）遺伝
(6) 責任（　　）
(7) 無病（　　）
(8) 率先（　　）
(9)（　　）努力
(10) 粒粒（　　）
意味 こつこつと努力や苦労を重ねること。

かくせい・しんく・すいはん
そくさい・てんか・はくちゅう・ひろう
ふんれい・むほう・りゅうとう

Memo
上と下の二字が似た意味で対応している例
自暴自棄　浅学非才
広大無辺　沈思黙考

四字熟語

練習 2

解答編▼P.13・14

実施日 ／

1 次の（　）内に入る適切な語を後の□の中から選び、**漢字に直して四字熟語**を完成せよ。

(1) 危機（　　　）

(2) 針小（　　　）

(3) 文人（　　　）

(4) 意味（　　　）

(5) 外柔（　　　）

(6)（　　　）末節

(7)（　　　）協同

(8)（　　　）鬼没

(9)（　　　）日食

(10)（　　　）冬扇

いっぱつ・かいき・かろ・しよう
しんしゅつ・しんちょう・ないごう
ぼうだい・ぼっかく・わちゅう

2 次の（　）内に入る適切な語を後の□の中から選び、**漢字に直して四字熟語**を完成せよ。

(1) 衆人（　　　）

(2) 意気（　　　）

(3) 深山（　　　）

(4) 旧態（　　　）

(5) 無味（　　　）

(6)（　　　）応変

(7)（　　　）家族

(8)（　　　）自在

(9)（　　　）濫造

(10)（　　　）一刻

いぜん・かんきゅう・かんし
かんそう・しゅんしょう・そせい
そそう・ふよう・ゆうこく・りんき

3 次の（　）内に入る適切な語を後の□の中から選び、**漢字に直して四字熟語を完成**せよ。

(1)（　　）直下
(2)（　　）暮改
(3)（　　）腹背
(4)（　　）術数
(5)（　　）去私
(6) 平身（　　）
(7) 放歌（　　）
(8) 用意（　　）
(9) 無為（　　）
(10) 取捨（　　）

きゅうてん・けんぼう・こうぎん
しゅうとう・せんたく・そくてん・ていとう
ちょうれい・としょく・めんじゅう

4 次の（　）内に入る適切な語を後の□の中から選び、**漢字に直して四字熟語を完成**せよ。

(1)（　　）飽食
(2)（　　）異夢
(3)（　　）洋才
(4)（　　）実直
(5)（　　）外親
(6) 空中（　　）
(7) 新進（　　）
(8) 縦横（　　）
(9) 順風（　　）
(10) 離合（　　）

きえい・きんげん・しゅうさん
だんい・どうしょう・ないそ
まんぱん・むじん・ろうかく・わこん

Memo

上の二字と下の二字が反対の意味で対応している例

信賞｜必罰　大同｜小異　人面｜獣心

四字熟語

練習2

解答編▶P.14・15

実施日　／

5 次の（　）内に入る適切な語を後の□の中から選び、**漢字に直して四字熟語**を完成せよ。

□ (1) 誇大（　　　）

□ (2) 初志（　　　）

□ (3) 対牛（　　　）

□ (4) 精進（　　　）

□ (5) 意馬（　　　）

□ (6)（　　　）妥当

□ (7)（　　　）得喪

□ (8)（　　　）淑女

□ (9)（　　　）曲直

□ (10)（　　　）青松

かふく・かんてつ・けっさい
しんえん・しんし・だんきん
はくしゃ・ふへん・もうそう・りひ

6 次の（　）内に入る適切な語を後の□の中から選び、**漢字に直して四字熟語**を完成せよ。

□ (1) 情状（　　　）

□ (2) 好機（　　　）

□ (3) 心神（　　　）

□ (4) 読書（　　　）

□ (5) 高論（　　　）

□ (6)（　　　）廷争

□ (7)（　　　）令色

□ (8)（　　　）同居

□ (9)（　　　）操作

□ (10)（　　　）強記

えんかく・こうげん・こうじゃく
しゃくりょう・しょうゆう・たくせつ
とうらい・はくらん・めんせつ・るいせい

7 次の（　）内に入る適切な語を後の□の中から選び、**漢字に直して四字熟語**を完成せよ。

(1) 本末（　　）
(2) 興味（　　）
(3) 低唱（　　）
(4) 複雑（　　）
(5) 片言（　　）
(6)（　　）無二
(7)（　　）力行
(8)（　　）落日
(9)（　　）大度
(10)（　　）雨読

かいき・かんじん・きんけん
こじょう・しんしん・せきご
せいこう・てんとう・びぎん・ゆいいつ

8 次の（　）内に入る適切な語を後の□の中から選び、**漢字に直して四字熟語**を完成せよ。

(1) 直情（　　）
(2) 大言（　　）
(3) 英俊（　　）
(4) 金科（　　）
(5) 汗牛（　　）
(6)（　　）徹底
(7)（　　）無双
(8)（　　）団結
(9)（　　）無効
(10)（　　）明快

いっち・かいだい・ぎょくじょう
けいこう・ごうけつ・しゅうち
じゅうとう・そうご・やくせき・ろんし

Memo

上と下の熟語が主語・述語の関係になっている例

玉石混交　主客転倒　大器晩成

四字熟語

練習2

解答編▼P.15・16
実施日　／

9 次の（　）内に入る適切な語を□の中から選び、**漢字に直して四字熟語**を完成せよ。また、その四字熟語の**意味**を後の意味群から選び、［　］の中に**記号**で記せ。

		意味
(1)	（　　）万紅	［　］
(2)	美辞（　　）	［　］
(3)	（　　）独尊	［　］
(4)	（　　）壮大	［　］
(5)	快刀（　　）	［　］

きう・せんし・ゆいが・らんま・れいく

〈意味〉
a　自分だけがすぐれているとうぬぼれること。
b　こじれた物事を、手際よく処理すること。
c　色とりどりの花が咲き乱れているさま。
d　心構えや発想が大きく立派なこと。
e　うわべだけを飾り立てた内容のないことば。

10 次の（　）内に入る適切な語を□の中から選び、**漢字に直して四字熟語**を完成せよ。また、その四字熟語の**意味**を後の意味群から選び、［　］の中に**記号**で記せ。

		意味
(1)	（　　）破帽	［　］
(2)	（　　）自大	［　］
(3)	酔生（　　）	［　］
(4)	（　　）保身	［　］
(5)	鼓腹（　　）	［　］

げきじょう・へいい・むし・めいてつ・やろう

〈意味〉
a　自分の力量を知らずに尊大に構えること。
b　賢く世に処して自分の地位を守ること。
c　理想的な政治がゆきとどき、人々が平和な生活をすること。
d　何をなすこともなく、ぼんやりと生涯を過ごすこと。
e　身なりを構わない、粗野なさま。

11 次の（　）内に入る適切な語を□の中から選び、**漢字に直して四字熟語**を完成せよ。また、その四字熟語の**意味**を後の意味群から選び、［　］の中に**記号**で記せ。

意味

(1)（　　）邪説　［　］
(2)（　　）夜行　［　］
(3) 質実（　　）　［　］
(4) 生殺（　　）　［　］
(5)（　　）連理　［　］

いたん・ごうけん・ひゃっき・ひよく・よだつ

〈**意味**〉
a 男女の情愛が深く、仲むつまじいことのたとえ。
b 他のものを自分の思うままに支配すること。
c 多くの悪人がのさばり、はびこるたとえ。
d 正統からはずれている思想・信仰・学説。
e 飾り気がなくまじめで、心身ともに強くたくましいこと。

12 次の（　）内に入る適切な語を□の中から選び、**漢字に直して四字熟語**を完成せよ。また、その四字熟語の**意味**を後の意味群から選び、［　］の中に**記号**で記せ。

意味

(1)（　　）白日　［　］
(2) 円転（　　）　［　］
(3)（　　）飛語　［　］
(4) 津津（　　）　［　］
(5)（　　）石火　［　］

うらうら・かつだつ・せいてん・でんこう・りゅうげん

〈**意味**〉
a 確かな根拠のない、いいかげんなうわさ。
b 全国いたる所。
c 心にまったくやましいことがないことのたとえ。
d 動作や振る舞いが非常に素早いこと。
e 物事をそつなくとりしきるさま。

Memo

上と下の二字もそれぞれ反対の意味を持ち、かつ上と下の熟語が対応している例

老若男女　理非曲直　利害得失

漢検おもしろゼミ 6

●送りがな●

「かな」ひとつで読みが変わる！

「送りがな」は送りまちがいにご用心！

日本人は普通、「漢字」と「かな」のまじった文を読んだり書いたりしています。この「漢字かなまじり文」を書くとき、どこからを「かな」で書くか、という「送りがな」の問題が生じます。特に複数の訓を持つ漢字は要注意です。

例えば、「下」という漢字に送りがなを正しくつけて、「おりる」「さげる」「くだる」を書き分けてみましょう。

正解はそれぞれ、「下りる」「下げる」「下る」です。

平易な漢字でも送りがなの使い分けは意外にやっかいなのです。

また、送りがなを誤ると、読み手に無用な誤解や混乱を与えてしまうこともあります。次の例文を見ましょう。

「彼は熱心に数学を教る。」

これでは、彼が数学を「おそわる」のか、「おしえる」のか判断がつきません。「おそわる」なら「教わる」、「おしえる」なら「教える」と、それぞれ「わる」、「える」から送りがなをつけないといけません。

「にがす（逃がす）」のつもりでも、「逃す」と書くと「のがす」になるし、「くるしい（苦しい）」を「苦い」と書くと「にがい」になってしまいます。

一字違いで大違い。これは送りがなにもあてはまることなのです。

◆内閣告示「送り仮名の付け方」 昭和四十八年六月一日 昭和五十六年十月一日

1 単独の語

①活用のある語

通則1

本則 活用のある語（通則2を適用する語は除く）は、活用語尾を送る。

例 憤《いきどお》る 承《うけたまわ》る 書く 実《みの》る 催《もよお》す 生きる 陥《おとしい》れる 考える 助ける……動詞
荒い 潔《いさぎよ》い 賢い 濃い……形容詞
主だ……形容動詞

例外

(1) 語幹が「し」で終わる形容詞は、「し」から送る。

例 著しい 惜しい 悔しい 恋しい 珍しい

(2) 活用語尾の前に「か」、「やか」、「らか」を含む形容動詞は、その音節から送る。

例 暖かだ 細かだ 静かだ 穏《おだ》やかだ 健《すこ》やかだ 和《なご》やかだ 明らかだ 平《たい》らかだ 滑《なめ》らかだ 柔《やわ》らかだ

(3) 次の語は、次に示すように送る。

例 明らむ 味わう 哀れむ 慈《いつく》しむ 教わる 脅《おど・おびや》かす 食《く》らう 異《こと》なる 逆《さか》らう 捕まる 群《むら》がる 和《やわ》らぐ 揺《ゆ》する 明るい 危《あぶ》ない 危《あや》うい 大きい 少ない 小さい 冷たい

1 送りがなとは

漢字を表意的な用法によって、訓読するときに、動詞・形容詞・形容動詞など用言の活用語尾や、用言の連用形・終止形などからできた名詞の語尾などを明示するために、漢字の補助として用いられるかな、例えば「明るい・明ける・明らか・明かす」などにおけるかなの部分を「送りがな」といいます。

歴史的にみて、送りがなの規則というのははっきりしたものがなく、雑然としていましたが、明治以後、国語の表記法として漢字・かな活用の「**仮名まじり文**」が採用されたこともあって、「**送りがな**」の基準を立てようという試みがなされるようになりました。そして、各方面の送りがながさまざまであることに対して、その整理統一を要望する声があがり、昭和三十四年、「送りがなのつけ方」が告示され、その後新しく昭和四十八年六月に、「**送り仮名の付け方**」が内閣より告示、昭和五十六年十月に、その内容の一部が改正され、現在に至っています。

2 送りがなのつけ方

口語文を書く場合の送りがなのつけ方のよりどころとなっているのは、内閣告示の「送り仮名の付け方」です。この「送り仮名の付け方」は、漢字を記号的に用いたり、表に記入したりする場合や、固有名詞を書きあらわす場合は対象にしておりません。ここでは、「語」を単独の語（活

平《ひら》たい　新ただ　同じだ　盛んだ　平《たい》らだ
懇《ねんご》ろだ　惨《みじ》めだ　哀れだ　幸《さいわ》いだ　幸《しあわ》せだ
巧《たく》みだ

許容 次の語は、（　）の中に示すように、活用語尾の前の音節から送ることができる。

表す（表わす）　著《あらわ》す（著わす）
現れる（現われる）　行《おこな》う（行なう）
断《ことわ》る（断わる）　賜《たまわ》る（賜わる）

注意 語幹と活用語尾との区別がつかない動詞は、例えば、「着る」「寝る」「来る」などのように送る。

通則2

本則 活用語尾以外の部分に他の語を含む語は、含まれている語の送り仮名の付け方によって送る。（含まれている語を〔　〕の中に示す）

例 (1) 動詞の活用形又はそれに準ずるものを含むもの。

動かす〔動く〕　照らす〔照る〕
語らう〔語る〕　計らう〔計る〕
向かう〔向く〕　浮かぶ〔浮く〕
生まれる〔生む〕　押さえる〔押す〕
捕らえる〔捕る〕　勇ましい〔勇む〕
輝かしい〔輝く〕　喜ばしい〔喜ぶ〕
晴れやかだ〔晴れる〕　及ぼす〔及ぶ〕
積もる〔積む〕　聞こえる〔聞く〕
頼もしい〔頼む〕　起こる〔起きる〕
落とす〔落ちる〕　暮らす〔暮れる〕
冷やす〔冷える〕　当たる〔当てる〕
終わる〔終える〕　変わる〔変える〕

用のある語・活用のない語）と複合の語に分け、それぞれの送りがなのつけ方を、通則1から通則7までに示し、さらには、付表の語（「常用漢字表」の「付表」にあげてある語で、送りがなが問題となる語）についても記述があります。各通則には、本則のほか、例外・許容のあるものは、それをあわせてあげてあります。

通則とは、「送り仮名の付け方」の基本的な法則をいい、〔本則〕の外に必要に応じて〔例外〕〔許容〕があります。

〔本則〕 「送り仮名の付け方」の基本法則です。

〔例外〕 本則に合わない送り仮名の付け方が、慣用として一定しているもの。また、読みまちがいを避けるために本則に合わない送り仮名の付け方で慣用として認められているものです。

〔許容〕 本則による形とともに、慣用として行われていると認められるものであって、本則以外に、これによってよいものをいいます。

1 単独の語

1 活用のある語は、活用語尾を送る（通則1の本則による）

通則2を適用する語は除きますが、動詞なら「書く」「生きる」「助ける」のように、形容詞なら「荒い」、形容動詞なら「主だ」のように活用語尾を送るということです。ただし、例外が認められており、

集まる〔集める〕　定まる〔定める〕
連なる〔連ねる〕　交わる〔交える〕
混ざる・混じる〔混ぜる〕
恐ろしい〔恐れる〕

例 (2) 形容詞・形容動詞の語幹を含むもの。

重んずる〔重い〕　若やぐ〔若い〕
怪しむ〔怪しい〕　悲しむ〔悲しい〕
苦しがる〔苦しい〕　確かめる〔確かだ〕
重たい〔重い〕　憎らしい〔憎い〕
古めかしい〔古い〕　細かい〔細かだ〕
柔らかい〔柔らかだ〕　清らかだ〔清い〕
高らかだ〔高い〕　寂しげだ〔寂しい〕

例 (3) 名詞を含むもの。

汗ばむ〔汗〕　先んずる〔先〕
春めく〔春〕　男らしい〔男〕
後ろめたい〔後ろ〕

許容 読み間違えるおそれのない場合は、活用語尾以外の部分について、次の（ ）の中に示すように、送り仮名を省くことができる。

例
浮かぶ（浮ぶ）　生まれる（生れる）
押さえる（押える）　捕らえる（捕える）
晴れやかだ（晴やかだ）　積もる（積る）
聞こえる（聞える）　起こる（起る）
落とす（落す）　暮らす（暮す）
当たる（当る）　終わる（終る）
変わる（変る）

注意 次の語は、それぞれ〔 〕の中に示す語を含むものと考えず、通則1によるものとする。

送りがな

・「著しい」のような語幹が「し」で終わる形容詞は「し」から送る

・「暖かだ」「穏やかだ」のように、活用語尾の前に「か」、「やか」、「らか」を含む形容動詞は、その音節から送る

ことになります。また、送りがなのつけ方を示された例外の語もいくつか存在します。さらに、活用語尾の前の音節から送ることが許容されている語もあります。

2　活用語尾以外の部分に他の語を含む語は、含まれている語の送り仮名の付け方によって送る（通則2の本則による）

「うごかす」は「動く」の未然形「動か」を含んでいるから、「動く」の送りがなのつけ方によって「動かす」と送るということです。「若やぐ」や「清らかだ」のように形容詞や形容動詞の語幹を含む場合や、「汗ばむ」のように名詞を含むものもあてはまります。読みまちがえるおそれのない場合には許容も認められています。

3　名詞は送り仮名を付けない（通則3の本則による）

「勢い」「誉れ」など、例外として最後の音節を送るものがあり、数をかぞえる「つ」を含む名詞は、その「つ」を「一つ」「二つ」「幾つ」のように送ります。

4　活用のある語から転じた名詞及び活用のある語に「さ」、「み」、「げ」などの接尾語が付いて名詞になったものは、もとの語の送り仮名の付け方によって送る（通則4の本則による）

明るい〔明ける〕　荒い〔荒れる〕
悔《くや》しい〔悔いる〕　恋しい〔恋う〕

②活用のない語

通則3
本則　名詞（通則4を適用する語は除く）は、送り仮名を付けない。
例　月　鳥　花　山　男　女　彼　何
例外　(1)次の語は、最後の音節を送る。
辺《あた》り　哀れ　勢い　幾《いく》ら　後ろ　傍《かたわ》ら
幸《さいわ》い　幸《しあわ》せ　互い　便り　半ば　情け
斜め　独り　誉《ほま》れ　自《みずか》ら　災《わざわ》い
(2)数をかぞえる「つ」を含む名詞は、その「つ」を送る。
例　一つ　二つ　三つ　幾つ

通則4
本則　活用のある語から転じた名詞及び活用のある語に「さ」、「み」、「げ」などの接尾語が付いて名詞になったものは、もとの語の送り仮名の付け方によって送る。
例(1)　活用のある語から転じたもの。
動き　仰《おお》せ　恐れ　薫《かお》り　曇り　調べ　届け
願い　晴れ　当たり　代わり　向かい　狩り　答え
問い　祭り　群れ　憩《いこ》い　愁《うれ》い　憂《うれ》い　香《かお》り　極《きわ》み
初め　近く　遠く
例(2)　「さ」、「み」、「げ」などの接尾語が付いたもの。
暑さ　大きさ　正しさ　確かさ
明るみ　重み　憎《にく》しみ　惜しげ
例外　次の語は、送り仮名を付けない。
謡　虞《おそれ》　趣　氷　印　頂《いただき》　帯　畳　卸
煙　恋　志　次　隣　富　恥　話　光

例えば、動詞「動く」から転じたので、「動き」、形容詞「暑い」から転じたので「暑さ」と送ることであり、もとの用言が「近い」「明るい」と送っていたから「近く」「明るみ」と送るということです。ただし、「趣」「舞」のように送りがなをつけない例外もあり、読みまちがえるおそれのない場合は「届け」→「届」、「晴れ」→「晴」のように送りがなを省くことが許容されています。

5　副詞・連体詞・接続詞は、最後の音節を送る（通則5の本則による）

「必ず」（副詞）、「来《きた》る」（連体詞）、「及び」（接続詞）のように送るということです。例外としては、「明くる」「大いに」「直《ただ》ちに」「並びに」「若《も》しくは」と送る語があり、「又」には送りがなをつけません。また、「併せる」を含んだ「併せて」、「恐れる」を含んだ「恐らく」のように、他の語を含む語は、含まれている語の送りがなのつけ方によって送ることになります。

2　複合の語

6　複合の語の送り仮名は、その複合の語を書き表す漢字の、それぞれの音訓を用いた単独の語の送り仮名の付け方による（通則6の本則による）

通則7を適用する語は除きますが、「書く」「抜く」、「売る」「上げる」のように送るので、その複合語の語もそれぞれの送りがなにならって、「書き抜く」「売り上げ」のように送るということです。読みまちがえるおそれのない場合は、「書抜く」「売上げ」「売上」のように送りがなを省くこと

舞　折　係　掛　組　肥《こえ》　並　巻　割

注意　**許容**（省略）

読み間違えるおそれのない場合は、次の（　）の中に示すように、送り仮名を省くことができる。

例　曇り（曇）　届け（届）　願い（願）　晴れ（晴）
当たり（当り）　代わり（代り）　向かい（向い）
狩り（狩）　答え（答）　問い（問）　祭り（祭）
群れ（群）　憩《いこ》い（憩）

通則5　**本則**　副詞・連体詞・接続詞は、最後の音節を送る。

例　必ず　更《さら》に　少し　既に　再び　全《まった》く　最も…副詞
来《きた》る　去る…連体詞
及び　且《か》つ　但《ただ》し…接続詞

例外
(1) 次の語は、次に示すように送る。
明くる　大いに　直《ただ》ちに　並《なら》びに　若《も》しくは
(2) 次の語は、送り仮名を付けない。
又
(3) 次のように、他の語を含む語は、含まれている語の送り仮名の付け方によって送る。（含まれている語を［　］の中に示す）

例　併せて［併せる］　至って［至る］
恐らく［恐れる］　従って［従う］
絶えず［絶える］　例えば［例える］
努めて［努める］　少なくとも［少ない］
辛うじて［辛い］　必ずしも［必ず］
互いに［互い］

2 複合の語

通則6　**本則**　複合の語（通則7を適用する語は除く）の送り仮名

が許容されています。

7　名詞となる複合の語のうち、地位・身分・役職等の名や、工芸品の名に用いられた「染」「塗」「彫」など、特定の領域の語で慣用が固定していると認められるもの、さらには一般に慣用が固定していると認められるものには送り仮名を付けない（通則7の本則による）

「関取」「頭取」「取締役」「有田焼」「輪島塗」「春慶塗」「書留」「献立」などは慣用に従って送りがなをつけないということです。なお、通則7を適用する語は、例としてあげられているものだけで尽くしてはいないので、慣用が固定していると認められる限り、類推して同類の語にも及ぼすことができます。通則7を適用してよいかどうか判断し難い場合には、通則6を適用します。

付表の語

「常用漢字表」の「付表」にあげてある語のうち、送りがなのつけ方が問題となる語は、次のようにします。

1次の語は、次に示すように送る。
浮つく　お巡りさん　差し支える　五月晴れ　立ち退く　手伝う　最寄り
なお、次の語は、（　）の中に示すように、送り仮名を省くことができる。
差し支える（差支える）　五月晴れ（五月晴）　立ち退く（立退く）

2次の語は、送り仮名を付けない。
息吹　桟敷　時雨　築山　名残　雪崩　吹雪　迷子　行方

は、その複合の語を書き表す漢字の、それぞれの音訓を用いた単独の語の送り仮名の付け方による。

例(1)　活用のある語
書き抜く　流れ込む　申し込む　打ち合わせる　向かい合わせる（以下略）

例(2)　活用のない語
石橋　竹馬　山津波　後ろ姿（以下略）

許容　読み間違えるおそれのない場合は、次の（　）の中に示すように、送り仮名を省くことができる。
書き抜く（書抜く）　申し込む（申込む）　打ち合わせる（打ち合せる・打合せる）　向かい合わせる（向かい合せる）（以下略）

注意（省略）

通則7
複合の語のうち、次のような名詞は、慣用に従って、送り仮名を付けない。

(1)　特定の領域の語で、慣用が固定していると認められるもの。

例
ア　地位・身分・役職等の名。
関取　頭取　取締役　事務取扱
イ　工芸品の名に用いられた「織」、「染」、「塗」等。
《博多》織　《型絵》染　《春慶》塗
《鎌倉》彫　《備前》焼
ウ　その他
書留　気付　切手　消印　小包　振替《ふりかえ》（以下略）

(2)　一般に、慣用が固定していると認められるもの。

例
奥書《おくがき》　木立《こだち》　子守　献立　座敷　試合
字引　場合　羽織　葉巻（以下略）

注意（省略）

送りがな

解答編▼P.16
実施日　／

ウォーミングアップ

1 次の語を**漢字と送りがな**に直したとき、**正しく表記しているもの**をそれぞれア・イから選び、その**記号**を（　）に記せ。

□(1)あおぐ　{ア 仰ぐ　イ 仰おぐ}　（　）
□(2)あきる　{ア 飽きる　イ 飽る}　（　）
□(3)いためる　{ア 傷ためる　イ 傷める}　（　）
□(4)たっとい　{ア 貴とい　イ 貴い}　（　）
□(5)つぐなう　{ア 償う　イ 償なう}　（　）
□(6)つつしむ　{ア 謹しむ　イ 謹む}　（　）
□(7)ととのえる　{ア 調える　イ 調のえる}　（　）
□(8)はげます　{ア 励す　イ 励ます}　（　）
□(9)はえる　{ア 映える　イ 映る}　（　）
□(10)はなはだ　{ア 甚だ　イ 甚はだ}　（　）
□(11)したう　{ア 慕たう　イ 慕う}　（　）
□(12)わずらう　{ア 煩らう　イ 煩う}　（　）

(13)うらめしい　ア 恨しい　イ 恨めしい　（　）

(14)うえる　ア 飢る　イ 飢える　（　）

(15)かかる　ア 懸る　イ 懸かる　（　）

(16)さがす　ア 捜がす　イ 捜す　（　）

(17)さとす　ア 諭す　イ 諭とす　（　）

(18)しぶい　ア 渋い　イ 渋ぶい　（　）

(19)すたれる　ア 廃たれる　イ 廃れる　（　）

(20)せばめる　ア 狭める　イ 狭ばめる　（　）

(21)ちかう　ア 誓かう　イ 誓う　（　）

(22)たえる　ア 堪える　イ 堪る　（　）

(23)ねばる　ア 粘ばる　イ 粘る　（　）

(24)ともなう　ア 伴なう　イ 伴う　（　）

(25)とむらう　ア 弔う　イ 弔らう　（　）

Memo

「送り仮名の付け方」告示本文の見方・使い方①

「通則」とは、「送り仮名の付け方」の基本的な法則をいい、「本則」の外に必要に応じて「例外」、「許容」があります。

送りがな

解答編▼P.16
実施日　／

練習1

1 次の――線の漢字を例にしたがって**終止形**の**訓読み**にし、送りがなは**ひらがな**で（　）に記せ。

（例）窮乏（乏しい）

(1) 贈与（　）
ヒント 下一段活用の動詞になる。

(2) 眺望（　）

(3) 犯人（　）

(4) 襲来（　）

(5) 渋滞（　）
ヒント 訓読みは「とどこおる」。

(6) 偏執（　）

(7) 薫風（　）

(8) 妨害（　）
ヒント 訓読みは「さまたげる」。

(9) 遮光（　）
ヒント 下を目的語とする熟語の構成に注目。

(10) 勧誘（　）

(11) 合併（　）
ヒント 同じ訓を持つ漢字同士だが送りがなは違う。

(12) 挑発（　）

(13) 回顧（　）
ヒント 上一段活用の動詞になる。

(14) 稼働（　）

(15) 修繕（　）

2

次の漢字を例にしたがって**終止形の訓読み**にし、**送りがなの部分**には――線をつけよ。

(例) 搾（しぼる）

□(1) 欺（　　）

□(2) 扱（　　）

□(3) 怠（　　）

ヒント 訓が二つあるので答えも二つあることに注意。

□(4) 赴（　　）

□(5) 紡（　　）

□(6) 潜（　　）

ヒント 訓が二つあるので答えも二つあることに注意。

□(7) 拒（　　）

□(8) 涼（　　）

ヒント 動詞と形容詞があり、答えは二つあることに注意。

□(9) 薦（　　）

□(10) 承（　　）

□(11) 賄（　　）

□(12) 褒（　　）

□(13) 磨（　　）

□(14) 醜（　　）

ヒント 形容詞の終止形は「い」で終わる。

□(15) 矯（　　）

Memo

「送り仮名の付け方」告示本文の見方・使い方②

・[本則]　「送り仮名の付け方」の基本の法則。

・[例外]　本則に合わない送り仮名の付け方が、慣用として一定しているもの。また、読みまちがいを避けるために、送り仮名の付け方を慣用として認められたもの。

送りがな

解答編▼P.17
実施日 ／

練習2

1 次の――線のカタカナを漢字と送りがな（ひらがな）に直せ。

(例) 時間をずらして渋滞をサケル。（避ける）

(1) 色アザヤカナ舞台衣装を着る。（　）
(2) 客をネンゴロニもてなす。（　）
(3) 会議に遅れそうになりアセル。（　）
(4) 名札を胸にサゲル。（　）
(5) いつの間にか金がツイエル。（　）
(6) 明日モシクハ明後日に伺います。（　）
(7) みつのシタタルような果物だ。（　）
(8) いく分か緊張がヤワラグ。（　）
(9) 幼い弟が機嫌をソコネル。（　）
(10) ウモレた人材を発掘する。（　）
(11) 高原を馬がカケル。（　）
(12) 胸に熱情をシノバセル。（　）
(13) 夜がフケルまで語り合う。（　）
(14) イマワシイ事件は忘れたい。（　）
(15) 試合が近いので気を引きシメル。（　）
(16) 不摂生をイマシメル。（　）
(17) マギラワシイ行動は避ける。（　）
(18) 手のヨゴレを洗い落とす。（　）
(19) 樹木に春のキザシを見た。（　）
(20) 失敗したことをアヤマル。（　）
(21) 親は子をイツクシムものだ。（　）
(22) 故人を手厚くホウムル。（　）
(23) デスクの上に書類がチラカル。（　）
(24) 規則を破るとはナゲカワシイ。（　）

(25) 薬で痛みを**シズメ**て様子をみる。（　　）
(26) 友人の逝去を心から**イタム**。（　　）
(27) 心に残る**ナツカシイ**映像だ。（　　）
(28) 流感を**ワズラウ**。（　　）
(29) ソフトボール大会を**モヨオス**。（　　）
(30) 会員は**マタタク**間に増えた。（　　）
(31) 独立して会社を**オコス**。（　　）
(32) 賛成者が大半を**シメル**。（　　）
(33) 隣国に国境を**オカサレル**。（　　）
(34) **オゴソカニ**祝詞をきく。（　　）
(35) グループを**スベル**心遣いをする。（　　）
(36) 不注意な発言が**ワザワイ**を呼んだ。（　　）
(37) 動揺を隠して平静を**ヨソオウ**。（　　）
(38) 他人に無理を**シイル**のはよくない。（　　）
(39) 参加者の多さに自信が**ユラグ**。（　　）

(40) 一芸に**ヒイデル**人を求める。（　　）
(41) 公園のベンチで**イコウ**。（　　）
(42) **アヤマチ**を反省する。（　　）
(43) **サビレ**た古寺を訪ねる。（　　）
(44) 二人は将来を**チギッ**た仲だ。（　　）
(45) 彼は少し金に**イヤシイ**。（　　）
(46) 類焼を**マヌカレ**ほっとする。（　　）
(47) 今日の御飯は**ヤワラカイ**。（　　）
(48) **ニクラシイ**ほど弁舌が巧みだ。（　　）
(49) 赤ちゃんの手を**ニギル**。（　　）
(50) **シイタゲラレ**た民衆の怒りが爆発する。（　　）

Memo

「送り仮名の付け方」告示本文の見方・使い方③

・［許容］本則による形とともに、慣用として行われていると認められるものであって、本則以外に、これによってよいものをいいます。

送りがな

練習2

解答編▼P.17・18
実施日 ／

2 次の——線の**カタカナを漢字と送りがな（ひらがな）**に直せ。

（例）時間をずらして渋滞を**サケル**。（避ける）

(1) **ウルワシイ**友情が感動を呼んだ。（　　）

(2) 将来に向けて実力を**タクワエル**。（　　）

(3) 友人とゲームの腕を**キソウ**。（　　）

(4) 甘味を**オサエ**て調理する。（　　）

(5) 年齢を**イツワッ**て応募した。（　　）

(6) 長老を会長として**タテマツル**。（　　）

(7) みごとな演奏に感**キワマル**。（　　）

(8) 敵は**アナドリ**難い相手だ。（　　）

(9) 楽しげな雰囲気を**カモス**。（　　）

(10) 先生にお**ウカガイ**をたてる。（　　）

(11) 彼のステップは**カロヤカダ**。（　　）

(12) 上司に**クワシク**報告する。（　　）

(13) 生命を**オビヤカス**危険性がある。（　　）

(14) 永い年月に**ツチカワレ**た文化だ。（　　）

(15) 神へ**ミツギ**物をささげる。（　　）

(16) 強い**イキドオリ**を感じた。（　　）

(17) 業績はあまり**カンバシク**ない。（　　）

(18) アルバイトに学生を**ヤトウ**。（　　）

(19) 甘いことばで**ソソノカス**。（　　）

(20) 汗**クサイ**更衣室に顔をしかめた。（　　）

(21) **ナゴヤカナ**雰囲気のうちに終わった。（　　）

(22) タバコが体に**オヨボス**影響を考える。（　　）

(23) 売上減で苦境に**オチイル**。（　　）

(24) **ウヤウヤシク**褒賞を受ける。（　　）

送りがな

⑵ 彼は**イサギヨク**非を認めた。（　　）
⑵ 人との出会いが人生を**イロドル**。（　　）
⑵ 子犬が無心に**タワムレ**ている。（　　）
⑵ 岩をも**クダク**心構えだ。（　　）
⑵ みんなの前で**ハズカシメ**を受けた。（　　）
⑶ 仲間に**ウトンジラレ**て悲しい。（　　）
⑶ 別れた友と**メグリ**会った。（　　）
⑶ 山門の**カタワラ**の碑を読む。（　　）
⑶ 大事な話を聞き**モラス**。（　　）
⑶ 行方不明者を**アワレム**。（　　）
⑶ 常勝チームの連覇を**ハバム**。（　　）
⑶ いたずらが過ぎるので**コラシメ**た。（　　）
⑶ ナスをぬかみそに**ツケル**。（　　）
⑶ 妹がバイオリンを**カナデル**。（　　）
⑶ 夏休みを前に心が**ウカレル**。（　　）

⑷ 大方の予想を**クツガエス**結果となった。（　　）
⑷ 祭りでみこしを**カツグ**。（　　）
⑷ 前例に**ナラウ**ばかりでは能がない。（　　）
⑷ 体力の**オトロエ**を防ぐ。（　　）
⑷ 勝利の旗が**ヒルガエル**。（　　）
⑷ 祖母は和服を手早く**タタム**。（　　）
⑷ 心に**シミル**思い出だ。（　　）
⑷ 夜更かしは体に**サワル**。（　　）
⑷ 波もなく**オダヤカナ**海だ。（　　）
⑷ ひもで**ユワエ**て束にする。（　　）
⑸ 皿まで**クラウ**ような勢いで食べる。（　　）

Memo

「送り仮名の付け方」告示本文の見方・使い方④
各通則において、許容によれる語については本則、許容のいずれに従ってもよいが、個々の語に適用するにあたって、許容に従ってよいかどうか判断し難い場合には、本則によるものとします。

送りがな

漢検おもしろゼミ 7

・書きとり・

一点一画に愛を込めて！

たかが「書きとり」、されど「書きとり」！

文字は人なり。手書きの字には、知らずその人のひととなりが現れてしまうものです。パソコンやワープロが普及した今日においても、履歴書などは手書きですし、気持ちを込めた手紙を書く場合なども、やはりペンを手にするものです。そんなときに、乱雑な字やまちがった漢字を書いてしまったら、読む人はどんな印象を持つでしょうか。はからずも、よくない印象を抱かせてしまう可能性は多分にあります。そうなったら台なしです。相手に気持ちが伝わらなかったり、場合によっては取り返しのつかない失敗につながったりと、悪い結果を生むこともないとはいえません。ですから、字を書く際には、上手下手に関係なく、正しく丁寧に書くことが大切になってきます。特に画数の多い漢字はまちがって覚えていたり、慌てて書いたときは不正確になりがちですので、いっそうの注意が必要になります。

漢字は、単なる点と線の集合体です。意味のない点と線とが組み合わさって意味を持った「語」となり、そして相手に伝える「ことば」にもなるのです。そう考えれば、「書きとり」の学習も、ことばの先にある読む人の顔まで見えてくる楽しい作業と感じられるようになるかもしれません。たかが書きとり、されど…。

◆同訓異字の例

あう
- 合—合致・和合・意見が合う。
- 会—会議・集会・人に会いに行く。
- 遭—遭遇・遭難・災難に遭う。

うつ
- 打—打倒・殴打・くぎを打つ。
- 討—討伐・討論・賊を討つ。
- 撃—撃破・攻撃・鉄砲を撃つ。

おかす
- 犯—犯罪・防犯・罪を犯す。
- 侵—侵入・侵害・国境を侵す。
- 冒—冒険・感冒・危険を冒す。

たつ
- 絶—絶滅・拒絶・消息を絶つ。
- 裁—裁可・決裁・生地を裁つ。
- 断—切断・断髪・退路を断つ。

あらわす
- 表—表明・発表・ことばに表す。
- 現—現出・実現・姿を現す。
- 著—著作・顕著・書物を著す。

おさめる
- 納—納税・奉納・注文の品を納める。
- 修—修学・改修・学を修める。
- 治—治安・政治・国を治める。
- 収—収入・領収・成功を収める。

1 漢字を正確に書くには……

漢字の書きとりで、まず大切なことは、一字一字の漢字を正確に書くことです。

漢字を正確に書くためには、字の形だけでなく、その漢字の持つ意味（字義）に注意し、理解しておくことが必要です。どんなやさしい漢字でも、その漢字の意味と、それを含む熟語の意味がわかっていなければ、正確に書くことはできません。

出題される「書きとり」分野は、問題数も多く、高配点となっています。この分野で高得点を得るためには、ただ漢字をながめているだけでなく、一字一字の点画を正確に、楷《かい》書体（つづけて書かない）で書いて覚えるのが、結局は近道となります。

また、漢字の書きとりにおいてやっかいなことは、同じ音で意味の異なる漢字（同音異字）、同じ訓で意味の異なる漢字（同訓異字）、同じ読み方であっても意味の違う熟語（同音異義語）などが多いことです。これらを書き分けることも、漢字の書きとりにおける大切なポイントとなります。

2 同訓異字

同じ訓読みをして意味の異なる漢字を「同訓異字」といいます。

例えば、「政治をとる」「写真をとる」「社員をとる」の「とる」は、それぞれ意味が違うので、それにあてはまる熟語「執政」「撮影」「採用」などを思い出し、そこから「執る」「撮る」「採る」をみちびきだします。

◆同音異字の例

例えば、「しょう」と音読みする異なる字。

小説・少額・招待・承認・昭和・消息・称号
唱歌・商業・象徴・勝敗・証拠・照明・賞罰
焼失・将来・笑劇・傷害・障壁・省略・紹介
衝突・詳細・償却・召集・抄本・肖像・昇降
沼沢・生涯・渉外・症状・掌握・硝酸・焦点
奨励・鐘楼・装束・尚早

◆同音類字の例

せき：責―責任　積―面積　績―成績
けい：径―直径　経―経験　軽―軽量
ふん：噴―噴水　墳―墳墓　憤―憤慨
さい：栽―栽培　裁―裁縫　載―連載
けん：倹―倹約　検―検査　険―危険　験―試験
てい：底―底辺　低―低調　抵―抵抗　邸―邸宅
そ：祖―祖先　租―租税　阻―阻害　組―組織
ばい：倍―倍額　培―培養　陪―陪食　賠―賠償

同訓の字は、まずそれらの字義（意味）を知って、その用い方を区別することが大切なのです。

〈語例〉

うつす｛移―移動・転移／写―写真・書写／映―映画・上映｝

とまる｛止―止血・停止／留―留任・保留／泊―泊舟・宿泊｝

3 同音異字（同音類字）・異音類字（似形異字）

音が同じで意味の異なる漢字を「**同音異字**」といいます。同音異字は、非常にたくさんありますが、その字を含む熟語の意味を正しく理解することで、あてはまる意味をあらわす漢字に書き分けることができます。

同音異字の中で特に注意しなければならないのは、音が同じで、しかも字形がよく似ている「同音類字」です。また、音は異なるが形のよく似た「**異音類字**（似形異字）」というものもあります。ともに、識別して覚え、正確に書くようにしてください。

異音類字は、次のように大きく二つに分類されます。

①部首が共通のもの ➡ 意味をあらわす部分は共通だが音をあらわす部分が異なる。

②音をあらわす部分が共通のもの ➡ 音をあらわす部分は共通だがその音が異なる。

◆異音類字（似形異字）の例

上記の①の例

｛刊《かん》（創刊）／刑《けい》（刑罰）｝

｛逐《ちく》（逐一）／遂《すい》（遂行）｝

｛衝《しょう》（折衝）／衡《こう》（均衡）｝

｛遺《い》（遺跡）／遣《けん》（派遣）｝

｛徴《ちょう》（象徴）／微《び》（微妙）｝

｛宜《ぎ》（便宜）／宣《せん》（宣誓）｝

上記の②の例

｛悔《かい》（後悔）／侮《ぶ》（侮辱）｝

｛模《も》（模倣）／膜《まく》（鼓膜）｝

｛借《しゃく》（借財）／措《そ》（措置）／惜《せき》（惜別）／錯《さく》（錯乱）｝

｛穏《おん》（穏健）／隠《いん》（隠見）｝

｛仰《ぎょう》（仰視）／抑《よく》（抑制）｝

｛推《すい》（推察）／稚《ち》（稚拙）／維《い》（維持）／唯《ゆい》（唯物）｝

4 同音異義語

同じ音で意味の異なる語を「**同音異義語**」といいますが、漢字の熟語にはこれがきわめて多いので、書きとり問題では特に注意してください。

例えば、「かいこ」と音読みする熟語の場合、

ア―往時を「かいこ」する。（昔のことをかえりみること）

イ―当時の「かいこ」談を聞く。（当時をなつかしむ話を聞くこと）

ウ―人員整理で「かいこ」された。（人員整理がおこなわれ職をとかれたこと）

これらは同じ音であるのに、それぞれ意味が違います。したがってそれぞれの意味をあらわす漢字は違います。そこから、それぞれの熟語の意味と文の意味にあてはまる漢字を考えると、

ア―かえりみる　回（かい）顧（こ）

イ―なつかしむ　懐（かい）古（こ）

ウ―やとわれていた職をとかれる　解（かい）雇（こ）

このような漢字がみちびきだされます。このことからわかるように、同音異義語は、熟語そのものに習熟していないと書き分けようがないということになります。

つねに自分の持つ語彙《い》を豊かにしておくことが必要で、しかも、その語を自分のことばとして使いこなせるようにしておかなければならないのです。そのためには、できるだけ多くの本を読むなどして、熟語に親しむことが大切になります。

◆同音異義語の例

- 遺稿―急逝した師の**遺稿**を読む。
- 威光―権力の**威光**をかさに着るな。
- 意向―会社の**意向**を伝える。

- 寛容―厳しい追及はなく**寛容**な措置がとられた。
- 肝要―物事はあきらめが**肝要**だ。
- 慣用―**慣用**的に許されている読み方。

- 成算―**成算**があってやったのではない。
- 精算―乗り越し料金を駅で**精算**する。
- 清算―好ましくない関係を**清算**する。

- 異同―字句の**異同**を検討する。
- 異動―人事**異動**が発表される。
- 移動―場所を**移動**する。

- 速成―**速成**講座。
- 促成―**促成**栽培。
- 即製―**即製**即売。

- 関心―演劇に**関心**を持つ。
- 感心―うまい演技に**感心**する。
- 歓心―人の**歓心**を買う。
- 寒心―命を軽視する風潮は**寒心**に堪えない。

書きとり

解答編▼P.18

実施日　／

ウォーミングアップ

1 次の音と訓を持つ漢字を(ア)［　　］の中から選び、（　　）に記せ。また、その漢字が使われている**二字の熟語**を(イ)［　　］の中から選び、**漢字に直して**「　　」に記せ。

☐(1) 音　ホウ　訓　たず(ねる)・おとず(れる)　（　　）「　　」

☐(2) 音　ヘイ　訓　あわ(せる)　（　　）「　　」

☐(3) 音　キ　訓　う(える)　（　　）「　　」

☐(4) 音　ゾウ　訓　おく(る)　（　　）「　　」

☐(5) 音　ソウ　訓　さが(す)　（　　）「　　」

☐(6) 音　サイ　訓　の(る)・の(せる)　（　　）「　　」

☐(7) 音　シャ　訓　さえぎ(る)　（　　）「　　」

☐(8) 音　コウ・ク　訓　みつ(ぐ)　（　　）「　　」

☐(9) 音　ヒ　訓　さ(ける)　（　　）「　　」

(ア)
遮・貢・避・訪・捜・併・贈・飢・載

(イ)
ガッペイ・キガ・ケイサイ・シャダン
ゾウテイ・タイヒ・ホウモン・ソウサ・コウケン

2 次の――線の**カタカナ**を**漢字**に直せ。

(1) 後輩を**サト**す。（　　）
(2) 清廉な心に感**キュウ**する。（　　）
(3) 長く伸びた**カミ**を切る。（　　）
(4) 製品を**タン**念に仕上げる。（　　）
(5) 生活様式の変**セン**をたどる。（　　）
(6) 議会に工場の誘**チ**を提案する。（　　）
(7) **キョウ**楽的な考えを改める。（　　）
(8) **チョク**使が遣わされる。（　　）
(9) 礼式は**オゴソ**かに行われた。（　　）
(10) 銀行から**ユウ**資を受ける。（　　）
(11) 危険な状態に**オチイ**る。（　　）
(12) 友人と**チョウ**果を競う。（　　）

(13) うれしさに心が**ハズ**む。（　　）
(14) 土地の**ツボ**数を測る。（　　）
(15) 相手の係**ルイ**を調べる。（　　）
(16) **バク**秋の風が心地よい。（　　）
(17) 仕事の**チュウ**介を頼まれる。（　　）
(18) 父と**カマ**場の見学に行く。（　　）
(19) 生活を**オビヤ**かされる。（　　）
(20) いい**ツラ**構えをした新人だ。（　　）
(21) **チツ**序立てて考える。（　　）
(22) 学**バツ**にとらわれずに登用する。（　　）

Memo

漢字の書きとりに強くなるには…
日ごろから数多くの文章に接して、語彙《い》力をつけておきましょう。意味のわからないことばがあったら、そのつど調べることも大切です。

書きとり

書きとり

練習1

解答編▼P.18
実施日　／

1 次の――線の**カタカナ**を**漢字**に直せ。

(1) 読書は心の**カテ**となる。（　）
意味 ここでは、力づけるもの、活動の源の意。

(2) 意に反して**キョヒ**された。（　）

(3) 趣味の会で**ショウガイ**の友を得た。（　）

(4) 難題の解決に**クリョ**する。（　）

(5) 敵を**アザム**くにはまず味方からだ。（　）

(6) **アサ**の中のよもぎでまっすぐ育った。（　）
意味 「アサの中のよもぎ」＝善人とまじわることで自然にその人も善人になることのたとえ。

(7) できた**ミゾ**は埋まらなかった。（　）

(8) 屋上からの**チョウボウ**は素晴らしい。（　）
ヒント 「チョウ」は右の部分が音符で、同音類字のある字。

(9) **ヨコヅナ**の土俵入りを見る。（　）

(10) 蚕の**マユ**から糸をとる。（　）
ヒント 虫が糸をはいて作ったことがわかる字のつくりである。

(11) **アザ**は市町村の中の一区画の名だ。（　）

(12) 克己心を**ツチカ**う必要を感じた。（　）
意味 養い育てること。

(13) **ジョウチョ**豊かな子に育つ。（　）

(14) 白菜がおいしく**ツ**かった。（　）

(15) 少女が**ホガ**らかに笑う。（　）

(16) 実績はないが**アナド**れないチームだ。（　）

(17) **ソボク**な人柄に好感を抱く。（　）

(18) 彼は**センサイ**な神経の持ち主だ。（　）

(19) **ツツシ**んでお受けいたします。（　）

(20) **ホタルガ**りが企画された。（　）

(21) 御**リヤク**があるといいなあ。（　）

(22) 気乗りしないため返事を**シブ**る。（　）

(23) 議論より**ジッセン**することが大切だ。（　）
ヒント 文意より「たたかう」ことではないので注意。

- (24) 参拝者には**マスザケ**がふるまわれた。（　　）
- (25) 怒りの**ホコサキ**を向けられた。（　　）
- (26) 台所で**ニモノ**を作る。（　　）
- (27) 圧倒的な勝利に**ホコ**らしげだ。（　　）
- (28) ひとり二千円の会費で**マカナ**う。（　　）
  意味 取りはからうこと。
- (29) くじけることなく初志を**カンテツ**した。（　　）
- (30) なんとか目的地に**トウタツ**した。（　　）
- (31) **ロウニャク**男女を問わないゲームだ。（　　）
- (32) 姉は出家し**ニソウ**姿となった。（　　）
  ヒント 「アマ」になること。
- (33) 重箱の**スミ**をほじくるような意見だ。（　　）
- (34) **ホンヤク**物のミステリーが好きだ。（　　）
- (35) 市内を**ジュンカン**するバスに乗る。（　　）
- (36) 新しい仕事に**チョウセン**する。（　　）
- (37) あの日の出来事は**マボロシ**だったのか。（　　）
- (38) 兄は**テツガク**を専攻している。（　　）
  ヒント 「トク」を使った熟語には「秘トク」「隠トク」がある。
- (39) **トクメイ**で投書を出す。（　　）
- (40) 捨て**ネコ**を拾ってきた。（　　）
- (41) 負けたままでは**メンボク**が立たない。（　　）
  ヒント 「メンモク」とも読む語。
- (42) **ワラベウタ**に郷愁を感じる。（　　）
- (43) **キャクイン**がみられる詩だ。（　　）
- (44) 上京して**リョウ**に入る。（　　）
- (45) 古い十円玉に**ロクショウ**が吹いている。（　　）
- (46) 彼はまだまだ世事に**ウト**い。（　　）
  意味 よく知らないこと。

Memo

漢字の書きとりでの注意点　その①

「とめ・はね・はらい」の一点・一画を楷《かい》書で正確に書くようにしましょう。

書きとり

練習 1

解答編▼P.18
実施日　／

2 次の——線の**カタカナ**を**漢字**に直せ。

(1) 功績が**ケンチョ**である。（　　）
?意味 「はっきりと目立つさま。」

(2) 人間は万物の**レイチョウ**といわれる。（　　）

(3) 家名を**ケガ**したことをすまなく思う。（　　）

(4) 一代の英傑も**サイゴ**を迎えた。（　　）

(5) 徹夜が続くと体に**サワ**る。（　　）
!ヒント 「ししょう」があるということ。

(6) せめて**イッシ**を報いたい。（　　）
?意味 「やられてばかりではなく反撃や反論すること。」

(7) とりあえず**ゲネツ**剤を飲ませた。（　　）

(8) **ドウサツ**力の鋭い人だ。（　　）

(9) 署名したあとに**オウイン**した。（　　）

(10) **シシ**を伸ばして休む。（　　）
?意味 「両手と両足。」

(11) 苦言を呈され**ジュウメン**を作る。（　　）
?意味 「不愉快そうな顔つき。」

(12) にぎやかな**タイコ**の音だ。（　　）

(13) 犬と子どもが**タワム**れる。（　　）

(14) 先発投手が不調で**ザンパイ**を喫した。（　　）

(15) そこが平和運動の**キョテン**となった。（　　）

(16) 座敷で**キュウジ**する。（　　）

(17) うわさの真相は**サダ**かではない。（　　）

(18) 芸能の**オウギ**を極める。（　　）

(19) 海外旅行が**ホウビ**だった。（　　）

(20) 不当な**コウテツ**人事に怒る。（　　）

(21) 第三セクターが鉄道を**フセツ**する。（　　）
!ヒント 「しくことをいう。」

(22) 電子メールが**ヒンパン**に送られてくる。（　　）

(23) テレビが勉学を**サマタ**げる。（　　）

(24) フウリンの音が涼しげだ。（　　）
(25) 追い風が吹くまでシンボウする。（　　）
(26) 車がデイドにはまって動かない。（　　）
(27) 制裁を加えて悪をコらしめる。（　　）
(28) ホウテイで裁きを受ける。（　　）
(29) ヤクビョウ神は敬遠したい。（　　）
(30) ミニクい争いはやめて欲しい。（　　）
(31) カの鳴くような声で答えた。（　　）
(32) 会長をホサして運営に携わる。（　　）
(33) 船出をサンバシで見送る。（　　）
(34) 寺院をコンリュウする。（　　）
(35) 退会のムネを会長に伝える。（　　）
?意味 述べたことの主なねらいや考え。
(36) 自分の身にワザワいがふりかかった。（　　）

(37) 予算のワクナイでなんとかする。（　　）
(38) 友人のサビしげな表情が気になる。（　　）
(39) チョウモン者の列が続く。（　　）
(40) キドウ修正して苦境を乗り切る。（　　）
(41) 評判のゴウキュウで三振の山を築く。（　　）
(42) 一モンメは三・七五グラムだ。（　　）
(43) 父のヤッカイになる。（　　）
(44) 百日のモに服する。（　　）
?意味 死んだ人の近親者がある期間祝い事や交際を慎むこと。
(45) 堪忍袋のオが切れた。（　　）
(46) 日々の努力がすべてのモトイをつくる。（　　）
?意味 土台となるもの。

Memo

漢字の書きとりでの注意点　その②

「攵・欠・不・句」の1画目と2画目を続けて書くと×になります。

書きとり

書きとり

練習1

解答編▼P.19
実施日　／

3 次の——線のカタカナを漢字に直せ。

□ (1) 休日にケイリュウ釣りに行く。（　）
□ (2) キャンプに備えカンヅメを買う。（　）
□ (3) 新しいクツで出かける。（　）
□ (4) 氏は温厚でトクジツな人柄である。（　）
意味 情があつく、まじめで正直なこと。
□ (5) ヘイを巡らした立派な屋敷だ。（　）
□ (6) 落とし物がモドってきてうれしい。（　）
□ (7) 執行ユウヨの判決が下った。（　）
□ (8) ここは一里ヅカの跡だ。（　）
□ (9) 書類のまちがいをテイセイする。（　）
□ (10) 友人のセイキョを悼む。（　）
□ (11) 豪壮なテイタクに住んでいる。（　）
□ (12) ツカれを見せずに行進する。（　）
□ (13) 同好者が公園にツドう。（　）
□ (14) さりげなくサグリを入れて聞く。（　）
□ (15) イゴの話題で盛り上がる。（　）
□ (16) ミサキの先には灯台がある。（　）
□ (17) 会員に会報をハンプする。（　）
□ (18) しだれヤナギの緑が涼しげだ。（　）
□ (19) ずぶ濡れでミジめな気持ちになる。（　）
□ (20) ゴフクの展示会に行く。（　）
□ (21) 過ちをチンシャする。（　）
意味 訳を話してあやまること。
□ (22) 歯並びをキョウセイする。（　）
□ (23) タイダが成績不振を招いた。（　）

(24) 蚊が伝染病を**バイカイ**した。（　　）
ヒント 「バイ」「カイ」ともに仲立ちするという意の字。

(25) 危険を**サト**って引き下がった。（　　）

(26) 放置自転車を**テッキョ**する。（　　）

(27) **ボンヨウ**でこれといった特長のない人だ。（　　）

(28) **コンイン**届を役所に出した。（　　）

(29) **カゲン**の月が空に残っている。（　　）

(30) お守りを**ハダミ**離さず持っている。（　　）

(31) 山の**ハ**に月がかかる。（　　）
意味 「山のハ」＝山と空が接しているように見える境目のあたり。

(32) サッカー観戦に**サソ**われる。（　　）

(33) **ショウニ**科に弟を連れて行く。（　　）

(34) **ナゴ**やかな笑顔で別れる。（　　）

(35) 客船が港に**テイハク**する。（　　）
意味 船がいかりを下ろして止まること。

(36) ボランティアに参加する人を**ツノ**る。（　　）

(37) 二つの作品は**コクジ**している。（　　）

(38) 海岸で**カイガラ**を拾う。（　　）

(39) 失敗をいい**ツクロ**う。（　　）

(40) 貴家の**ケイジ**にあたりお祝い申し上げます。（　　）
意味 めでたいこと。祝いごと。

(41) 真相がわかって**ゲンメツ**する。（　　）

(42) 必要な単位を**リシュウ**する。（　　）

(43) 国を相手どって**ソショウ**を起こした。（　　）

(44) 子馬の**ハ**ねる姿が美しい。（　　）

(45) 都市部に人口が**カタヨ**っている。（　　）

(46) 二人の門出に**サチ**多かれと祈る。（　　）

Memo

漢字の書きとりでの注意点　その③

「支」の2・3画目、「隹」の3・5画目、「修」の5・6画目を続けて書くと×になります。

書きとり

書きとり

練習2

解答編▼P.19
実施日　／

1 次の――線のカタカナを漢字に直せ。

(1) 家でスイジを手伝う。（　　）
(2) 実験の結果をケネンする。（　　）
(3) モンピは閉ざされたままだ。（　　）
(4) 事故の原因をブンセキする。（　　）
(5) 所得額のシンコクをした。（　　）
(6) 対外貿易のキンコウが保たれる。（　　）
(7) 敵の様子をテイサツしに行く。（　　）
(8) 今夜のコンダテを考える。（　　）
(9) 日本酒のメイガラにこだわる。（　　）
(10) スコやかに育ってほしいと願う。（　　）
(11) シンダンの結果、異常はなかった。（　　）
(12) 木陰でしばしの間スズむ。（　　）
(13) 祖父のショウゾウ画の前に立つ。（　　）
(14) ズイショにまちがいが見られる。（　　）
(15) 地域独自の文化がスタれるのは惜しい。（　　）
(16) コンブからだしをとる。（　　）
(17) 成果は一朝イッセキにはあがらない。（　　）
(18) 練習を積んでセツジョク戦に挑む。（　　）
(19) 結論はダトウなものだった。（　　）
(20) 期待できる人材がフッテイしている。（　　）
(21) 会員数はゼンジ増加している。（　　）
(22) 使用法をコンセツ丁寧に教える。（　　）
(23) これは将来を見スえた企画だ。（　　）
(24) 姉にはサドウのたしなみがある。（　　）
(25) 役所で戸籍ショウホンをとる。（　　）

□ (26) 生産は**テイゲン**傾向にあるようだ。（　　）
□ (27) **ショサイ**で原稿を執筆する。（　　）
□ (28) 寝ぼけ**マナコ**で食卓についた。（　　）
□ (29) 反対意見を出したら**コリツ**した。（　　）
□ (30) 柔道部の**モサ**連が集う。（　　）
□ (31) **ショミン**の暮らしを大切にする。（　　）
□ (32) 春の**イブキ**が感じられる。（　　）
□ (33) 大豆を**アッサク**機にかける。（　　）
□ (34) 謀略で苦境に**オトシイ**れられた。（　　）
□ (35) ガレージで**アキナ**いを始めた。（　　）
□ (36) 結論を出すために**ザンジ**の猶予を求めた。（　　）
□ (37) 領主が農民を**シイタ**げた。（　　）
□ (38) 不正をはたらき**ヒメン**された。（　　）
□ (39) 弊社の事情をご**ケンサツ**ください。（　　）

□ (40) **ゲカ**手術を受けることになった。（　　）
□ (41) 打球は見事な**コ**を描いた。（　　）
□ (42) なんとか条約の**ヒジュン**にこぎつけた。（　　）
□ (43) **ナゴリ**惜しいがここで別れよう。（　　）
□ (44) 余暇を読書に**ア**てる。（　　）
□ (45) 彼の発言は常に物議を**カモ**す。（　　）
□ (46) **カッショク**の肌に汗がつたう。（　　）
□ (47) **イッショウ**瓶を酒屋に返す。（　　）
□ (48) **ケンプ**で出来たブラウスだ。（　　）
□ (49) カラオケ大会を**シュサイ**する。（　　）
□ (50) 家の**ムネア**げを祝う。（　　）

Memo
漢字の書きとりでの注意点　その④
「扌・刂・心・月・丁・求・氷・独」の２画目は必ずはねること。

書きとり

練習2

解答編▼P.19・20

実施日　／

2 次の――線のカタカナを漢字に直せ。

(1) 人生についてシサクを深める。（　）
(2) オロかな行いを恥じる。（　）
(3) ユカイな仲間と語り合う。（　）
(4) 親友とキョウキンを開いて語る。（　）
(5) 先輩からユズり受けたボールだ。（　）
(6) ジンソクな対応が好感を呼ぶ。（　）
(7) 会議は野次のオウシュウに終始した。（　）
(8) 姉は念入りにケショウをして出かけた。（　）
(9) ジュンタクな資産に物をいわせる。（　）
(10) 全国をアンギャして同志を募った。（　）
(11) 病はすっかりチユした。（　）
(12) 本堂修繕のためにジョウザイを募る。（　）
(13) タイセイ名画の鑑賞が趣味だ。（　）
(14) 休暇を取って命のセンタクだ。（　）
(15) 湯をワかしてコーヒーをいれた。（　）
(16) ハイブツ利用の道を探る。（　）
(17) 彼はいつもシュンビンに動く。（　）
(18) カチクの世話をする。（　）
(19) 料理の腕をヒロウする。（　）
(20) 昔はゴウモンによる自白の強要もあった。（　）
(21) 目をコらして一点を見つめる。（　）
(22) 月賦で負債をショウカンした。（　）
(23) 休日にトダナの整理をする。（　）
(24) ケイタイ電話で連絡する。（　）
(25) そんなにユウチョウに構えていて大丈夫か。（　）

□(26)村の**ロウオウ**の昔話を聞く。（　　）
□(27)株価が**ホウラク**をきたした。（　　）
□(28)互いに**エシャク**をしてすれちがう。（　　）
□(29)嫌疑が晴れ無罪**ホウメン**となる。（　　）
□(30)来るものは**コバ**まず。（　　）
□(31)抗議によって判定が**クツガエ**った。（　　）
□(32)恩師の**クントウ**を受ける。（　　）
□(33)口下手な自分が**ウラ**めしい。（　　）
□(34)娘は心に**ヒ**めた人がいる。（　　）
□(35)報告は**ショウサイ**を極めた。（　　）
□(36)ありがたいおことばを**タマワ**った。（　　）
□(37)かみ**クダ**いて説明した。（　　）
□(38)会議は最後まで**シンシ**的だった。（　　）
□(39)ひそかに技を**ミガ**く。（　　）

□(40)よく**ウ**れた果物を賞味する。（　　）
□(41)新年の**ホウフ**を語る。（　　）
□(42)**ヒョウロウ**攻めに音を上げる。（　　）
□(43)風邪を引いたらしく**オカン**がする。（　　）
□(44)妹は語学に**ヒイ**でた才能をみせる。（　　）
□(45)知人に**セイボ**をおくる。（　　）
□(46)全国を巡って民謡を**サイフ**する。（　　）
□(47)意志の**ソツウ**を欠いて誤解が生じた。（　　）
□(48)**オウヘイ**な態度に腹を立てる。（　　）
□(49)国会で天皇が**ショウショ**を読まれる。（　　）
□(50)大漁ののぼりが**ヒルガエ**る。（　　）

Memo
漢字の書きとりでの注意点　その⑤
「代・成・氏」の4画目は必ずはねること。

□書きとり

練習 2

解答編▼P.20

実施日　／

3 次の――線の**カタカナ**を**漢字**に直せ。

□ (1) 辺りは**シッコク**のやみに包まれていた。（　　）

□ (2) 旧友と再会して**ナツ**かしかった。（　　）

□ (3) 伝言を**ウケタマワ**る。（　　）

□ (4) 引っ越しの**スケ**太刀を頼む。（　　）

□ (5) 二人は**ケンエン**の仲だ。（　　）

□ (6) 世界の**スウジク**国となる。（　　）

□ (7) のどかな**ウラザト**を旅する。（　　）

□ (8) 能力を**イカン**無く発揮する。（　　）

□ (9) わらで**ゾウリ**を編んだ。（　　）

□ (10) 自宅**キンシン**を命じられる。（　　）

□ (11) 自信を**ソウシツ**する。（　　）

□ (12) **オウフウ**カレーに定評がある店だ。（　　）

□ (13) 後輩に**ナコウド**を頼まれる。（　　）

□ (14) 彼は学部の創始者を**スウハイ**している。（　　）

□ (15) **ホラアナ**の中を調べる。（　　）

□ (16) **クオン**の昔に思いをはせる。（　　）

□ (17) 今までの活動を**ソウカツ**する。（　　）

□ (18) 道徳の衰退を**ウレ**える。（　　）

□ (19) 選挙戦で**ユウゼイ**して回る。（　　）

□ (20) 母は**ヨウツウ**で苦しんでいる。（　　）

□ (21) **コハルビヨリ**に散歩に出た。（　　）

□ (22) 寺から**ドキョウ**が聞こえる。（　　）

□ (23) **オンワ**な人柄が皆から好かれる。（　　）

□ (24) 師の教えに**ソム**いたことを後悔する。（　　）

□ (25) これは**フウタイ**ごと量った重さです。（　　）

(26) その説にはシュコウしかねる。（　　）
(27) 職場のドウリョウと意見が対立した。（　　）
(28) 突然行く手をハバまれた。（　　）
(29) 役所にシセイの声として届ける。（　　）
(30) 大声を出してイカクする。（　　）
(31) 命をカけて仕事に取り組む。（　　）
(32) 代金をカワセで送る。（　　）
(33) ガクフと山歩きする機会を得た。（　　）
(34) 芝居をサジキで観る。（　　）
(35) マンション建設がシコウされる。（　　）
(36) 全国大会をセイハした。（　　）
(37) 両国間にバイショウ問題が浮上した。（　　）
(38) 夏のキョウコクは暑さを忘れさせる。（　　）
(39) 台風による被害はジンダイだった。（　　）

(40) ヨジョウ米を放出する。（　　）
(41) 貸借関係をソウサイする。（　　）
(42) 観光旅行でみごとなツキヤマを見た。（　　）
(43) 糸がカラまっていらいらした。（　　）
(44) 荷物をカツいで山に登った。（　　）
(45) 家庭裁判所でシンリする。（　　）
(46) 号砲のもとイッセイにスタートを切った。（　　）
(47) 古い写真がセキジツを語りかける。（　　）
(48) まんまとハカられてしまった。（　　）
(49) 物置にあったカヤを干す。（　　）
(50) ソソノカされて悪事に加担してしまった。（　　）

Memo

漢字の書きとりでの注意点　その⑥

「木」の2画目、「糸」の4画目は一般的に「とめ」ですが、はねても○です。

書きとり

書きとり

練習2

解答編▶P.20・21

実施日　／

4 次の――線の**カタカナ**を**漢字**に直せ。

(1) 心身を**キタ**える。（　　）
(2) **ス**りきれたカバーを直す。（　　）
(3) 新ゲーム機の発売日に**チョウダ**の列ができる。（　　）
(4) **キャタツ**に乗って作業する。（　　）
(5) ライバル会社の**ボウガイ**にあう。（　　）
(6) 読書を中断できず**ヨフ**かししてしまった。（　　）
(7) 政治家の不正に**イキドオ**りを覚える。（　　）
(8) **アンカン**としてはいられなくなった。（　　）
(9) 上司の**フトコロ**の深さに学ぶ。（　　）
(10) **ヘンケン**にとらわれずに判断する。（　　）
(11) 滞納したら**トクソク**状がきた。（　　）
(12) 京都で有名な**ダシ**を見る。（　　）
(13) 前例に**ナラ**って簡素に行う。（　　）
(14) 一字一字を**テイネイ**に書く。（　　）
(15) 会社の**テイカン**を再読する。（　　）
(16) リンゴの**カンバ**しい香りがする。（　　）
(17) 景気上昇の**キザ**しがあると発表された。（　　）
(18) 経歴を**イツワ**って非難される。（　　）
(19) **カンドウ**されるとは余程のことだ。（　　）
(20) チケット購入に**ベンギ**を図る。（　　）
(21) 資金を調達するため**ホンソウ**した。（　　）
(22) この作品は**クロウト**はだしだ。（　　）
(23) 盗作は**イナ**めない事実だった。（　　）
(24) **ギオン**効果で劇が盛り上がる。（　　）
(25) 恒久平和を**カツボウ**する。（　　）

(26) おヘンロさんが通る。（　　）
(27) 功績が認められてジョクンの対象者となる。（　　）
(28) 友の事故死を心からイタむ。（　　）
(29) フンイキのいい酒場だ。（　　）
(30) 先祖のエコウをする。（　　）
(31) イまわしい出来事は忘れたい。（　　）
(32) 大仏カイゲンの供養に列席する。（　　）
(33) せん光がコクウを切る。（　　）
(34) 目上の人にウヤウヤしく振る舞う。（　　）
(35) ユイショのある寺を訪ねる。（　　）
(36) ソウケンに責任が重くのしかかる。（　　）
(37) 一切がボウキャクのかなたに消え去る。（　　）
(38) オショウさんに寺を案内してもらった。（　　）
(39) 花火見物にユカタ姿で行く。（　　）

(40) 経済事情にツウギョウした人だ。（　　）
(41) 争いのカチュウに巻き込まれる。（　　）
(42) 晩秋の寂しさを俳句にヨむ。（　　）
(43) アヤマちは繰り返さない。（　　）
(44) 仏道にキエしている。（　　）
(45) 身寄りのない孤児をイツクしむ。（　　）
(46) ジュズを持って寺参りする。（　　）
(47) 被災地のキュウジョウを訴える。（　　）
(48) 重役たちがこの会社のイシズエを築いた。（　　）
(49) フウキな家に生まれた人だ。（　　）
(50) 久しぶりにヨセに行く。（　　）

Memo

「キ」と音読みする漢字、いくつ書ける？

↓企・危・机・気・岐・基・忌・汽・揮・季・祈・紀・軌・帰・既・起など、常用漢字表に載っているもので35字あります。

書きとり（同音・同訓異字／異音類字）

解答編▼P.21　実施日　／

ウォーミングアップ

1 次の――線のカタカナにあてはまる漢字をそれぞれア～オから選び、記号を（　）に記せ。

(1) 全速力でカけぬける。（　）
(2) 渓谷に釣り橋をカける。（　）
(3) 疑いをカける。（　）
［ア欠　イ掛　ウ書　エ駆　オ架］

(4) 多ボウな一日だった。（　）
(5) 進路をボウ害される。（　）
(6) 解ボウして死因を調べる。（　）
［ア剖　イ坊　ウ妨　エ忙　オ乏］

(7) ビルが火災でエン上した。（　）
(8) ごみ処理場のエン突は高い（　）
(9) 上手にエン筆を削る。（　）
［ア沿　イ円　ウ炎　エ鉛　オ煙］

(10) カク燃料を取り扱う。（　）
(11) 双方を比カクしてみる。（　）
(12) 威カク射撃で様子をみる。（　）
［ア核　イ革　ウ較　エ嚇　オ殻］

(13) オウ凸のある道だ。（　）
(14) 署名しオウ印する。（　）
(15) オウ打されて失神した。（　）
［ア押　イ欧　ウ殴　エ奥　オ凹］

(16) コンサートを主サイする。（　）
(17) 同人雑誌を主サイする。（　）
(18) 敵を粉サイして快勝した。（　）
［ア裁　イ宰　ウ催　エ際　オ砕］

(19) 記念写真をトる。（　）
(20) キャッチャーがフライをトる。（　）
(21) 会社で事務をトる。（　）
［ア採　イ撮　ウ捕　エ取　オ執］

2 次の――線の**カタカナ**にあてはまる**漢字**をそれぞれ**ア～オ**から選び、**記号**を（　）に記せ。

□ (1) 論理の**ム**盾が目立つ。（　）
□ (2) 五里**ム**中で方針が立たない。（　）
□ (3) **ム**反を企てる。（　）
［ア謀　イ無　ウ夢　エ矛　オ霧］

□ (4) 仏教に帰**エ**する。（　）
□ (5) 八**エ**桜が美しい。（　）
□ (6) **エ**釈して通り過ぎる。（　）
［ア会　イ回　ウ依　エ重　オ恵］

□ (7) CDが**イタ**んでしまった。（　）
□ (8) 友の死を**イタ**む。（　）
□ (9) この道は海に**イタ**る。（　）
［ア傷　イ至　ウ痛　エ悼　オ板］

□ (10) 気温が上**ショウ**する。（　）
□ (11) 節水を**ショウ**励する。（　）
□ (12) 衣**ショウ**を整理する。（　）
［ア奨　イ昇　ウ賞　エ粧　オ装］

□ (13) 論文の主**シ**をまとめる。（　）
□ (14) よく似た**シ**妹だ。（　）
□ (15) 先輩の話に**シ**激された。（　）
［ア刺　イ指　ウ旨　エ姉　オ祉］

□ (16) 厳しい**カイ**律を守る。（　）
□ (17) 仲**カイ**の労を取る。（　）
□ (18) 誘**カイ**事件に憤る。（　）
［ア怪　イ介　ウ貝　エ戒　オ拐］

Memo

「カン」と音読みする漢字、いくつ書ける？

↓干・刊・甘・甲・汗・缶・完・肝・官・冠・巻・看・陥・乾・勘・患など、常用漢字表に載っているもので45字あります。

書きとり（同音・同訓異字 異音類字）

解答編▼P.21　実施日　／

練習1

1 次の――線のカタカナを漢字に直せ。

(1) 自覚ショウ状はなかった。（　）
(2) 船が暗ショウに乗り上げた。（　）
(3) 領域をオカす。（　）
(4) 法律をオカす。（　）
ヒント 関連する熟語を考えてみる。
(5) モウ想にとりつかれて不安だ。（　）
(6) 電池が消モウする。（　）
(7) 法律のモウ点を突く。（　）
意味 「モウ点」＝うっかり見落としているような点。
(8) 愛セキの情を示す。（　）
(9) 分セキ結果をレポートにまとめる。（　）
(10) 書セキを購入する。（　）

(11) 応援歌で士気がアがる。（　）
(12) 二人は近々結婚式をアげる。（　）
(13) 確定シン告をする。（　）
(14) 婦人はロシンをかんで悔しがった。（　）
意味 「ロシン」＝くちびるのこと。
(15) 医師のシン察を受ける。（　）
(16) 夫人は妊シン三か月だった。（　）
(17) この区間はジョ行運転となる。（　）
(18) 障害をジョ去する。（　）
(19) 長期休カをとって外国へ行く。（　）
(20) 金額の多カでなく気持ちが大切だ。（　）
ヒント 少ないという意味の字。
(21) 実際のカ働台数は少ない。（　）
(22) 税金をチョウ収する。（　）
(23) 二つは似ているがビ妙に違う。（　）

☐ (24) 半トウ明なガラスを使う。（　　）

☐ (25) 物価の高トウに頭を抱える。（　　）

☐ (26) 役所でトウ本をとる。（　　）

?意味 「トウ本」＝原本をそのまますべて書き写した書類。

☐ (27) 飛行機にトウ乗する。（　　）

☐ (28) 徹夜して目がジュウ血した。（　　）

☐ (29) 一ジュウ一菜で済ましている。（　　）

?意味 「一ジュウ一菜」＝質素な食事。

☐ (30) 横ヘイな態度に閉口する。（　　）

☐ (31) 貨ヘイ価値が変動する。（　　）

☐ (32) ヘイ害を取り除く。（　　）

☐ (33) 悪貨は良貨を駆チクする。（　　）

☐ (34) あくまで任務をスイ行する。（　　）

☐ (35) 義フンにかられて運動に身を投じた。（　　）

?意味 「義フン」＝世のためや人のために怒り、いきどおること。

☐ (36) 事実をフン飾して話す。（　　）

☐ (37) 一週間のコン立表を作る。（　　）

☐ (38) 精コン込めて器を焼く。（　　）

☐ (39) ぜひ出席をとコン願した。（　　）

☐ (40) ドアに施ジョウする。（　　）

?意味 「施ジョウ」＝かぎをかけること。

☐ (41) 彼のジョウ談はきつい。（　　）

☐ (42) 不ジョウな金銭は受け取れない。（　　）

☐ (43) あのスーパーは繁ジョウしている。（　　）

☐ (44) チ拙な文章を読む。（　　）

☐ (45) 体力をイ持する。（　　）

☐ (46) ユイ一残された資料を見つける。（　　）

Memo

同じ音読みで意味の異なる字に注意！

「フク」→福祉・幅員・副業

「ジョウ」→土壌・令嬢・譲歩・醸造

書きとり（同音・同訓異字／異音類字）

解答編▼P.21・22
実施日　／

練習2

1 次の――線のカタカナを漢字に直せ。

(1) 映画をみて青春時代を**カエリ**みた。（　　）
(2) 自己を**カエリ**みて努力する。（　　）
(3) 心を**シズ**めて本番に臨む。（　　）
(4) ダム建設で**シズ**んだ村がある。（　　）
(5) 子供が席の大半を**シ**めていた。（　　）
(6) 気を引き**シ**めて勉強する。（　　）
(7) 一日かけて部屋の整理を**ス**ます。（　　）
(8) 護岸工事の後、川の水が**ス**んできた。（　　）
(9) 親族会議に**ハカ**った結果だ。（　　）
(10) ぜひ便宜を**ハカ**ってもらいたい。（　　）
(11) 洋服に帽子が**ハ**える。（　　）
(12) **ハ**えある勝利を祝う。（　　）
(13) 彼は**フク**みのあるいい方をした。（　　）
(14) 暖かくなりつぼみも**フク**らむ。（　　）
(15) 趣味に時間を**サ**くことも必要だ。（　　）
(16) 二人の仲が引き**サ**かれる。（　　）
(17) **アラ**い波が海岸におし寄せる。（　　）
(18) 改装費を**アラ**く見積ってもらう。（　　）
(19) 新しい靴を**ハ**いた。（　　）
(20) 思わず本音を**ハ**いた。（　　）
(21) 横車を**オ**す。（　　）
(22) 私は彼を会長に**オ**す。（　　）
(23) 胃腸を**ワズラ**って入院した。（　　）
(24) 姉は何か思い**ワズラ**っているようだ。（　　）

書きとり

2 次の——線のカタカナを漢字に直せ。

(1) 幼稚園児の遊ギを見る。（　）
(2) 油断して詐ギにあう。（　）
(3) ギ善による好意は不愉快だ。（　）
(4) キリスト教をシンコウする。（　）
(5) 産業のシンコウに役立つ。（　）
(6) シンコウまで読書した。（　）
(7) ニュースでシンコウ宗教の活動を知った。（　）
(8) 役所にセイガン書を提出する。（　）
(9) 剣道でセイガンに構える。（　）
(10) 謹んで神前でセイガンする。（　）
(11) ホウソウ界に入り弁護士をめざす。（　）
(12) お菓子をホウソウ紙につつんだ。（　）
(13) キョクチ的な紛争が起きた。（　）
(14) 芸術のキョクチに達する。（　）
(15) 大手のサンカに加わる。（　）
(16) 痛ましいサンカに落涙する。（　）
(17) 人生のサンカと呼ぶのにふさわしい。（　）
(18) 家屋に水がシンニュウしてきた。（　）
(19) 不法シンニュウで捕らえられる。（　）
(20) 春はシンニュウ生が街にあふれる。（　）
(21) 国王にエッケンする。（　）
(22) それはエッケン行為ではないか。（　）
(23) 食中毒の原因をキュウメイする。（　）
(24) 今回の汚職をキュウメイする。（　）

Memo
同じ訓読みで意味の異なる字に注意！
「おさめる（納める・修める・治める・収める）」など、意味に注意して短文を作って覚えよう。

書きとり

書きとり（同音・同訓異字／異音類字）

解答編▼P.22
実施日　／

練習2

3 次の――線のカタカナを漢字に直せ。

(1) 左右タイショウの美しい建物だ。（　　）
(2) 二人はタイショウ的な性格だ。（　　）
(3) 学生をタイショウとした雑誌。（　　）
(4) 華道のキョウジュをしている。（　　）
(5) 自由をキョウジュする。（　　）
(6) 商社のショウガイ部に勤務する。（　　）
(7) さまざまなショウガイを乗りこえていく。（　　）
(8) ツツシんでお礼申し上げます。（　　）
(9) 健康を考えてたばこをツツシむ。（　　）
(10) 音楽に合わせて楽しくオドる。（　　）
(11) 代表に選抜されて胸がオドった。（　　）
(12) 自然の営みはフヘンである。（　　）
(13) フヘン化して広く行き渡っている。（　　）
(14) 二列ジュウタイに並ぶ。（　　）
(15) 高速道路はジュウタイが激しい。（　　）
(16) 長い間同じ主人にツカえる。（　　）
(17) 差しツカえができて欠席する。（　　）
(18) 曇天で洗濯物のカワきが遅い。（　　）
(19) のどがカワいたので水を飲む。（　　）
(20) ツぎ木をして育てる。（　　）
(21) 親の跡をツぐことにした。（　　）
(22) 彼の激しいキハクに圧倒される。（　　）
(23) 高山では酸素がキハクになる。（　　）
(24) 再開発案にキョウコウに反対する。（　　）
(25) 不景気で金融キョウコウに見まわれる。（　　）

(26) 学力をノばすよう努力している。

(27) 営業時間をノばすことが決定した。

(28) 目的達成の日まで茶をタっている。

(29) 自分で生地をタって作った。

(30) 広大な土地をリョウユウする。

(31) 天下にリョウユウは並び立たず。

(32) 新しい住宅をフシンする。

(33) 挙動フシンな男がいる。

(34) 生徒全員に注意をカンキする。

(35) 室内のカンキには気をつけたい。

(36) 日本の歴史をガイカンする。

(37) 内憂ガイカンで苦労が絶えない。

(38) 許可証のコウシン時期です。

(39) 無線でコウシンを続ける。

(40) コウシンに道を譲る。

(41) 釣り人は獲物をコジし合った。

(42) 会長就任の要請をコジしてうけない。

(43) 表札に名前をホる。

(44) 穴をホってタイムカプセルを埋めた。

(45) 部長にルイシンする。

(46) 少年野球のルイシンを務める。

(47) ビタミンをセッシュする。

(48) 他人の物をひそかにセッシュする。

(49) 寺宝の由来をタズねる。

(50) 友人と史跡をタズねる。

Memo

同音異義語は用例を短文で覚えて、書き分けられるようにしよう。
「こうしょう」→交渉(がまとまる)・口承(文学)・高尚(な趣味)・公称(十万部)・(時代)考証など。

書きとり

書きとり（誤字訂正）

解答編▼P.22
実施日　／

ウォーミングアップ

1 次の**ア・イ**の文のうち、漢字が**正しく使われているもの**を選び、（　）に**記号**で答えよ。

(1) ア 完熟した果物を食べる。
イ 完塾した果物を食べる。（　）

(2) ア 昔の景観を復元する。
イ 昔の景歓を復元する。（　）

(3) ア 遺伝子の研究をする。
イ 遺伝子の研究をする。（　）

(4) ア 予算を消減する。
イ 予算を削減する。（　）

(5) ア 彼は硬骨漢といわれる。
イ 彼は更骨漢といわれる。（　）

(6) ア 物資の援助をする。
イ 物資の緩助をする。（　）

(7) ア 交観会に出席する。
イ 交歓会に出席する。（　）

(8) ア 寺院の界律を守る。
イ 寺院の戒律を守る。（　）

(9) ア 意見が合わず弧立した。
イ 意見が合わず孤立した。（　）

(10) ア 火事がやっと鎮火した。
イ 火事がやっと慎火した。（　）

(11) ア 損害を補償する。
イ 損害を保償する。（　）

2 次の各文にまちがって使われている**同じ読みの漢字**が**一字**ある。上の（　）に**誤字**を、下の［　］に**正しい漢字**を記せ。

□ (1) 街の複興に努める。（　）［　］

□ (2) 自然の恩恵を共受する。（　）［　］

□ (3) 空気の汚選を憂う。（　）［　］

□ (4) 殴州旅行に出かける。（　）［　］

□ (5) 寺の鐘廊に登る。（　）［　］

□ (6) 擬心暗鬼になる。（　）［　］

□ (7) 心の基跡をたどる。（　）［　］

□ (8) 事件解決の端諸がつかめた。（　）［　］

□ (9) 舞台の衣粧をそろえる。（　）［　］

□ (10) 仕事は服職関係だ。（　）［　］

□ (11) 経剤が安定する。（　）［　］

□ (12) 大企業の参下に入る。（　）［　］

□ (13) 計画を実銭に移す。（　）［　］

□ (14) パーティーで缶杯する。（　）［　］

□ (15) 車が渋帯している。（　）［　］

□ (16) 時代は変線する。（　）［　］

□ (17) 堕性で日々を過ごす。（　）［　］

□ (18) 自信を葬失する。（　）［　］

□ (19) 図書館の蔵書を検策する。（　）［　］

□ (20) 楽符を見て歌を歌う。（　）［　］

Memo

書きまちがえやすい漢字に注意しよう。その①

いかん→遺憾○—遺感×　おかん→悪寒○—悪感×

かいしん→会心○—快心×　ぐうぜん→偶然○—遇然×

□ 書きとり

書きとり（誤字訂正）

解答編▼P.23
実施日　／

練習1

1 次の各文にまちがって使われている**同じ読みの漢字**が**一字**ある。上の（　）に**誤字**を、下の［　］に**正しい漢字**を記せ。

(1) 娘の婚因を祝う。（　）［　］
(2) 法亭で証言する。（　）［　］
(3) 詰茶店で待ち合わせをする。（　）［　］
ヒント 同音類字のある漢字に注目。
(4) 徴罰を受ける。（　）［　］
(5) 規画会議が始まる。（　）［　］
(6) 平日の図書館は間散としていた。（　）［　］
ヒント 同音異義語のある語に注目。
(7) 成績不信で頭が痛い。（　）［　］
(8) 書籍を講入する。（　）［　］
(9) 母方の叔父は外交漢だ。（　）［　］
(10) 心に予裕を持つようにする。（　）［　］
(11) 合同体育祭を開債する。（　）［　］
(12) 疑造硬貨が出回っている。（　）［　］
(13) 無断で徐名するとは失礼だ。（　）［　］
ヒント 同音類字のある漢字に注目。
(14) 彼とは懇意な間柄だ。（　）［　］
(15) 大仏殿を建隆する。（　）［　］
(16) 彼は芸能界で偉彩を放つ人だ。（　）［　］
(17) 鯉が優然と泳いでいる。（　）［　］
(18) 戦場は礁土と化した。（　）［　］
(19) 滋悲深い顔の仏像を拝む。（　）［　］
(20) 静弱な森の中を散策する。（　）［　］
(21) 隣国との粉争が続く。（　）［　］

(22) 米を名柄で選ぶ。（　）［　］

(23) 緊張した重持ちで試合に臨む。（　）［　］

(24) 黙って父の書済に入る。（　）［　］

(25) 便義を図って指定席にする。（　）［　］

(26) 海外付任の辞令を受ける。（　）［　］

(27) 先輩には神径を使う。（　）［　］

(28) 高等裁判所の判決を待つ。（　）［　］

ヒント 同音類字のある漢字に注目。

(29) 試験前夜に撤夜で勉強する。（　）［　］

(30) 月末に清求書を郵送する。（　）［　］

(31) 優しい心使いに感動した。（　）［　］

(32) 日本酒やビールは壊造酒である。（　）［　］

(33) 祖父は乾布摩察を日課としている。（　）［　］

(34) 遠慮して何もいえない。（　）［　］

(35) 会社に理歴書を提出する。（　）［　］

(36) 容姿端令な婦人に出会う。（　）［　］

(37) 威義を正して目上の人と話す。（　）［　］

(38) 友人にお金を優通する。（　）［　］

(39) 師の勲陶を受ける。（　）［　］

(40) 好例の行事に参加する。（　）［　］

ヒント 文意に合わない熟語に注目。

(41) 容疑者が倹挙された。（　）［　］

(42) 上司の気嫌を取る。（　）［　］

(43) 新しい玄楽器を買う。（　）［　］

(44) 条約は議会で無事批準された。（　）［　］

Memo

形の似ている漢字は、意味を覚えて正確に書き分けるようにしよう。

倍増―培養―陪審―賠償

書きとり（誤字訂正）

解答編▼P.23
実施日　／

練習1

2 次の各文にまちがって使われている**同じ読みの漢字**が**一字**ある。上の（　）に**誤字**を、下の［　］に**正しい漢字**を記せ。

- (1) ひたすら陰忍自重の日々を送る。（　）［　］
- (2) 勇志を募って企画運営から始めた。（　）［　］
  ヒント 熟語の意味に合わない漢字に注目。
- (3) 尽面獣心ともいうべき残虐行為だ。（　）［　］
- (4) 石油関連商品を一率値上げする。（　）［　］
- (5) 総本山で壮厳な儀式が執り行われた。（　）［　］
- (6) 父は三つの新聞を並読している。（　）［　］
- (7) ついに積年の意恨をはらした。（　）［　］
- (8) 彼の変屈さには閉口する。（　）［　］
- (9) 外国と友交関係を結ぶ。（　）［　］
- (10) 彼は野生的な魅力を放っている。（　）［　］
  ヒント 同音異義語のある語に注目。
- (11) 全力を尽くし精魂尽き果てた。（　）［　］
- (12) 我が校は質実剛堅の気風がある。（　）［　］
- (13) 最近の物価の騰貴に音をあげる。（　）［　］
  ヒント 同音類字のある語に注目。
- (14) 教師が条理を尽くして説得した。（　）［　］
  ヒント 文意に合わない熟語に注目。
- (15) 駐在大使を本国に召環する。（　）［　］
- (16) 古寺の神厳な境内を歩く。（　）［　］
- (17) 国会で主班指名が行われた。（　）［　］
- (18) あの選手は無官の帝王と呼ばれた。（　）［　］
- (19) 人生の愛歓を二人で共にする。（　）［　］
- (20) 害獣として厄病神のように嫌われる。（　）［　］
- (21) 遠足の子供を引卒する。（　）［　］

(22) 芸能界の内膜を探る。(　)〔　〕

(23) 彼の主張に皆異句同音に反対した。(　)〔　〕

(24) 法廷に訟拠資料を提出する。(　)〔　〕

(25) 野菜の速成栽培に成功する。(　)〔　〕

(26) 事故の負傷者を担荷で運ぶ。(　)〔　〕

(27) 苦手意識を克伏して成果をあげる。(　)〔　〕

(28) 月桂樹の葉は傷つけると豊香を出す。(　)〔　〕

(29) 誇大盲想で話されるのは迷惑だ。(　)〔　〕
ヒント 同音類字のある語に注目。

(30) 事態は随半現象によって起こった。(　)〔　〕

(31) 大雪で列車は立ち往上している。(　)〔　〕

(32) 所持品に自分の名前を銘記する。(　)〔　〕
ヒント 文意に合わない熟語に注目。

(33) 自分の失敗の責任を他人に転化する。(　)〔　〕

(34) 健康に留意して摂生に勤める。(　)〔　〕
ヒント 使い分け要注意の語がある。

(35) 上位の得票者による決戦投票が行われた。(　)〔　〕
ヒント 同音異義語のある語に注目。

(36) 彼は鎮痛な面持ちで悲報を伝えた。(　)〔　〕

(37) 瞳を輝かせて将来の包負を語る。(　)〔　〕

(38) 暴走族の音で安眠を防害された。(　)〔　〕
ヒント 同音類字のある漢字に注目。

(39) 方外な値上げに断固抗議する。(　)〔　〕

(40) 家の前の道路が補装された。(　)〔　〕

(41) 社長の意見に不和雷同する。(　)〔　〕

(42) 貴重な文化材を消失した。(　)〔　〕

(43) 単的な表現で的確に伝える。(　)〔　〕

(44) 警官の腐廃ぶりは目に余る。(　)〔　〕

Memo

書きまちがえやすい漢字に注意しよう。その②

さんぴ　→賛否○―賛非×　なんこう→難航○―難行×

りしゅう→履修○―履習×　ほうもん→訪問○―訪門×

□ 書きとり

書きとり（誤字訂正）

解答編▼P.23
実施日　／

練習2

1 次の各文にまちがって使われている**同じ読みの漢字**が**一字**ある。上の（　）に**誤字**を、下の［　］に**正しい漢字**を記せ。

(1) 作家の筆致を模放して文章の修練に励む。（　）［　］

(2) 園児を遊技室に集めて歌の発表会の練習をさせる。（　）［　］

(3) 前代未聞の不肖事に会社中が騒然としている。（　）［　］

(4) 彼は富有な家で出生したが今は窮迫した生活を送っている。（　）［　］

(5) 異論が続出して議論が沸騰し会議はますます紛急してきた。（　）［　］

(6) 漸次上昇する物価には幾ら家計を閉めても追いつかない。（　）［　］

(7) 最初から無謀な計画は立てずに現状に則した形で実現していこう。（　）［　］

(8) 半分あきらめていた試験の合格通知を受け取り有頂点になる。（　）［　］

(9) 文章は慢然と書かずに要点を簡潔にまとめてください。（　）［　］

(10) 辞書の範例をよく読んで編集方針を理解した。（　）［　］

(11) 怒りに燃えた悪鬼のような形相に身奮いがした。（　）［　］

(12) 生存競走の激烈な社会から離脱し平穏な生活を取り戻した。（　）［　］

(13) 原子構造の簡単な水素は引火しやすく空気が交じると爆発する。（　）［　］

(14) 業務が停滞するほどの誤ちを犯して謝罪する。（　）［　］

(15) 昨年結婚した姉の嫁ぎ先は隣村の素倖家だ。（　）［　］

(16) 児童の輪化を防ぐため教員が交差点に立って指導した。（　）［　］

(17) この塑像は人間技とは思えないほどの出来栄えだ。（　）［　］

⑱ 大企業の不当な下受け単価の切り下げは規制されている。（　）［　］

⑲ 定年後は老妻と静かに余世を送りたい。（　）［　］

⑳ 病状は回復してきたものの依然として予談を許さぬ状態が続いている。（　）［　］

㉑ 自分に類が及ぶことを恐れて争いの場を離れた。（　）［　］

㉒ 芸術家志望の若者にとって鑑賞に耐える自信作が完成した。（　）［　］

㉓ 被害者の遺族に弔意金を贈ることになった。（　）［　］

㉔ 一晩中耳触りな音が鳴り響いて熟睡できなかった。（　）［　］

㉕ リンゴのキロ数は風体込みのものが多い。（　）［　］

㉖ 深山に入り渓流に添って歩きながら大自然の美を観賞した。（　）［　］

㉗ 国際的視野に立ち人権の侵害に対する監視を強化して人権用護に取り組む。（　）［　］

㉘ 我が社では毎年四月一日に永続勤務者を表賞している。（　）［　］

㉙ 父が分署の署長の職に着いたことを母から聞いた。（　）［　］

㉚ 次回の総選挙では野党が連掲する構えを見せている。（　）［　］

㉛ 入院中の祖母は一刻も悠予ならない状態だ。（　）［　］

㉜ 容疑者は刑事の取り調べに対し黙否権を行使した。（　）［　］

㉝ 自然の豊庫といわれる湿地帯の開発には反対だ。（　）［　］

㉞ 古典の豊かな学殖をもとに憂玄の美を求めて独自の世界を築く。（　）［　］

㉟ 太陽電池を屋根に接置し家庭で電力を自給する時代も遠くない。（　）［　］

Memo

書きとりで次のように書いても○になる。

「無―無・無」「戸―戸・戸・戸」
「比―比・比」「言―言・言・言」

書きとり（誤字訂正）

解答編▼P.24
実施日　／

練習2

2 次の各文にまちがって使われている**同じ読みの漢字**が**一字**ある場合には、上の（　）に**誤字**を、下の［　］に**正しい漢字**を記し、**まちがいがない場合**には、上の（　）に○を入れて示せ。

(1) 地球上の生命の唯持にとって大気の汚染は深刻な問題である。（　）［　］

(2) 情勢の変化に伴い常に流動的な対策を立てることが望ましい。（　）［　］

(3) 異法駐車は社会的な迷惑行為であることを運転者は認識したい。（　）［　］

(4) 新聞の家庭覧で読んだ教育についての投書に考えさせられた。（　）［　］

(5) 難関を突破して無事大学合格を果たしたという郎報が届く。（　）［　］

(6) 停泊中の船が一勢に汽笛を鳴らすと野太い音が夜空に響き渡った。（　）［　］

(7) トラック輸送は、決められた積歳量を守るべきである。（　）［　］

(8) 根を詰め過ぎると大底の人は疲労がたまり段々判断力が鈍ってくる。（　）［　］

(9) 商品の誇大広告に対して消費者は窮弾する構えを示そう。（　）［　］

(10) 酒の勢いで冒言を吐いてしまったのは申し訳ないことだと反省する。（　）［　］

(11) 伝達内容が正しく伝われば、文章の稚拙は問わない。（　）［　］

(12) 公約した改革実現を目指しているが実現可能なところから前次実施したい。（　）［　］

(13) 偏狭な言動を反省して今後は平行感覚を身につける努力をしたい。（　）［　］

(14) 自意識過乗で他人に意見を押し付けていたことが恥ずかしい。（　）［　］

(15) 明治以降日本は欧米の文明を需容して近代化を図ってきた。（　）［　］

(16) 今回の行事は前例に習うことなく独自の発想から出発したい。（　）［　］

(17) 万事独壇専行し思いのままに処理するいわゆる専制君主の代表である。（　）［　］

☐ (18) 大臣の一言が日本の経済に一大扇風を巻き起こした。（　　）［　　］

☐ (19) 社会現象としての騒音公害対策の一つとして基準を設ける。（　　）［　　］

☐ (20) 君の画期的なアイデアを今度の会議に計ってみたいと思う。（　　）［　　］

☐ (21) 付近で発掘された恐竜の化石が地元の博物館で一般に広開された。（　　）［　　］

☐ (22) 法師の奏でる笛の音は一族の栄華を知る者にとって哀折極まりなかった。（　　）［　　］

☐ (23) コストの変動による賃金アップの問題を労使相方で検討すべきだ。（　　）［　　］

☐ (24) スーパーで食品を買う時には表示された賞味期限を確かめる。（　　）［　　］

☐ (25) 目標達成には面密な計画と全体の協力一致が必要だ。（　　）［　　］

☐ (26) 急逝した親友を痛んで短歌を詠み霊前に献じた。（　　）［　　］

☐ (27) 友人の言葉を互解して思いがけない迷惑をかけてしまった。（　　）［　　］

☐ (28) 精巧な仕組みのからくり人形が故障したので修理を委頼した。（　　）［　　］

☐ (29) 伝統的な英雄の物語には興味深い創話が多い。（　　）［　　］

☐ (30) 憲法記念日を迎えると戦争放棄の状文が活発に議論される。（　　）［　　］

☐ (31) 上人は各地の寺院に数多くの手掘りの仏像を残している。（　　）［　　］

☐ (32) 国家公安委員会は国民の安全な生活を守護する義務を果たすべきだ。（　　）［　　］

☐ (33) 年来の目標であった全国制破の夢を実現することができた。（　　）［　　］

☐ (34) 地核の突然の変動が原因で地震が起こる。（　　）［　　］

☐ (35) 朝夕の頂望は素晴らしく、観光客は旅の楽しさを満喫した。（　　）［　　］

Memo

書きとりで次のように書いても○になる。

「年―年・年・年」「保―保・保」

「骨―骨・骨」

☐ 書きとり

2級 実力完成問題 第1回

解答には、常用漢字の旧字体や表外漢字および常用漢字音訓表以外の読みを使ってはいけない。

実施日 ／

総得点 ／200

(三)と(七)問2の答えは記号や番号の[　]内にマークすること。

(一) 次の――線の読みをひらがなで記せ。(30)

1 生活扶助費を支給された。（　）
2 ようやく翌に出ることができた。（　）
3 ホームランの応酬で球場は沸いた。（　）
4 荒漠たる原野が広がっている。（　）
5 たんすを納戸に置く。（　）
6 本社の貴賓室に案内された。（　）
7 両者の妥協点を見いだす。（　）
8 先師の教えを銘記する。（　）
9 多くの船舶がいかりを下ろしていた。（　）
10 総本山で参禅する。（　）
11 何となくもの思わしげな風情だった。（　）
12 心に響く秀逸な俳句だ。（　）
13 一抹の不安が残っている。（　）
14 災害の援助を懇請する。（　）
15 他人の生活に干渉しない。（　）
16 マラリアは蚊が媒介する。（　）
17 満場は粛然として声もなかった。（　）
18 好事家が収集した古書だ。（　）
19 先生のご薫陶のおかげです。（　）
20 観音様のご利益を授かる。（　）
21 日ごろ培った力を発揮する。（　）
22 近く上京する旨を伝える。（　）
23 交差点の筋交いにある家だ。（　）
24 たくさんの貢ぎ物を積み込んだ。（　）
25 肺を患って入院した。（　）
26 機密の漏れる虞がある。（　）
27 赤い帽子が特に際立って見えた。（　）
28 パスポートを肌身離さず持ち歩く。（　）
29 背任の実態を暴いた。（　）
30 きっとだれかに唆されたのだ。（　）

実力完成問題

（二）次の——線の**読み**を**ひらがな**で記せ。 (10)

1 赤字は予備費から充当する。（　　）
2 余暇を読書に充てる。（　　）

3 ダリヤの塊根を植える。（　　）
4 知識欲の塊のような人だ。（　　）

5 貯水池が枯渇した。（　　）
6 音楽が心の渇きをいやす。（　　）

7 相手の挑発に乗らないようにしよう。（　　）
8 チャンピオンに戦いを挑んだ。（　　）

9 鮮烈な印象を受けた。（　　）
10 鮮やかなお手並みだった。（　　）

（三）**熟語の構成**のしかたには次のようなものがある。 (20) 2×10

ア 同じような意味の漢字を重ねたもの　**（岩石）**
イ 反対または対応の意味をあらわす字を重ねたもの　**（高低）**
ウ 上の字が下の字を修飾しているもの　**（洋画）**
エ 下の字が上の字の目的語・補語になっているもの　**（着席）**
オ 主語と述語の関係にあるもの　**（国立）**

次の**熟語**はそのどれにあたるか、**記号にマーク**せよ。

1 懸命
2 迅速
3 真偽
4 濫獲
5 佳境

6 路傍
7 天授
8 造幣
9 弾劾
10 忍苦

1	2	3	4	5	6	7	8	9	10
[ア][イ][ウ][エ][オ]	[ア][イ][ウ][エ][オ]	[ア][イ][ウ][エ][オ]	[ア][イ][ウ][エ][オ]	[ア][イ][ウ][エ][オ]	[ア][イ][ウ][エ][オ]	[ア][イ][ウ][エ][オ]	[ア][イ][ウ][エ][オ]	[ア][イ][ウ][エ][オ]	[ア][イ][ウ][エ][オ]

(四) 次の漢字の**部首**を記せ。 (10)

〈例〉 菜〔艹〕 間〔門〕

1 叔（　）
2 遮（　）
3 囲（　）
4 夢（　）
5 至（　）
6 央（　）
7 奪（　）
8 穀（　）
9 輩（　）
10 顕（　）

(五) 次の――線の**カタカナを漢字と送りがな（ひらがな）**に直せ。 (10) 2×5

〈例〉 つり糸を**タレル**。〔垂れる〕

1 相手を**アナドッ**て油断するな。（　）
2 先に進むように**ウナガス**。（　）
3 一点差で**オシク**も敗れた。（　）
4 核兵器は平和を**オビヤカス**。（　）
5 議員の名を**ハズカシメル**行為だ。（　）

(六) 次の□の中の語を**必ず一度**使って、**漢字に直し、対義語・類義語**を記せ。 (20) 2×10

対義語

1 遵守（　）
2 直進（　）
3 巧妙（　）
4 開放（　）
5 暴利（　）

類義語

6 不和（　）
7 尊大（　）
8 交渉（　）
9 役目（　）
10 不精（　）

いはん・こうまん・しょくむ
せっしょう・せつれつ・たいだ
だこう・はくり・はんもく・ふうさ

（七）次の**四字熟語**について、**問1**と**問2**に答えよ。(30)

問1 次の（　）内に入る適切な語を後の□の中から選び、**漢字に直して四字熟語**を完成せよ。(20) 2×10

1 会者（　）（　）
2 盛者（　）（　）
3 （　）（　）冬扇
4 （　）（　）気鋭
5 一切（　）（　）

6 （　）（　）無二
7 心願（　）（　）
8 （　）（　）当千
9 （　）（　）万象
10 感奮（　）（　）

いっき・かろ・こうき・しゅじょう
じょうじゅ・しょうそう・じょうり
しんら・ひっすい・ゆいいつ

問2 次のA～Eの**意味**にあてはまるものを**問1**の**1～10の四字熟語**から一つ選び、**番号にマーク**せよ。(10) 2×5

A ほかに同じものはないこと。
B 無用なもの、役に立たないもののたとえ。
C 知りあったものは必ず別れる運命にある。
D 年が若く意気盛んなこと。
E 一人で千人を敵にできるほど実力のあること。

A	B	C	D	E
[1] [2] [3] [4] [5] [6] [7] [8] [9] [10]	[1] [2] [3] [4] [5] [6] [7] [8] [9] [10]	[1] [2] [3] [4] [5] [6] [7] [8] [9] [10]	[1] [2] [3] [4] [5] [6] [7] [8] [9] [10]	[1] [2] [3] [4] [5] [6] [7] [8] [9] [10]

(八) 次の各文にまちがって使われている**同じ読みの漢字**が**一字**ある。**上の(　)に誤字**を、**下の〔　〕に正しい漢字**を記せ。 (10) 2×5

1 海外で大規模な災害が発生した場合、国は国際緊急援助隊を派遣することがある。
誤(　)正〔　〕

2 オゾン層破解物質フロンの回収率の低いことが関係業界の調査で判明した。
(　)〔　〕

3 中高年の生涯学習や体力作りを支援する団体が長期待在型の国内旅行を提唱する。
(　)〔　〕

4 この会社は諸民感覚を先取りし、巧みな通信販売で業績を順調に伸ばしている。
(　)〔　〕

5 結核患者数が再び増加に転じ、医療機関などで集団感潜するケースが増えている。
(　)〔　〕

(九) 次の――線の**カタカナ**を**漢字**に直せ。 (20) 2×10

1 税理士の**シカク**をとる。 (　)
2 **シカク**を放って暗殺を企てた。 (　)

3 母親が赤ん坊に**ソ**い寝をしている。 (　)
4 川に**ソ**って散策を楽しむ。 (　)

5 人目を**サ**けて通る。 (　)
6 口が**サ**けても言えない。 (　)

7 亡父の一**シュウキ**に墓参りする。 (　)
8 狭い部屋の**シュウキ**を取り除く。 (　)

9 仲間と酒を**ク**み交わした。 (　)
10 腕を**ク**んでじっと考え込む。 (　)

実力完成問題

(十) 次の――線のカタカナを漢字に直せ。

(40) 2×20

1 ジョクンの栄に浴する。（　）
2 著書を恩師にゾウテイした。（　）
3 イコンを晴らす時が来た。（　）
4 彼の言動にカイギの念を持つ。（　）
5 料理の腕前をヒロウする。（　）
6 容疑者にシャクメイの機会が与えられた。（　）
7 料理の材料をギンミする。（　）
8 トウテツした論旨に敬服した。（　）
9 一輪挿しのカビンを買った。（　）
10 どれか一つの条件にガイトウすればよい。（　）

11 祭礼のチゴ行列が通る。（　）
12 両者の対立のミゾを埋める。（　）
13 ヨソオいも新たに開店した。（　）
14 部屋中チマナコになってさがす。（　）
15 ろうそくのホノオを囲んで歌う。（　）
16 都会には欲望がウズマいている。（　）
17 風致地区はタテツボの制限が厳しい。（　）
18 水だけでウえをしのいだ。（　）
19 湖上にホカけ舟が浮かぶ。（　）
20 会場には万国旗がヒルガエっている。（　）

実力完成問題　第2回

2級

解答には、常用漢字の旧字体や表外漢字および常用漢字音訓表以外の読みを使ってはいけない。

(三)と(七)問2の答えは記号や番号の【　】内にマークすること。

実施日　／

総得点　／200

(一) 次の——線の読みをひらがなで記せ。 (30)

1 条約が批准された。（　　）
2 大雑把に勘定してみた。（　　）
3 顕示欲の強い人物だ。（　　）
4 若者らしい覇気がある。（　　）
5 胸襟を開いて語り合った。（　　）
6 名筆の鮮やかな墨跡だ。（　　）
7 罪を犯し離れ島に遠流された。（　　）
8 克己心を常に持ち続ける。（　　）
9 ヘリコプターが旋回している。（　　）
10 時代の奔流に巻き込まれる。（　　）
11 古い資料を廃棄する。（　　）
12 人命救助で表彰された。（　　）
13 平衡感覚にすぐれた人だ。（　　）
14 人倫に反する行為だ。（　　）
15 俊才の誉れ高い人だった。（　　）
16 慶弔の行事が重なった。（　　）
17 渇水期には川の水が干上がってしまう。（　　）
18 過ちを謙虚に認める。（　　）
19 碑文が摩滅して読めない。（　　）
20 旧邸内はクモの巣だらけだ。（　　）
21 切れた鼻緒をすげる。（　　）
22 やみからやみに葬られた。（　　）
23 妻の後を追うように逝く。（　　）
24 降る雨にも春の兆しを感じる。（　　）
25 ご幸福を祈り併せてご健康を念じます。（　　）
26 潔く非を認める。（　　）
27 犬は飼い主によく懐く。（　　）
28 何も知らぬ気に涼しい顔をしている。（　　）
29 何なりと御用命を承っております。（　　）
30 蛇に見込まれたカエルのようだ。（　　）

（二）次の――線の読みをひらがなで記せ。 ⑽

1 躍起になって弁解する。（　　）
2 期待に胸が躍る。（　　）
3 沸騰した湯を使う。（　　）
4 場内に歓声が沸き上がる。（　　）
5 古き良き時代への郷愁をかき立てる。（　　）
6 愁いに沈んだ友を慰める。（　　）
7 左右から挟撃された。（　　）
8 川を挟んで山がそびえ立っている。（　　）
9 惜別の引退試合が行われた。（　　）
10 全面的な協力は惜しまない。（　　）

（三）熟語の構成のしかたには次のようなものがある。 ⑳ 2×10

ア 同じような意味の漢字を重ねたもの （岩石）
イ 反対または対応の意味をあらわす字を重ねたもの （高低）
ウ 上の字が下の字を修飾しているもの （洋画）
エ 下の字が上の字の目的語・補語になっているもの （着席）
オ 上の字が下の字の意味を打ち消しているもの （無数）

次の熟語はそのどれにあたるか、記号にマークせよ。

1 安寧
2 公邸
3 未踏
4 献杯
5 筆禍
6 栄辱
7 賞罰
8 憂愁
9 雲泥
10 離礁

1	2	3	4	5	6	7	8	9	10
[ア][イ][ウ][エ][オ]	[ア][イ][ウ][エ][オ]	[ア][イ][ウ][エ][オ]	[ア][イ][ウ][エ][オ]	[ア][イ][ウ][エ][オ]	[ア][イ][ウ][エ][オ]	[ア][イ][ウ][エ][オ]	[ア][イ][ウ][エ][オ]	[ア][イ][ウ][エ][オ]	[ア][イ][ウ][エ][オ]

□ 実力完成問題

(四) 次の漢字の**部首**を記せ。 (10)

〈例〉 菜 [艹]　間 [門]

1 効（　）
2 朱（　）
3 宰（　）
4 懲（　）
5 受（　）
6 粛（　）
7 矯（　）
8 貢（　）
9 爵（　）
10 尼（　）

(五) 次の――線の**カタカナ**を**漢字と送りがな(ひらがな)**に直せ。 (10) 2×5

〈例〉 つり糸を**タレル**。 [垂れる]

1 **ハゲマシ**のことばをかけた。（　）
2 一芸に**ヒイデル**ことはたやすくない。（　）
3 **アキル**ほど聞いた話だ。（　）
4 耳にするのも**ケガラワシイ**ことだ。（　）
5 新しい分野への進出を**クワダテル**。（　）

(六) 次の□の中の語を**必ず一度**使って、**漢字に直し、対義語・類義語**を記せ。 (20) 2×10

対義語

1 禁欲（　）
2 冗舌（　）
3 抽出（　）
4 継続（　）
5 新奇（　）

類義語

6 永遠（　）
7 克明（　）
8 回顧（　）
9 公表（　）
10 虚構（　）

かくう・かもく・きょうらく
そうにゅう・たんねん・ちんぷ
ついそう・とぜつ・ひろう・むきゅう

実力完成問題

(七) 次の**四字熟語**について、**問1**と**問2**に答えよ。(30)

問1 次の（　）内に入る適切な語を後の［　］の中から選び、**漢字に直して四字熟語**を完成せよ。(20) 2×10

1 心頭（　　）
2 （　　）牛後
3 頑固（　　）
4 （　　）一遇
5 （　　）妥当

6 （　　）実直
7 （　　）万紅
8 晴好（　　）
9 内柔（　　）
10 被害（　　）

いってつ・うき・がいごう・きんげん
けいこう・せんざい・せんし・ふへん
めっきゃく・もうそう

問2 次の**A～E**の**意味**にあてはまるものを**問1**の**1～10**の**四字熟語**から一つ選び、**番号にマーク**せよ。(10) 2×5

A 色とりどりの花が咲き乱れているさま。

B きわめてつつしみ深くまじめなこと。

C またとない機会。

D 大きな組織に従いつくよりは小さくても人の上に立つほうがよいこと。

E どんな場合にも真理として承認されること。

A	B	C	D	E
[1] [2] [3] [4] [5] [6] [7] [8] [9] [10]	[1] [2] [3] [4] [5] [6] [7] [8] [9] [10]	[1] [2] [3] [4] [5] [6] [7] [8] [9] [10]	[1] [2] [3] [4] [5] [6] [7] [8] [9] [10]	[1] [2] [3] [4] [5] [6] [7] [8] [9] [10]

実力完成問題

(八) 次の各文にまちがって使われている**同じ読みの漢字**が**一字**ある。**上の**(　)に**誤字**を、**下の**〔　〕に**正しい漢字**を記せ。 (10) 2×5

1 PKOは国連が受け入れ国の同意を得て憤争拡大の防止、選挙監視などの活動をする。 誤(　)正〔　〕

2 手動機能の多いレトロカメラ販売に注文が殺踏して不況でも需要は好調である。 (　)〔　〕

3 厚生労働省は結核の近急事態宣言を発表し、国民にその怖さを再認識するよう呼びかけた。 (　)〔　〕

4 国土交通省は地域振興の専門家を地方自治体に派検し、具体策を指導する制度を創設する。 (　)〔　〕

5 家電リサイクル法施行に合わせ、使用済み製品の巧率的な回収システムを開発中だ。 (　)〔　〕

(九) 次の――線の**カタカナ**を**漢字**に直せ。 (20) 2×10

1 **キトク**権を守っていきたい。 (　)

2 父**キトク**の報に急ぎ帰る。 (　)

3 実力**ハクチュウ**の好試合だ。 (　)

4 **ハクチュウ**に強盗が押し入った。 (　)

5 **ホウヨウ**を交わして再会を喜んだ。 (　)

6 **ホウヨウ**力の豊かな人だ。 (　)

7 失敗の責任を**テンカ**する。 (　)

8 防腐剤を**テンカ**した保存食だ。 (　)

9 どんぶりに山**モ**りのご飯を食べる。 (　)

10 雨**モ**りの音がする。 (　)

(十) 次の——線のカタカナを漢字に直せ。

(40) 2×20

1 敵にイッシを報いようと反撃した。（　）
2 ユウズウをきかせて処理する。（　）
3 我がショウガイで最も華やかな時だ。（　）
4 会社とコヨウ契約を結ぶ。（　）
5 カンレキを迎えてますます元気だ。（　）
6 戸籍トウホンを取り寄せた。（　）
7 美しいインリツの詩だ。（　）
8 生産カジョウを抑制する。（　）
9 クチュウを察していただきたい。（　）
10 皆さんに新製品をごスイショウします。（　）
11 やさしくかみクダいて説明する。（　）
12 あちこちでシノび笑いが起こる。（　）
13 心を澄まして琴をカナでる。（　）
14 大安にムネアげが行われた。（　）
15 古いカラを打ち破る。（　）
16 子供たちが広場にカけて行く。（　）
17 もろ刃のツルギとなる危険な手法だ。（　）
18 おミキを杯に頂く。（　）
19 三ヶ国語を自由にアヤツる。（　）
20 情報はすべてツツヌけだった。（　）

実力完成問題

部首をまちがえやすい漢字

○部首の下の漢字は、その部首に所属するまちがえやすい漢字である。

部首	漢字
丶	主 丹
ノ	乗
八 ハ	具
冫	冬
几	処
凵	出
刀	分 初
刀 刂	前 利 則
力	勝 功 労
	務 募 勲
匕	化
厶	去
又	取 反 及
口	合 同 命
	問 和 喜
	周 句 唐
土	堂 墓 圧
	垂 塁
士	売
夕	夢
大	奮
子	学 字 季
	孝
寸	寺
小 ⺌	尚
川 巛	巡
巾	常 幕
干	幸 幹
心	愛 応 憲
	恥 慮 憂
	慶
心 ⺗	慕
手	挙 掌
攴 攵	放 敗 攻
斗	料
日	昼 暮 旬
	暦
木	栄 案 栽
欠	次
止	歴
歹	死
水 氵	準
火	炭 灰
牛 牜	牧
玄	率
田	男 画 畑
	申 由
疋	疑
目	直 真 相
立	章
糸	繭
耳	聞 聖
聿	粛
肉	能 膚 腐
至	致
臼	興
衣	裁
艸 艹	蒸
見	覚 視
言	誉 謄
豕	豚
貝	買 賞 貞
	賓
赤	赦
車	載
辛	辞
酉	酒
隹	集
頁	項
食	養
馬	騰
鳥	鳴
黒	黙

四字熟語とその意味

あ

- □ 暗中模索《あんちゅうもさく》　手掛かりがないままに、あれこれとやってみること。
- □ 安寧秩序《あんねいちつじょ》　社会が落ち着いていて秩序立っていること。

い

- □ 唯唯諾諾《いいだくだく》　物事のよしあしにかかわらず、なんでもはいはいと承知すること。
- □ 遺憾千万《いかんせんばん》　非常に残念なこと。心残りこのうえないこと。
- □ 異国情緒《いこくじょうちょ》《じょうしょ》　いかにも外国らしい風物がかもしだす雰囲気や気分。
- □ 一言居士《いちげんこじ》《いちごんこじ》　事あるごとに自分の意見をひとことといわなければ気のすまない人のこと。
- □ 一期一会《いちごいちえ》　生涯に一度だけ会うこと。
- □ 一切衆生《いっさいしゅじょう》　この世に生を受けたあらゆるもの。
- □ 一殺多生《いっせつたしょう》《いっさつ》　ひとりの人間を犠牲にして多くの人を救い生かすこと。
- □ 一刀三礼《いっとうさんらい》　慎重かつ敬けんな態度で仕事をすること。
- □ 一登竜門《いっとりゅうもん》《いっとうりゅうもん》　その時代の有力者に認められれば、その人の価値は世間から十倍にも評価されるということ。
- □ 衣鉢相伝《いはつそうでん》　弟子が師の教えを継ぐこと。
- □ 隠忍自重《いんにんじちょう》　苦しみなどをじっとこらえて軽々しい行動をとらないこと。

う

- □ 羽化登仙《うかとうせん》　酒を飲むなどしてよい心持ちになることのたとえ。

え

- □ 遠慮会釈《えんりょえしゃく》　他人のことを考えて応待をつつましくすること。

お

- □ 温厚篤実《おんこうとくじつ》　穏やかであたたかく誠実なこと。

か

- □ 外柔内剛《がいじゅうないごう》　外見は穏やかそうに見えるが、実際は意志が強いこと。
- □ 快刀乱麻《かいとうらんま》　こじれた物事を、手ぎわよく処理・解決すること。
- □ 合従連衡《がっしょうれんこう》　その時の利害に応じて、団結したり離れたりすること。
- □ 寡聞少見《かぶんしょうけん》　見聞がせまく、わずかな知識しかないこと。
- □ 頑固一徹《がんこいってつ》　一度決めたらあくまでも意地をはって押し通すこと。
- □ 換骨奪胎《かんこつだったい》　外形はもとのままで中身を取りかえること。また、外見は同じでも内容が違うこと。
- □ 勧善懲悪《かんぜんちょうあく》　善行を奨励して、悪行を懲らしめ、悪い行いをしないようにしむけること。

き

- □ 窮猿投林《きゅうえんとうりん》　困っているときには、あれこれ選り好みなどしていられないということ。
- □ 胸襟秀麗《きょうきんしゅうれい》　物事に対する考え方が正しくりっぱなこと。
- □ 興味索然《きょうみさくぜん》　関心が薄れていくこと。また、おもしろみがなく物足りないこと。
- □ 興味津津《きょうみしんしん》　非常に関心があること。
- □ 玉昆金友《ぎょっこんきんゆう》　才能や学問にすぐれた兄弟のこと。ここでは「昆」は兄、「友」は弟を指す。
- □ 勤倹尚武《きんけんしょうぶ》　生活を質素にして、武芸に励むこと。

け

- □ 軽挙妄動《けいきょもうどう》　事の是非をわきまえず、軽はずみに行動すること。

こ

- □ 鼓腹撃壌《こふくげきじょう》　理想的な政治がゆきとどいて、人々が平和な生活をすること。

さ

- □ 山河襟帯《さんがきんたい》　自然の要害のこと。
- □ 三位一体《さんみいったい》　別々の三つのものが一つのように緊密に結びつくこと。また、三者が心をあわせること。

▼し

- □ 自業自得《じごうじとく》　自分から出たものは自分にかえるという意。
- □ 自縄自縛《じじょうじばく》　自分の心がけや言動によって、動きがとれなくなり苦しむこと。
- □ 質実剛健《しつじつごうけん》　飾りけがなくまじめで、心身ともに強くたくましいこと。
- □ 疾風迅雷《しっぷうじんらい》　行動がすばやく激しいさま。
- □ 秋霜烈日《しゅうそうれつじつ》　刑罰・権威・意志などがきわめて厳しいたとえ。
- □ 衆生済度《しゅじょうさいど》　仏道によって生きているものすべてを迷いから救い、悟りの境地へ導くこと。
- □ 春宵一刻《しゅんしょういっこく》　春の夜は何よりも趣深く、その一刻はなにものにもかえがたい価値があるということ。
- □ 上下一心《じょうげいっしん》　身分の上下にかかわらず一致団結すること。
- □ 清浄寂滅《しょうじょうじゃくめつ》　道家の教えと仏家の教え。
- □ 従容就義《しょうようしゅうぎ》　ゆったりと落ち着いて、恐れることなく正義のために身を投げ出すこと。
- □ 初志貫徹《しょしかんてつ》　初めに思い立った志を、最後まで貫き通すこと。
- □ 心猿意馬《しんえんいば》　煩悩や妄念のために心が乱れ落ち着かないことのたとえ。
- □ 心願成就《しんがんじょうじゅ》　神仏などに心から念じていると願いはかなえられる。
- □ 心神耗弱《しんしんこうじゃく》　精神が衰弱して判断力が乏しくなり正常な行動ができないこと。

▼す

- □ 酔生夢死《すいせいむし》　何をなすこともなく、ぼんやりと生涯を過ごすこと。

▼せ

- □ 晴好雨奇《せいこううき》　晴雨どちらでもすばらしいながめ。
- □ 生殺与奪《せいさつよだつ》　他のものを自分の思うままに支配すること。
- □ 静寂閑雅《せいじゃくかんが》　ひっそりと静かでみやびやかな趣があること。
- □ 生生《せいせい》《しょうじょう》流転《るてん》　万物が絶えず生じては変化し、移り変わっていくこと。

- □ 殺生禁断《せっしょうきんだん》　鳥・獣・魚などを捕ったり殺したりすることを禁ずること。
- □ 前代未聞《ぜんだいみもん》　今まで聞いたことがないような変わったこと。

▼そ

- □ 則天去私《そくてんきょし》　私心を捨てて自然のままに生きること。

▼た

- □ 大願成就《たいがんじょうじゅ》《だいがん》　大きな望みがかなうこと。
- □ 大言壮語《たいげんそうご》　口では大きなことをいっても、実行がともなわないこと。
- □ 泰山北斗《たいざんほくと》　学問や芸術などある分野の第一人者。

▼ち

- □ 中途半端《ちゅうとはんぱ》　物事がきちんとかたづかないこと。

▼つ

- □ 津津浦浦《つつうらうら》《つづ》　全国いたる所。

▼て

- □ 天涯孤独《てんがいこどく》　身寄りがなくひとりぼっちであること。
- □ 天下泰平《てんかたいへい》　世の中が穏やかに治まり平和なこと。

▼と

- □ 東奔西走《とうほんせいそう》　仕事や用事のために四方八方忙しく走りまわること。

▼な

- □ 内憂外患《ないゆうがいかん》　内部にも外にも問題が多く、心配事が多いこと。

▼に

- □ 如是我聞《にょぜがもん》　経典の初めにある語。私はこのように伝え聞いたという意。

▼は

□破邪《はじゃ》顕正《けんしょう》《けんせい》　不正を打破し正義を守ること。

□万馬奔騰《ばんばほんとう》　非常に勢いが盛んなこと。

▼ひ

□被害妄想《ひがいもうそう》　ありもしない危害を受けていると思い込むこと。

□百八煩悩《ひゃくはちぼんのう》　人間が持っている多くの迷いのこと。

▼ふ

□富貴浮雲《ふうきふうん》　財産や地位ははかなく頼りにならないものだということ。

□風霜高潔《ふうそうこうけつ》　清らかに澄んだ秋の景色のたとえ。

□不偏不党《ふへんふとう》　かたよることなく公平中立の立場に立つこと。

▼ほ

□飽経風霜《ほうけいふうそう》　世の中の辛酸をなめ尽くし、世渡りもうまいが、したたかで悪賢いこと。

□忙中有閑《ぼうちゅうゆうかん》　忙しい仕事の合い間にも、ほっと一息つくひまがあること。

▼み

□名聞利養《みょうもんりよう》　名誉と財欲に執着すること。

▼め

□迷悟一如《めいごいちにょ》　仏教で、迷いというも、悟りというも、たどりつくところは一つであるということ。

▼ゆ

□唯一無二《ゆいいつむに》　ただそれ一つきりで、他に同じものはないこと。

□悠悠自適《ゆうゆうじてき》　ゆったりとした気持ちでのんびり過ごすこと。

▼り

□粒粒辛苦《りゅうりゅうしんく》　こつこつと努力や苦労を重ねること。

2級配当漢字表

（赤字は高校で学習する読み）

漢字	読み	部首
亜	ア	二
尉	イ	寸
逸	イツ	辶
姻	イン	女
韻	イン	音
疫	エキ ヤク	疒
謁	エツ	言
猿	エン さる	犭
凹	オウ	凵
翁	オウ	羽
虞	おそれ	虍
渦	カ うず	氵
禍	カ	礻
靴	カ くつ	革
寡	カ	宀

漢字	読み	部首
稼	カ かせ（ぐ）	禾
蚊	か	虫
拐	カイ	扌
懐	カイ・ふところ なつ（かしい） なつ（かしむ） なつ（く）・なつ（ける）	忄
劾	ガイ	力
涯	ガイ	氵
垣	かき	土
核	カク	木
殻	カク から	殳
嚇	カク	口
潟	かた	氵
括	カツ	扌
喝	カツ	口
渇	カツ かわ（く）	氵

漢字	読み	部首
褐	カツ	衤
轄	カツ	車
且	か(つ)	一
缶	カン	缶
陥	カン・おちい(る) おとしい(れる)	阝
患	カン わずら(う)	心
堪	カン た(える)	土
棺	カン	木
款	カン	欠
閑	カン	門
寛	カン	宀
憾	カン	忄
還	カン	辶
艦	カン	舟
頑	ガン	頁
飢	キ う(える)	食

漢字	読み	部首
宜	ギ	宀
偽	ギ いつわ(る)・にせ	亻
擬	ギ	扌
糾	キュウ	糸
窮	キュウ きわ(める)・きわ(まる)	穴
拒	キョ こば(む)	扌
享	キョウ	亠
挟	キョウ はさ(む)・はさ(まる)	扌
恭	キョウ うやうや(しい)	小
矯	キョウ た(める)	矢
暁	ギョウ あかつき	日
菌	キン	艹
琴	キン こと	王
謹	キン つつし(む)	言
襟	キン えり	衤
吟	ギン	口

漢字	読み	部首
隅	グウ すみ	阝
勲	クン	力
薫	クン かお(る)	艹
茎	ケイ くき	艹
渓	ケイ	氵
蛍	ケイ ほたる	虫
慶	ケイ	心
傑	ケツ	亻
嫌	ケン・ゲン きら(う)・いや	女
献	ケン・コン	犬
謙	ケン	言
繭	ケン まゆ	糸
顕	ケン	頁
懸	ケン・ケ か(ける)・か(かる)	心
弦	ゲン つる	弓
呉	ゴ	口

漢字	読み	部首
碁	ゴ	石
江	コウ え	氵
肯	コウ	肉
侯	コウ	亻
洪	コウ	氵
貢	コウ・ク みつ(ぐ)	貝
溝	コウ みぞ	氵
衡	コウ	行
購	コウ	貝
拷	ゴウ	扌
剛	ゴウ	刂
酷	コク	酉
昆	コン	日
懇	コン ねんご(ろ)	心
佐	サ	亻
唆	サ そそのか(す)	口

漢字	読み	部首
詐	サ	言
砕	サイ くだ(く)・くだ(ける)	石
宰	サイ	宀
栽	サイ	木
斎	サイ	斉
崎	さき	山
索	サク	糸
酢	サク す	酉
桟	サン	木
傘	サン かさ	人
肢	シ	月《にくづき》
嗣	シ	口
賜	シ たまわ(る)	貝
滋	ジ	氵
璽	ジ	玉
漆	シツ うるし	氵

漢字	読み	部首
遮	シャ さえぎ(る)	辶
蛇	ジャ・ダ へび	虫
勺	シャク	勹
酌	シャク く(む)	酉
爵	シャク	爫
珠	シュ	王
儒	ジュ	亻
囚	シュウ	囗
臭	シュウ くさ(い)	自
愁	シュウ うれ(える)・うれ(い)	心
酬	シュウ	酉
醜	シュウ みにく(い)	酉
汁	ジュウ しる	氵
充	ジュウ あ(てる)	儿
渋	ジュウ しぶ・しぶ(い)・しぶ(る)	氵
銃	ジュウ	金

漢字	読み	部首
叔	シュク	又
淑	シュク	氵
粛	シュク	聿
塾	ジュク	土
俊	シュン	亻
准	ジュン	冫
殉	ジュン	歹
循	ジュン	彳
庶	ショ	广
緒	ショ・チョ お	糸
叙	ジョ	又
升	ショウ ます	十
抄	ショウ	扌
肖	ショウ	肉
尚	ショウ	⺌
宵	ショウ よい	宀

漢字	読み	部首
症	ショウ	疒
祥	ショウ	礻
渉	ショウ	氵
訟	ショウ	言
硝	ショウ	石
粧	ショウ	米
詔	ショウ みことのり	言
奨	ショウ	大
彰	ショウ	彡
償	ショウ つぐな(う)	亻
礁	ショウ	石
浄	ジョウ	氵
剰	ジョウ	刂
縄	ジョウ なわ	糸
壌	ジョウ	土
醸	ジョウ かも(す)	酉

漢字	読み	部首
津	シン つ	氵
唇	シン くちびる	口
娠	シン	女
紳	シン	糸
診	シン み(る)	言
刃	ジン は	刀
迅	ジン	辶
甚	ジン はなは(だ)・はなは(だしい)	甘
帥	スイ	巾
睡	スイ	目
錘	スイ つむ	金
枢	スウ	木
崇	スウ	山
据	す(える) す(わる)	扌
杉	すぎ	木
畝	せ・うね	田

漢字	読み	部首
斉	セイ	斉
逝	セイ ゆ(く)	辶
誓	セイ ちか(う)	言
析	セキ	木
拙	セツ	扌
窃	セツ	穴
仙	セン	亻
栓	セン	木
旋	セン	方
践	セン	𧾷
銑	セン	金
遷	セン	辶
薦	セン すす(める)	艹
繊	セン	糸
禅	ゼン	礻
漸	ゼン	氵

漢字	読み	部首
租	ソ	禾
疎	ソ うと(い)・うと(む)	𤴔
塑	ソ	土
壮	ソウ	士
荘	ソウ	艹
捜	ソウ さが(す)	扌
挿	ソウ さ(す)	扌
曹	ソウ	曰
喪	ソウ も	口
槽	ソウ	木
霜	ソウ しも	雨
藻	ソウ も	艹
妥	ダ	女
堕	ダ	土
惰	ダ	忄
駄	ダ	馬

漢字	読み	部首
泰	タイ	氺
濯	タク	氵
但	ただ(し)	亻
棚	たな	木
痴	チ	疒
逐	チク	辶
秩	チツ	禾
嫡	チャク	女
衷	チュウ	衣
弔	チョウ とむら(う)	弓
挑	チョウ いど(む)	扌
眺	チョウ なが(める)	目
釣	チョウ つ(る)	金
懲	チョウ・こ(りる)・こ(らす)・こ(らしめる)	心
勅	チョク	力
朕	チン	月《つきへん》

漢字	読み	部首
塚	つか	土
漬	つ(ける) つ(かる)	氵
坪	つぼ	土
呈	テイ	口
廷	テイ	廴
邸	テイ	阝
亭	テイ	亠
貞	テイ	貝
逓	テイ	辶
偵	テイ	亻
艇	テイ	舟
泥	デイ どろ	氵
迭	テツ	辶
徹	テツ	彳
撤	テツ	扌
悼	トウ いた(む)	忄

漢字	読み	部首
搭	トウ	扌
棟	トウ むね・むな	木
筒	トウ つつ	⺮
謄	トウ	言
騰	トウ	馬
洞	ドウ ほら	氵
督	トク	目
凸	トツ	凵
屯	トン	屮
軟	ナン やわ(らか)・やわ(らかい)	車
尼	ニ あま	尸
妊	ニン	女
忍	ニン しの(ぶ)・しの(ばせる)	心
寧	ネイ	宀
把	ハ	扌
覇	ハ	襾

漢字	読み	部首
廃	ハイ すた(れる)・すた(る)	广
培	バイ つちか(う)	土
媒	バイ	女
賠	バイ	貝
伯	ハク	亻
舶	ハク	舟
漠	バク	氵
肌	はだ	月《にくづき》
鉢	ハチ・ハツ	金
閥	バツ	門
煩	ハン・ボン わずら(う)・わずら(わす)	火
頒	ハン	頁
妃	ヒ	女
披	ヒ	扌
扉	ヒ とびら	戸
罷	ヒ	罒

漢字	読み	部首
猫	ビョウ ねこ	犭
賓	ヒン	貝
頻	ヒン	頁
瓶	ビン	瓦
扶	フ	扌
附	フ	阝
譜	フ	言
侮	ブ あなど(る)	亻
沸	フツ わ(く)・わ(かす)	氵
雰	フン	雨
憤	フン いきどお(る)	忄
丙	ヘイ	一
併	ヘイ あわ(せる)	亻
塀	ヘイ	土
幣	ヘイ	巾
弊	ヘイ	廾

漢字	読み	部首
偏	ヘン かたよ(る)	亻
遍	ヘン	辶
浦	ホ うら	氵
泡	ホウ あわ	氵
俸	ホウ	亻
褒	ホウ ほ(める)	衣
剖	ボウ	刂
紡	ボウ つむ(ぐ)	糸
朴	ボク	木
僕	ボク	亻
撲	ボク	扌
堀	ほり	土
奔	ホン	大
麻	マ あさ	麻
摩	マ	手
磨	マ みが(く)	石

漢字	読み	部首
抹	マツ	扌
岬	みさき	山
銘	メイ	金
妄	モウ・ボウ	女
盲	モウ	目
耗	モウ・コウ	耒
匁	もんめ	勹
厄	ヤク	厂
愉	ユ	忄
諭	ユ さと(す)	言
癒	ユ	疒
唯	ユイ・イ	口
悠	ユウ	心
猶	ユウ	犭
裕	ユウ	衤
融	ユウ	虫

漢字	読み	部首
庸	ヨウ	广
窯	ヨウ かま	穴
羅	ラ	罒
酪	ラク	酉
痢	リ	疒
履	リ は(く)	尸
柳	リュウ やなぎ	木
竜	リュウ たつ	竜
硫	リュウ	石
虜	リョ	虍
涼	リョウ すず(しい)・すず(む)	氵
僚	リョウ	亻
寮	リョウ	宀
倫	リン	亻
累	ルイ	糸
塁	ルイ	土

漢字	読み	部首
戻	レイ もど(す)・もど(る)	戸
鈴	レイ・リン すず	金
賄	ワイ まかな(う)	貝
枠	わく	木

計	三三七字
三級までの合計	一六〇八字
累計	一九四五字

2級審査基準「人名用漢字」について

日本漢字能力検定「2級」審査基準に提示の人名用漢字について、その対象は、次の285字とします（平成21年2月20日現在）。
最新情報については、ホームページ（http://www.kentei.co.jp/）をご覧ください。

丑丞乃之也亘亥亦亨亮伊伍伎伶伽佑侃侑倖倭偲允冴冶
凌凜凪凱勁匡卯叡只叶吾呂哉唄啄喬嘉圭尭奈奎媛嬉孟
宏宥寅峻崚嵐嵩嵯嶺巌巳巴巽庄弘弥彗彦彪彬怜恕悌惇
惟惣慧憧拳捷捺敦斐於旦旭旺昂昌昴晃晋晏晟晨智暉暢
曙朋朔李杏杜柊柚柾栗栞桂桐梓梢梧梨椋椎椰椿楊楓楠
榛槙槻樺橘檀欣欽毅毬汀汐汰沙洲洵洸浩淳渚渥湧滉漱
澪熙熊燎燦燿爽爾猪玖玲琢琉琳瑚瑛瑞瑠瑶瑳璃甫皐皓
眉眸睦瞭瞳矩碧碩磯祐禄禎秦稀稔稜穣竣笙笹紗紘紬絃
絢綜綸綺綾緋翔翠耀耶聡肇胡胤脩舜艶芙芹苑茉茄茅茜
莉莞菖菫萌萩葵蒔蒼蓉蓮蔦蕉蕗藍藤蘭虎虹蝶衿袈裟詢
誼諄諒赳輔辰迪遥遼邑那郁酉醇采錦鎌阿隼雛霞靖鞠須
頌颯馨駒駿魁鮎鯉鯛鳩鳳鴻鵬鶴鷹鹿麟麿黎黛亀

編集協力—株式会社　プランディット

2級　漢検分野別問題集　改訂版

2009年2月20日　第2版第3刷　発行

編　者　日本漢字教育振興会

監　修　財団法人日本漢字能力検定協会

発行者　大久保　昇

印刷所　大日本印刷株式会社

発行所　財団法人日本漢字能力検定協会

〒600-8585　京都市下京区烏丸通松原下る五条烏丸町398

☎075(352)8300　FAX 075(352)8310

ホームページhttp://www.kentei.co.jp/

ISBN978-4-89096-052-1 C0081

漢検 漢字辞典

現代人のための五十音引き漢字・熟語辞典

漢検 漢字辞典
B6判・2色刷 1,920ページ
定価3,360円
(本体3,200円＋税5%)

特長

- 親字(見出し語)数 — 約6,300字
- 熟語数 — 約42,000語(現代日本語の中から厳選)
- 使いやすい五十音順配列
- 便利な7種類の索引
- 漢字情報(漢字コードなど)を網羅

利用者の声 48歳 看護師 **準2級合格**

50音順で引きやすい

漢字辞典なのに50音順で国語辞典のように引けるのが良かったです。検定対策のみならず、ずっと使わせていただけそうです。

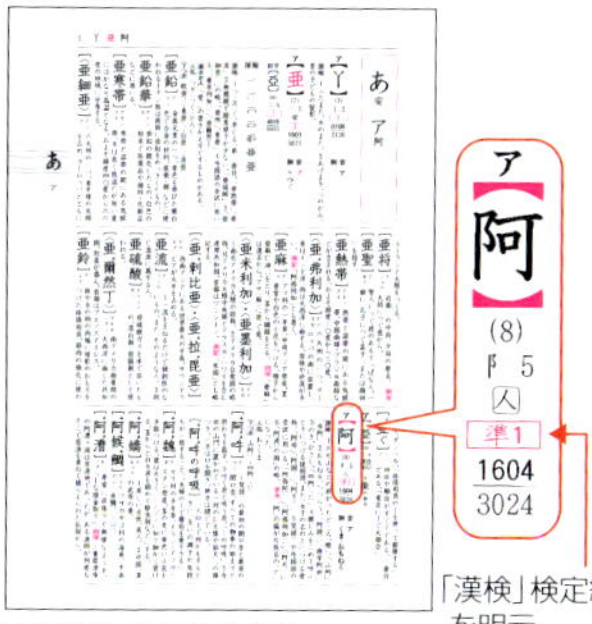

手書きに近い教科書体

「漢検」検定級を明示

漢検 常用漢字辞典

漢和・用例・ワープロ辞典の要素を凝縮

漢検 常用漢字辞典
B6判・2色刷 648ページ
定価2,940円
(本体2,800円＋税5%)

特長

- 使いやすい五十音順配列
- 収録漢字すべてに読み・画数・漢字コードを併記
- 常用漢字に部首・筆順を記載

利用者の声 40歳 主婦 **3級合格**

筆順がよく分かった

常用漢字一字一字のもつ意味がよく分かりイメージしやすかったです。筆順を注意して書くところもよく分かりました。

「漢検」検定級を明示

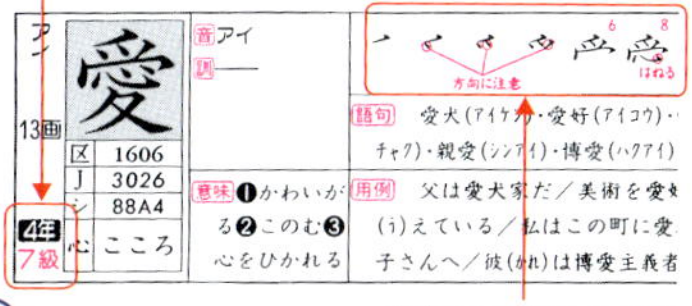

注意点を明記した筆順

漢検 四字熟語辞典

四字熟語辞典の決定版　引く・知る・使うの3大機能が充実

漢検 四字熟語辞典
B6判 576ページ
定価2,940円
(本体2,800円＋税5%)

特長

- 便利な6種類の索引
- 語構成と読みのくぎりがひと目でわかる
- 意味・出典・由来を簡潔に解説

利用者の声 14歳 中学生 **3級合格**

索引が便利

下の二字で引けるなど索引がとても見やすく、問題を解く際に便利に使えました。

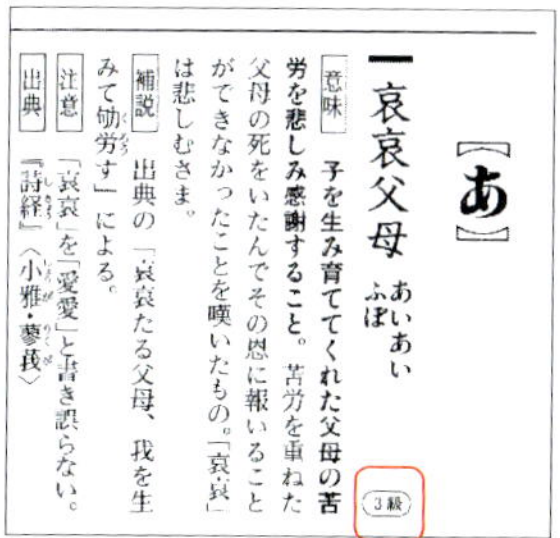

「漢検」検定級を明示

漢字必携一級

1級／準1級受検用　公式ガイド・必修参考書

漢字必携一級
A5判・2色刷 304ページ
定価**2,835**円
（本体2,700円＋税5%）

特長

- 常用漢字の表内・表外音訓
- 1級／準1級配当漢字の字種、音訓（字義を含む）
- 「同音の書きかえ」に1級／準1級の別を明記
- 「表外漢字字体表」にもとづき「字体についての解説」を補足

合格 利用者の声　59歳 主婦 **1級合格**

豊富な資料が読み物にもなった

字体、国字、四字熟語など豊富な資料があり、読み物としても楽しめました。辞書代わりに机上に置いて使っています。

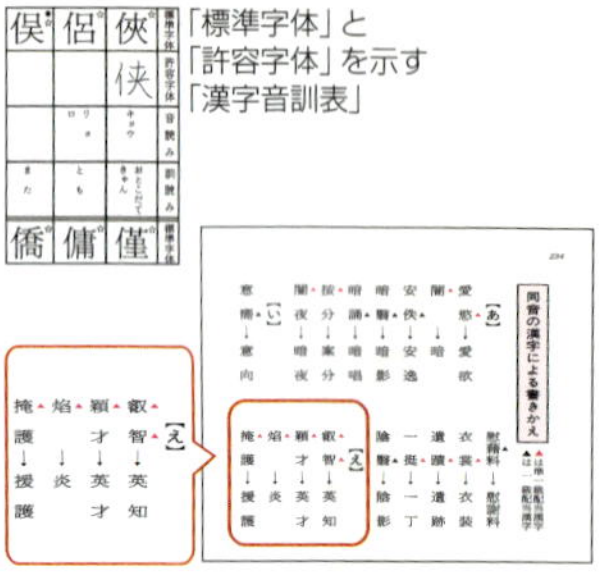

「同音の漢字による書きかえ」
漢字・国語に関する充実した資料

漢字必携二級

2級～10級受検用　公式ガイド・基本参考書

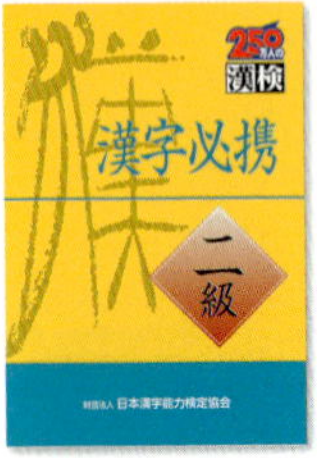

漢字必携二級
A5判・2色刷 360ページ
定価**1,995**円
（本体1,900円＋税5%）

特長

- 常用漢字の級別配当および音訓を表組み
- 部首一覧表と部首別の常用漢字
- 「字体についての解説」「送り仮名の付け方」「現代仮名遣い」など、漢字・国語資料を多数収録

合格 利用者の声　18歳 高校生 **2級合格**

「筆順の原則」などが学べた

「筆順の原則」や「送り仮名の付け方」など、これまで教わらなかったことが学べました。また、知らなかった部首がたくさんあることが分かりました。夢中で読んでいます。

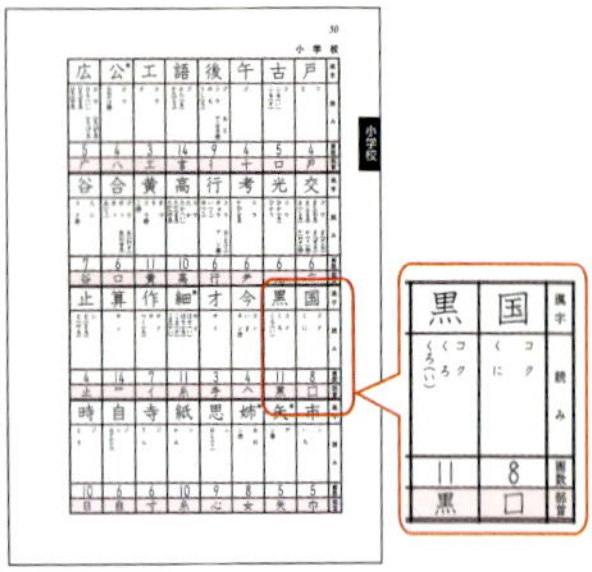

常用漢字のすべてに
画数・部首を記載

これでわかる学習漢字　漢検 5／6／7級用

5級～7級受検用　必修参考書

これでわかる学習漢字
漢検　5／6／7級用
A5判・2色刷 192ページ
定価**1,155**円
（本体1,100円＋税5%）

特長

- 小学校で学習する漢字1,006字の字形と音・訓・部首・画数・筆順が身についているか確認できる「漢字表」
- 部首別の学習漢字一覧
- 筆順・送りがな・同音・同訓異字をわかりやすく解説

合格 利用者の声　11歳 小学生 **6級合格**

学ぶ前の基礎が分かった

漢字の成り立ちや漢和辞典（漢字辞典）の利用法がよく学べ、漢字を学ぶ前の基礎が分かりました。あと、字が大きいのがよかったです。

イラストつきでわかりやすい説明

平成21年度版　過去問題集

実際の検定問題にチャレンジ

漢検 1/準1級過去問題集
A5判 72ページ
定価1,365円
（本体1,300円＋税5%）

漢検 2級過去問題集
A5判 104ページ
定価1,260円
（本体1,200円＋税5%）

漢検 準2級過去問題集
A5判 104ページ
定価1,155円
（本体1,100円＋税5%）

漢検 3級過去問題集
A5判 104ページ
定価1,155円
（本体1,100円＋税5%）

漢検 4級過去問題集
A5判 104ページ
定価1,050円
（本体1,000円＋税5%）

漢検 5級過去問題集
A5判 104ページ
定価　945円
（本体900円＋税5%）

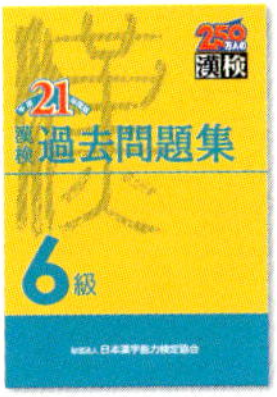

漢検 6級過去問題集
A5判 104ページ
定価　945円
（本体900円＋税5%）

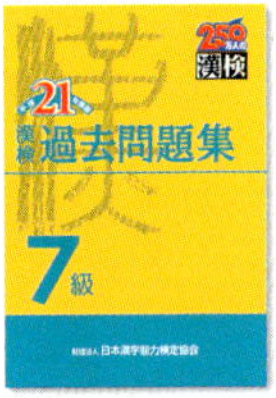

漢検 7級過去問題集
A5判 104ページ
定価　945円
（本体900円＋税5%）

漢検 8級過去問題集
A5判 156ページ
定価　945円
（本体900円＋税5%）

漢検 9級過去問題集
A5判 156ページ
定価　945円
（本体900円＋税5%）

漢検 10級過去問題集
A5判 156ページ
定価　945円
（本体900円＋税5%）

平成20年度版と併用でより効果アップ

平成20年度に実施された全検定問題を級別にまとめました。
受検前の総仕上げとしてご活用ください。

特長

- 合格者はどのくらい得点しているのかがわかる「合格者平均得点」
- 「漢検受検Q&A」で解答時の悩みを解決
- 上位級の検定問題付き（「1／準1級」を除く）
- 「答案用紙実物大見本」付き
  （「8級」～「10級」は検定問題の「実物大見本」付き）

利用者の声　17歳 高校生 **準2級合格**

検定問題が何回もできる

実際の検定問題を何回もやることが大事だと考えていたので、その年に行われた問題すべてが掲載されている『過去問題集』は私の学習方法に合っていました。

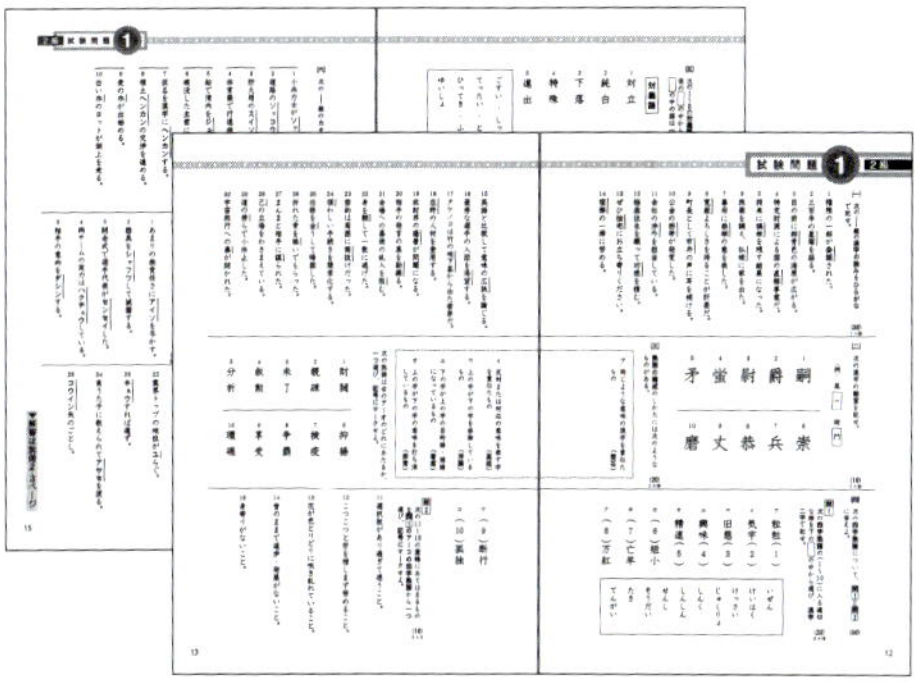

『平成21年度版　2級 過去問題集』より

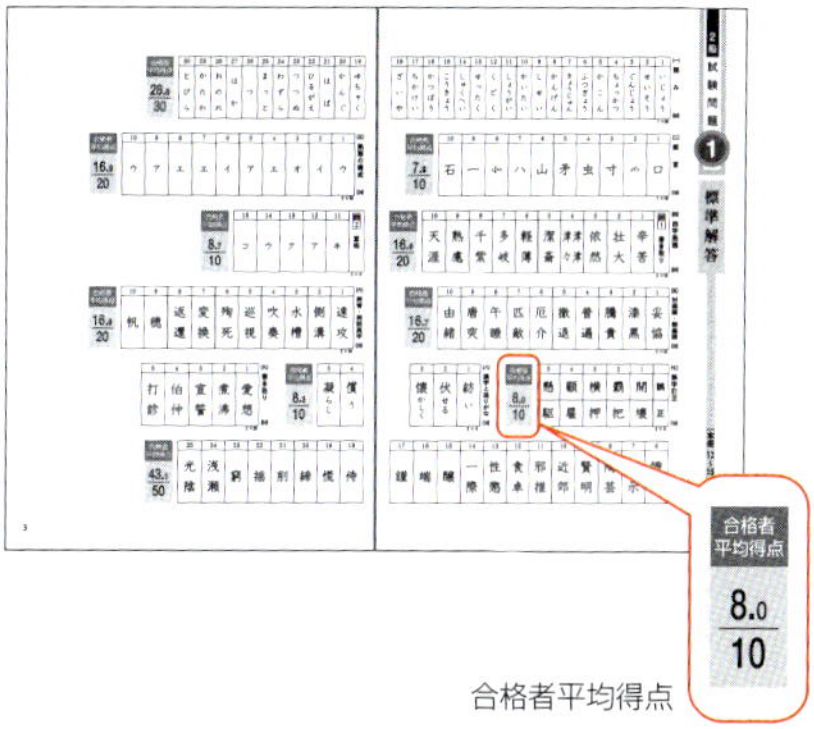

合格者平均得点

言葉の意味を理解しながら楽しく学ぶ

改訂版

8級 漢字学習ステップ
A5判・2色刷 236ページ
定価**1,050**円
（本体1,000円＋税5%）

9級 漢字学習ステップ
A5判・カラー刷 200ページ
定価**1,260**円
（本体1,200円＋税5%）

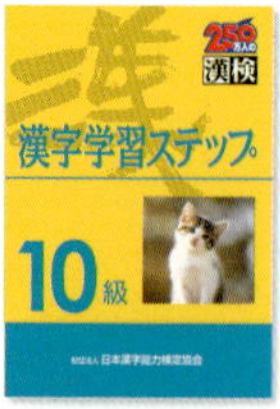

10級 漢字学習ステップ
A5判・カラー刷 184ページ
定価**1,260**円
（本体1,200円＋税5%）

- **8級**
  小学校3年生の学習漢字200字（34ステップ）
- **9級**
  小学校2年生の学習漢字160字（27ステップ）
- **10級**
  ひらがな・カタカナ・小学校1年生の学習漢字80字
  （ひらがな編7ステップ＋漢字編20ステップ）

特長

- 漢字に慣れながら学習できるステップ式問題集
- ステップごとの漢字を練習できる別冊「漢字れんしゅうノート」付き
- 漢字のおもしろさを知ることができる、クイズや漢字の豆知識なども収録
- 手で押さえなくても閉じにくい製本方法を採用

利用者の声　8歳 小学生 **8級合格**

見たことのない漢字の読み書きができた

ステップを毎日ひとつずつやっていくのが楽しかったです。今まで見たことのなかった漢字の読み書きができるようになりました。また「へん」などに注意しながらていねいに書くようになりました。

『10級 漢字学習ステップ』より

イラストをみながら、ひらがな・カタカナの練習

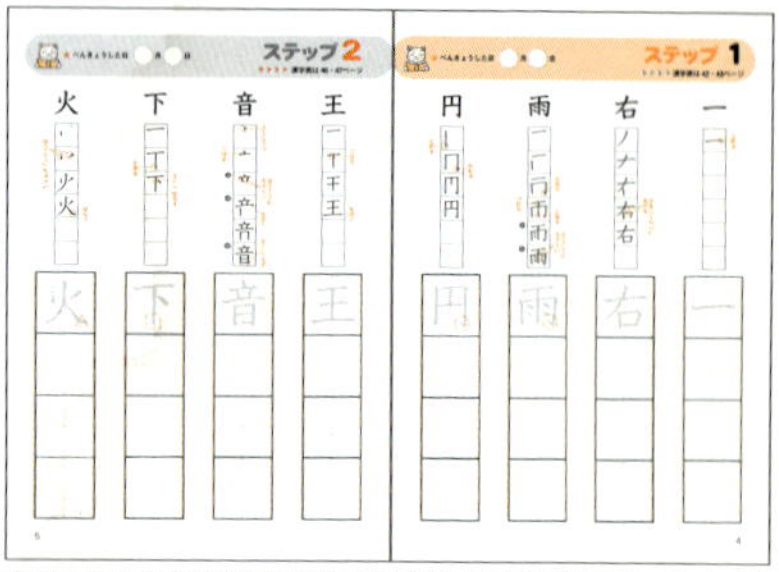

漢字の筆順や注意点を書きながら覚える別冊「漢字れんしゅうノート」

手で押さえなくても閉じにくい製本方法を採用しているので、書き込みやすくなっています。

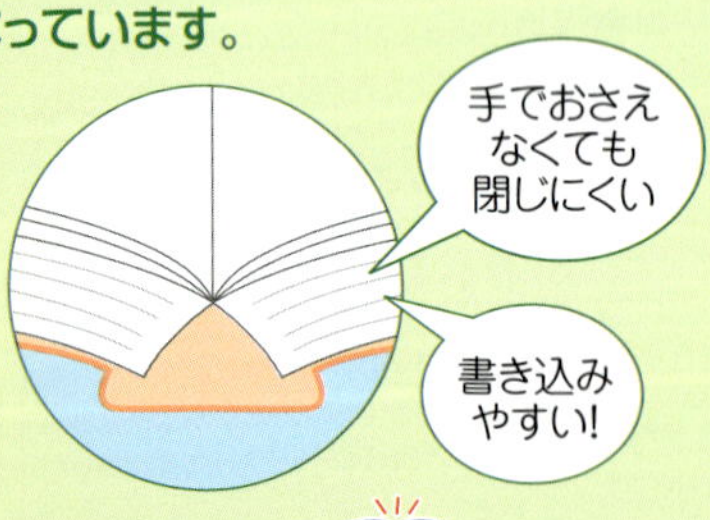

この製本方法のシリーズには よく開く! マークをつけました。

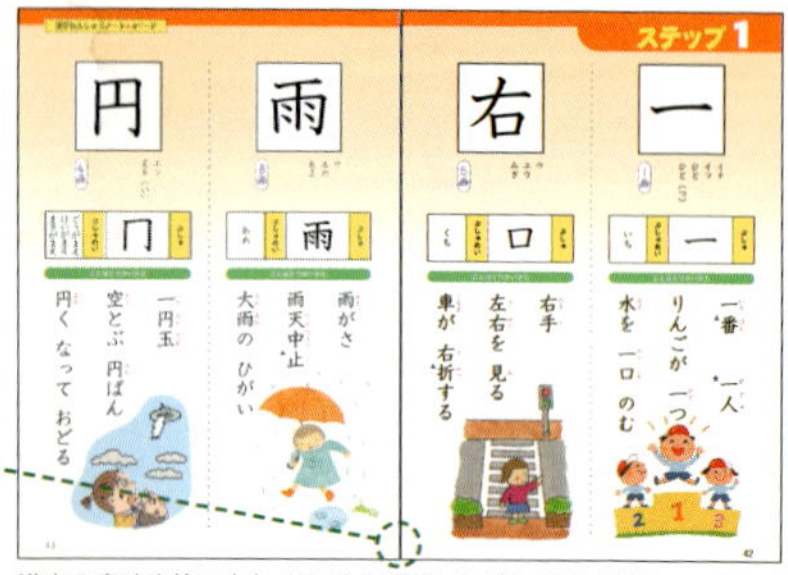

漢字の意味や使い方をイラストで理解しながら、漢字を覚えていきます

漢字学習ステップ

よく開く！

漢字一字一字をていねいに学習

改訂二版
2級 漢字学習ステップ
A5判・2色刷 264ページ
定価**1,260**円
（本体1,200円＋税5％）

改訂版
準2級 漢字学習ステップ
A5判・2色刷 252ページ
定価**1,050**円
（本体1,000円＋税5％）

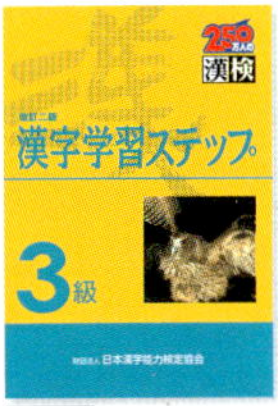

改訂二版
3級 漢字学習ステップ
A5判・2色刷 224ページ
定価**1,050**円
（本体1,000円＋税5％）

改訂二版
4級 漢字学習ステップ
A5判・2色刷 244ページ
定価**1,050**円
（本体1,000円＋税5％）

改訂版
5級 漢字学習ステップ
A5判・2色刷 212ページ
定価 **945**円
（本体900円＋税5％）

改訂版
6級 漢字学習ステップ
A5判・2色刷 212ページ
定価 **945**円
（本体900円＋税5％）

改訂版
7級 漢字学習ステップ
A5判・2色刷 208ページ
定価 **945**円
（本体900円＋税5％）

- **2級**
  常用漢字 1,945字の
  練習問題集（39ステップ）
- **準2級**
  常用漢字 1,945字の
  練習問題集（41ステップ）
- **3級**
  学習漢字＋常用漢字約600字の
  練習問題集（35ステップ）
- **4級**
  学習漢字＋常用漢字約300字の
  練習問題集（39ステップ）
- **5級**
  学習漢字 1,006字の
  練習問題集（26ステップ）
- **6級**
  学習漢字 825字の
  練習問題集（26ステップ）
- **7級**
  学習漢字 640字の
  練習問題集（25ステップ）

豊富で幅広い練習問題で配当漢字の漢字能力が総合的に身につき、
検定対策に最適な一冊です。

特長

- 各級の配当漢字を五十音順に配列。着実に身につくステップ式問題集
- 答え合わせに便利な別冊「標準解答」
- 実力確認や最終演習として利用できる「総まとめ」を巻末に収録
- 漢字の筆順や注意点を書きながら覚える別冊「漢字練習ノート」付き

（「2級」「準2級」「3級」「4級」には「漢字練習ノート」はありません）

利用者の声 15歳 中学生 **準2級合格**

毎日の学習に最適

毎日少しずつ学習するわたしにとって、最適な問題集でした。ステップごとに学ぶ漢字の読み、書き、部首、四字熟語など、さまざまな角度から学べるように豊富な問題がありました。この本と出会えてよかったです。

利用者の声 13歳 中学生 **4級合格**

力だめしが実力確認に

5～6ステップごとにある力だめしで実力の確認ができました。また、巻末にある付録も役立ちました。

『2級 漢字学習ステップ』より

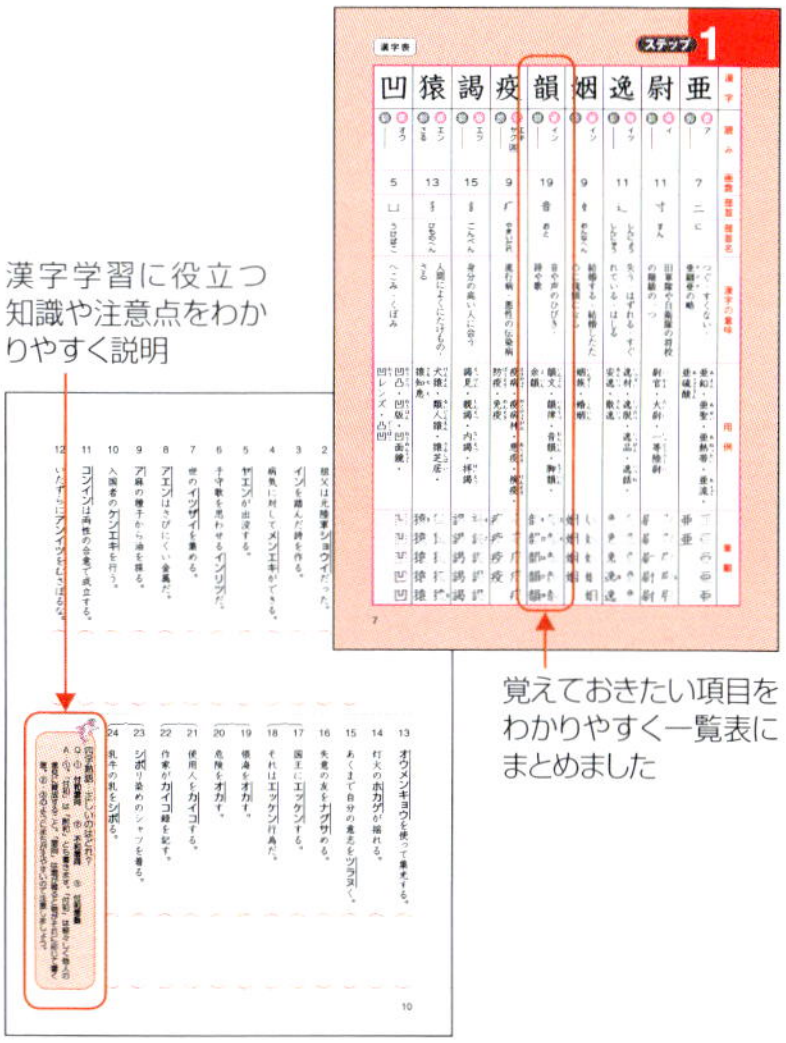

漢検分野別問題集 よく開く!

苦手分野を集中的に学習

7分野構成で、漢字能力が確実に身につくことを目指します。
苦手分野の克服や検定直前のチェックに最適です。

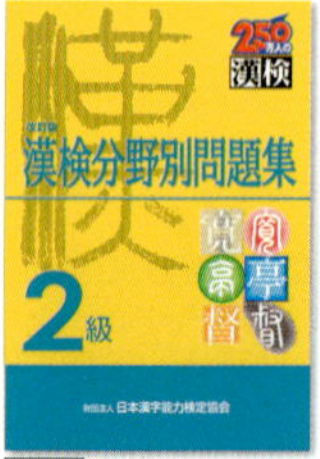

改訂版
2級 漢検分野別問題集
A5判・2色刷 212ページ
定価 **945**円
（本体900円＋税5%）

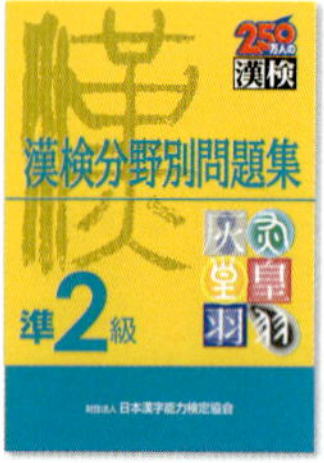

準2級 漢検分野別問題集
A5判・2色刷 212ページ
定価 **945**円
（本体900円＋税5%）

改訂版
3級 漢検分野別問題集
A5判・2色刷 212ページ
定価 **945**円
（本体900円＋税5%）

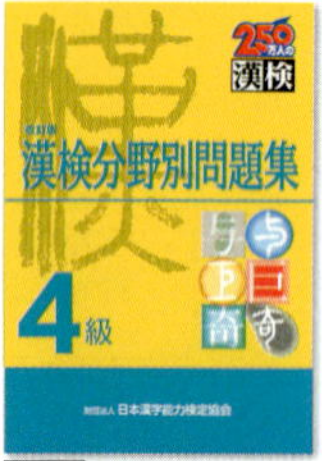

改訂版
4級 漢検分野別問題集
A5判・2色刷 212ページ
定価 **945**円
（本体900円＋税5%）

分野構成　2級、準2級、3級、4級
漢字の読み／漢字の部首／熟語の理解／対義語・類義語／四字熟語／送りがな／書きとり

5級 漢検分野別問題集
A5判・2色刷 168ページ
定価 **903**円
（本体860円＋税5%）

6級 漢検分野別問題集
A5判・2色刷 168ページ
定価 **903**円
（本体860円＋税5%）

分野構成　5級、6級
漢字の読み／部首／画数・筆順／熟語／対義語・類義語／送りがな／漢字の書きとり

特長

- 実際の検定に即した「実力完成問題」を収録
- 検定直前のポイント整理に役立つ「巻末資料」
- 答え合わせのときに便利な「別冊解答」
- 手で押さえなくても閉じない製本方法を採用（5級・6級のみ）

合格 利用者の声　14歳 中学生 **準2級合格**

「漢検おもしろゼミ」で理解が深まった
これまでの受検で漢字の書きとりと部首が苦手な分野だと分かっていたので、『分野別問題集』を徹底的に解きました。また、「漢検おもしろゼミ」で漢字への理解が深まりました。

『5級 漢検分野別問題集』より

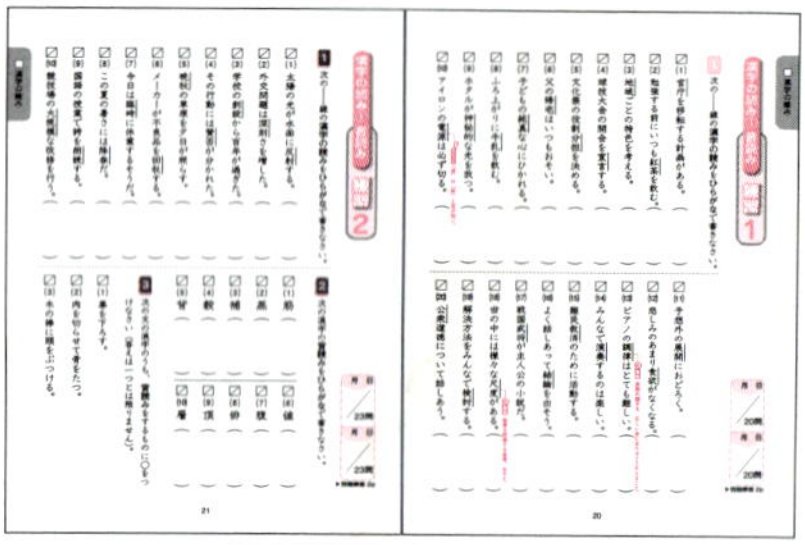

漢字の読み
1 音読み
中国で生まれた漢字は、その一つ一つがそれぞれに音と意味を持つ表意文字です。日本に漢字が伝わったときにも、文字と音と意味とがセットになって伝わりました。

しかし、日本人には発音しにくいものもあり、漢字の音は日本人が発音しやすいように変えられました。私たちが現在使っている漢字の音読みとはつまり、中国から伝えられた当時の発音をまねて、日本人が読んだ読み方のことです。
同じ漢字に音読みが複数あるのは、伝わった時期や伝わり方などがちがうためです。前後の漢字や文章などに注意し、どの読み方がふさわしいか確かめましょう。

まとめ
◆音読みとは、中国から伝えられた当時の発音をまねて、日本人が読んだ読み方。
◆漢字によっては複数の音読みがある。
18

漢字学習に役立つ知識や注意点をわかりやすく説明

ハンディ漢字学習

持ち歩いて、どこでも学べるポケット学習書

検定と同じ形式の問題を収録。<解いてから確認する>と<学習してから解く>の相乗効果で短期間での実力アップを目指します。

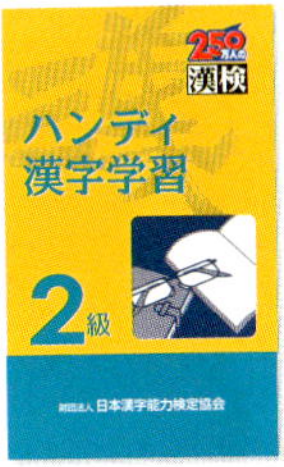

ハンディ漢字学習 2級
新書判・2色刷 240ページ
定価 **924**円
(本体880円+税5%)

ハンディ漢字学習 準2級
新書判・2色刷 240ページ
定価 **924**円
(本体880円+税5%)

ハンディ漢字学習 3級
新書判・2色刷 240ページ
定価 **924**円
(本体880円+税5%)

ハンディ漢字学習 4級
新書判・2色刷 240ページ
定価 **924**円
(本体880円+税5%)

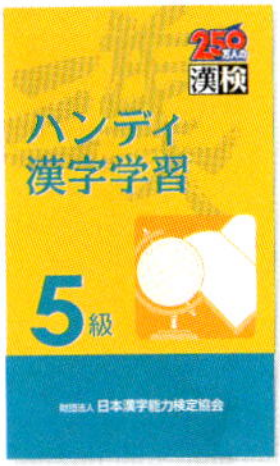

ハンディ漢字学習 5級
新書判・2色刷 176ページ
定価 **903**円
(本体860円+税5%)

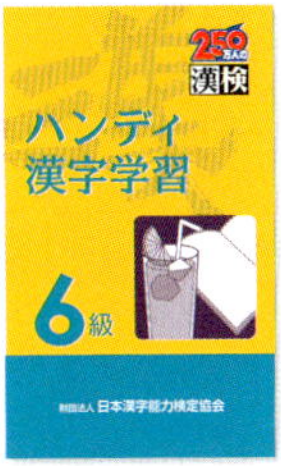

ハンディ漢字学習 6級
新書判・2色刷 176ページ
定価 **903**円
(本体860円+税5%)

特長

- ドリルとしても参考書としても活用できる2WAY(学習←→確認)方式
- 携帯に便利なポケットサイズ
- 赤のチェックシートで学習効果を向上させる
- 漢字表や学習に役立つ豊富な資料を収録

利用者の声 32歳 会社員 **2級合格**

毎日、通勤電車で反復

毎日、通勤電車の中で赤のチェックシートで解答を隠しながら、何度も繰り返し学習しました。大きさが新書判と手ごろで使いやすかったです。自分の中で定着するまで、ひたすら反復練習したおかげで合格することができました。

『ハンディ漢字学習 3級』より

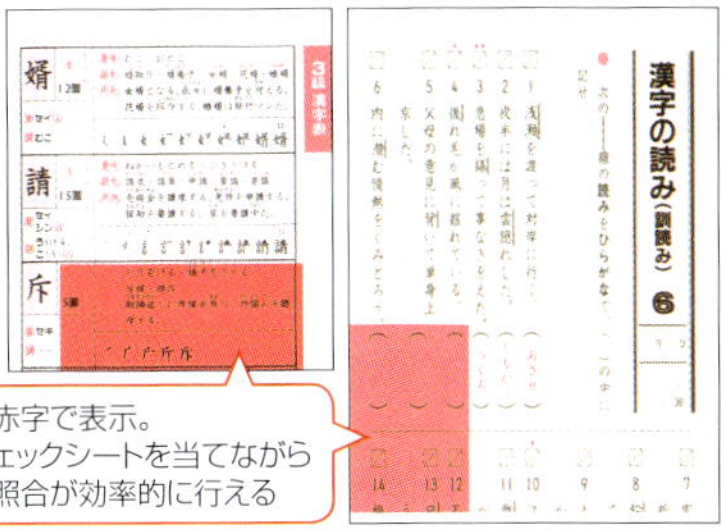

解答は赤字で表示。
赤いチェックシートを当てながら答えの照合が効率的に行える

完全征服

漢検1級/準1級受検のための練習問題集

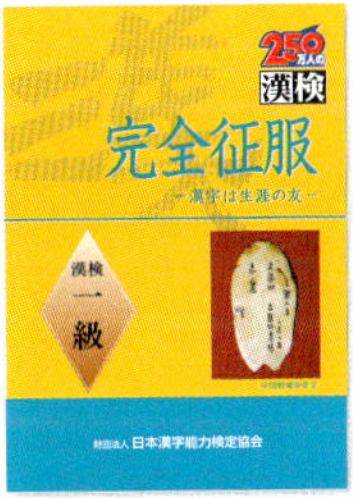

完全征服「漢検」一級
―漢字は生涯の友―
A5判・2色刷 220ページ
定価 **1,470**円
(本体1,400円+税5%)

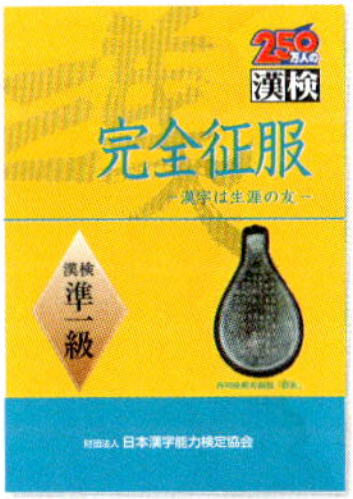

完全征服「漢検」準一級
―漢字は生涯の友―
A5判・2色刷 196ページ
定価 **1,365**円
(本体1,300円+税5%)

特長

- 漢検1級対象の表外漢字(約3,000字)/準1級対象の表外漢字(約1,000字)について、読み・書きなどの解説と充実した練習問題
- 付録:1級/準1級用漢字音訓表・国字一覧表　ほか

利用者の声 51歳 会社員 **準1級合格**

ちょうどよい問題量

問題量もちょうどよく、難易度も検定に準じているので使いやすかったです。また、解答が問題の下にあるので、すぐ答えあわせができました。

心を耕す シリーズ

親子の心が近づく一冊　子どもの心を育てる一冊

親子で読みたい近代・現代の名文を集めた珠玉のシリーズ

なかよし
—心《こころ》を豊《ゆた》かに、優《やさ》しく—
[小学校1・2・3年向け]
A5判 248ページ
定価1,050円
(本体1,000円+税5%)

親切・感謝
—優しさ、思いやり—
[小学校4・5・6年向け]
A5判 264ページ
定価1,050円
(本体1,000円+税5%)

自立と共生
—社会性を養い、世界にはばたく—
[中学生・高校生向け]
A5判 264ページ
定価1,050円
(本体1,000円+税5%)

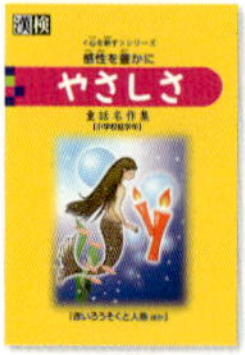

やさしさ
—感性《かんせい》を豊《ゆた》かに—
[小学校1・2・3年向け]
A5判 284ページ
定価1,155円
(本体1,100円+税5%)
—全国学校図書館協議会選定図書—

勇気
—愛・信頼・協調—
[小学校4・5・6年向け]
A5判 284ページ
定価1,155円
(本体1,100円+税5%)
—全国学校図書館協議会選定図書—

特長

- 近代・現代の名作を楽しみつつ、自分の生き方を省みるように編集
- 正しく豊かな知識を形成できるようさまざまな本を紹介(『自立と共生』)
- 語彙《ご》力がつくように四字熟語とその意味、用例などを明記。漢字の演習問題も収録(『なかよし』『親切・感謝』『自立と共生』)

第57回 全国小・中学校作文コンクール 作文優秀作品集

等身大の感性で読み手に感動を与える

▼読売新聞社主催「全国小・中学校作文コンクール」の優秀作品が各1冊になりました。

小学校
A5判
定価1,155円
(本体1,100円+税5%)

中学校
A5判
定価 840円
(本体800円+税5%)

— 日本図書館協会選定図書 —

読売新聞社／編　(財)日本漢字能力検定協会／監修

第52～56回の作品集も好評発売中です。

La漢《ら・かん》 好評発売中!

遊ぶ学ぶ　漢字情報誌

定価 380円(税込)

特長

- ふだん、何気なく使っている漢字…その漢字を切り口に新しい発見とともに日本を知ってほしいという願いから生まれた雑誌『La漢(ら・かん)』。読んでためになるおもしろ情報がいっぱい。この一冊で漢字の魅力を満喫!

生涯学習の一環として、国語の授業の教材として
便利でお得な『La漢』定期購読のご案内

定期購読・ギフトなら 6回分が 2,500円(税込・送料込)

隔月刊(偶数月14日発行) ※バックナンバーご希望の方は協会までお問い合わせください。

漢検 学べる変換ミス 2

読めば笑えて漢字が学べる

パワーアップした第2弾!学べる要素が増えました。

B6判 128ページ
定価 840円
(本体800円+税5%)

好評発売中!
漢検 学べる変換ミス
B6判 128ページ
定価 840円
(本体800円+税5%)

2級
漢検分野別問題集
改訂版

【別冊解答】

漢検

200052 (2-3)

漢字の読み（音読み）
▼本誌P.22〜31

ウォーミングアップ P.22〜23

A. 解答

1
(1)把・覇（順不同）
(2)窃・拙（順不同）
(3)筒・騰・謄（順不同）
(4)罷・妃・扉（順不同）

2
(1)津・紳・唇（順不同） シン
(2)描（順不同） ビョウ
(3)衷・抽・鋳（順不同） チュウ
(4)柄・塀・併（順不同） ヘイ
(5)靴・寡・禍（順不同） カ

3
(1)じょさい (2)にょじつ
(3)れいじょう (4)あくりょう
(5)けんぎ (6)きげん
(7)ほうけん (8)みっぷう
(9)ゆいいつ (10)いだく
(11)ばっそく (12)ばち
(13)どうはん (14)ばんそう
(15)じゃばら (16)だこう
(17)じっし (18)せじょう

Ⅰ練習1Ⅰ P.24〜27

A. 解答

1
(1)きょうけん (2)せっちゅう
(3)こうてつ (4)あいとう
(5)たいまん (6)はんぷ
(7)しさ・じさ (8)どうさつ
(9)るいせき (10)ちつじょ
(11)ひんぱん (12)さいしょう
(13)けいこう (14)そしょう
(15)ししゅく (16)しゅこう
(17)そぼく (18)すうこう
(19)ばいしょう (20)ほったん
(21)しゅうか (22)はしゃ
(23)ろうおう (24)じぎ
(25)ちょうか (26)しゃっかん
(27)だんがい (28)ゆうかい
(29)かんにん (30)えっけん
(31)きんこう (32)くちく
(33)もうしん・ぼうしん
(34)じんそく (35)ゆちゃく
(36)けんちょ (37)じみ
(38)ちかけい (39)けんきょ
(40)かいそう (41)こんちゅう
(42)はっしょう (43)きょぎ
(44)とうすい (45)きょうらく
(46)いつだつ

2
(1)しょうがい (2)かじょう
(3)さんばし (4)かんじょう
(5)かつあい (6)せんりつ
(7)がんきょう (8)けんえん
(9)ぶんぴつ・ぶんぴ
(10)せいかん (11)こうぼく
(12)かんてい (13)ふせつ
(14)じょうと (15)らくのう
(16)しゅうわい (17)そち
(18)すんか (19)かいむ
(20)きさい (21)ひっけい
(22)じじん (23)ひじゅん
(24)かんぷ (25)きつもん
(26)じょくん (27)ついずい
(28)おうとう (29)しょくばい
(30)られつ (31)きゅうへい
(32)きんせん (33)ほうしょう
(34)とうしゅう (35)ていげん
(36)ぎんこう (37)ふんきゅう
(38)ひごう (39)まさつ
(40)ぜんじ (41)げだつ
(42)げんしゅく (43)とくれい
(44)しゃふつ (45)ひぎょう
(46)きょうきん

Ⅱ練習2Ⅱ P.28〜31

A. 解答

1
(1)とういん (2)よくせい
(3)ふそう (4)てっしょう
(5)あっさく (6)ぼくめつ
(7)いかく (8)くんぷう
(9)ひんきゃく・ひんかく
(10)おんしゃ (11)ごうちょく
(12)こよう (13)もんぴ
(14)そうかん (15)しんおう
(16)かっぱ (17)かんさん
(18)しし (19)まっしょう
(20)ちょうもん (21)だしん
(22)しゅっすい (23)てんさく
(24)かし (25)こはん
(26)らいさん (27)へんれい
(28)せっしょう (29)きょうせい
(30)こうけん (31)ぼんよう
(32)たいだ (33)そぞう
(34)ちゅうとん (35)きょうげき
(36)だみん (37)ふうたい
(38)しゅうたい (39)きゅうだん
(40)かいじゅう (41)こうしょう
(42)ちょうぼう (43)おうとつ
(44)こうさく (45)さぎ
(46)こうしゃく (47)かんだい
(48)ばくぜん (49)へんきょう
(50)ねいじつ

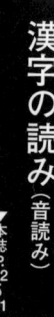

スキルアップ

(4)「徹宵《てっしょう》」は、夜どおし、徹夜のこと。
(9)「賓客《ひんきゃく》《ひんかく》」は、外国から来た要人などの敬うべき客のこと。
(10)「恩赦《おんしゃ》」は、裁判で決まった刑罰を、特別な恩典によって軽くすることで、内閣が決定し、天皇がこれを認証する。
(15)「深奥《しんおう》」は、奥深くて、容易に計り知れないこと。
(16)「喝破《かっぱ》」は、大声でしかりつけること。大声で他人の誤りを正し、真理を明らかにすること。
(18)「嗣子《しし》」は、家のあとを継ぐ子、あと継ぎのこと。
(24)「下賜《かし》」は、身分の高い人が下の人に何かを与えること。
(31)「凡庸《ぼんよう》」は、すぐれた点がなく平凡なこと。
(39)「糾弾《きゅうだん》」は、罪状を問いただして非難することをいう。
(43)「でこぼこ」と読まない。でこぼこは「凸凹」。
(50)「寧日《ねいじつ》」は、平穏無事な日、安らかな日のこと。

2

(1)こんいん
(2)うんでい
(3)いつざい
(4)けんすい
(5)たんしょ・たんちょ
(6)あんしょう
(7)かちゅう
(8)めんえき
(9)ごうけつ
(10)じゅんかん
(11)しゃくりょう
(12)びょうそう
(13)りこう
(14)ふしん
(15)はあく
(16)ほんぽう
(17)なんじゅう
(18)いっしゃく
(19)ほうしゅう
(20)そうしつ
(21)きんてい
(22)せんい
(23)ゆうよ
(24)おうだ
(25)ちゅうかく
(26)せん
(27)ほりょ
(28)だきょう
(29)しょうれい
(30)しょうちょく
(31)しさく
(32)すいま
(33)かこく
(34)ふたく
(35)こくじ
(36)とうかつ
(37)きゅうとう
(38)ねんぽう
(39)かこん
(40)しっこく
(41)しもん
(42)ぐち
(43)せっかん・せきかん
(44)あんたい
(45)りょうゆう
(46)しょかつ
(47)ひめん
(48)まもう
(49)いかん
(50)さいかい

スキルアップ

(2)「雲泥《うんでい》」は、雲とどろ。転じて大変な隔たりのこと。
(9)「豪傑《ごうけつ》」は、武勇に優れ、力も強く、肝もすわっている人。
(13)「履行《りこう》」は、約束などを実際に行うこと。
(14)「普請《ふしん》」は、土木や建築の工事のこと。「ふせい」と読まないように注意。
(21)「謹呈《きんてい》」は、つつしんで差し上げること。
(30)「詔勅《しょうちょく》」は、天皇が公に発する文書の総称。
(34)「付託《ふたく》」は、頼んで任せること。
(35)「璽《じ》」は、玉に刻んだ印形。画数の多い漢字なので、書きとりの際には注意が必要。
(41)「諮問《しもん》」は、一定の機関に対して法令上定められた事項についての意見を尋ね求めること。
(45)「僚友《りょうゆう》」は、一緒に仕事をしている仲間のこと。
(50)「斎戒《さいかい》」は、神仏に祈ったり、神聖な仕事に従ったりする場合に、飲食や行動を慎み心身を清浄にすること。

漢字の読み（訓読み）

▼本誌P.32～39

ウォーミングアップ P.32～33

A. 解答

1

(1)お
(2)ふ
(3)え
(4)がら
(5)こご
(6)こお
(7)いね
(8)いなだ
(9)いか
(10)おこ
(11)こい
(12)こ
(13)くつがえ
(14)おお
(15)ひそ
(16)もぐ
(17)たたみ
(18)たた
(19)さわ
(20)ふ
(21)おこた
(22)なま
(23)きそ
(24)せ
(25)いつわ
(26)にせ
(27)いや
(28)きら
(29)きたな
(30)けが
(31)ぞ
(32)うい
(33)たの
(34)たよ
(35)いだ
(36)かか

Ⅰ 練習1 Ⅰ P.34～35

A. 解答

1

(1)つちか (2)ひがた
(3)つか (4)み
(5)つけもの (6)から
(7)あわ (8)こ
(9)ゆ (10)ただ
(11)はわた (12)あかつき
(13)かわ (14)つ
(15)おそれ (16)いた
(17)ほっ (18)みが
(19)くちびる (20)うぶぎ
(21)たてつぼ (22)さえぎ
(23)すす (24)はなは
(25)つむ (26)すた
(27)とむら (28)むなぎ
(29)いど (30)つぐな
(31)はさ (32)しもばしら
(33)いな (34)ととの
(35)よ (36)か
(37)どろぬま (38)あ
(39)さ (40)かたよ
(41)まなこ (42)あま
(43)ほらあな (44)あなど
(45)から (46)まゆ

Ⅱ 練習2 Ⅱ P.36～39

A. 解答

1

(1)むね (2)しず
(3)いこ (4)き
(5)せ (6)いや
(7)みさお (8)いつく
(9)かな (10)あわ
(11)ほりばた (12)つくろ
(13)もっぱ (14)しの
(15)ねんご (16)たてまつ
(17)えり (18)さ
(19)い (20)よい
(21)かも (22)そそのか
(23)またた (24)わずら
(25)うやうや (26)つの
(27)あば (28)か
(29)よそお (30)みつ
(31)したた (32)きた
(33)あせ (34)こば
(35)かんば (36)みささぎ
(37)たわむ (38)なわば
(39)かて (40)おもむ
(41)はなお (42)きざ
(43)ひるがえ (44)あわ
(45)す (46)とびら
(47)おびや (48)ゆる
(49)つつし (50)も

スキルアップ

(5)「畝」は、「せ」「うね」と二つの訓があるので注意。「せ」は、土地や面積をあらわす単位。「うね」は、畑の土を盛って作物を植えるところ。

(7)「操《みさお》」は、自分の意志を固く守りとおすこと。

(15)「懇《ねんご》ろ」は、親切で丁寧なことをいう。

(16)「奉《たてまつ》る」は、神や身分の高い人に差し上げること。音節数が多いので、送りがなにも注意を要する漢字である。

(19)「忌《い》まわしい」は、いやなこと、不吉なこと。

(22)「唆《そそのか》す」は、相手がある行動（特によくない行動）をするように、すすめたりおだてたりすることをいう。

(36)「陵《みささぎ》」は、天皇や皇后などの墓。

(39)「糧《かて》」は、食糧という意味のほかに活動の本源となるもの、という意味がある。

(47)文意に注意。あぶなくさせるという意味の「脅《おびや》かす」が適切。「おど―かす」と読まないこと。

2

(1)しぼ (2)てぎわ
(3)たな (4)た
(5)うと (6)たまわ
(7)そこ (8)ひか
(9)うたい (10)かた
(11)ほま (12)こ
(13)もんめ (14)おのおの
(15)よ (16)おおわく
(17)な (18)つら
(19)やわ (20)うるわ
(21)うるし (22)たっと・とうと
(23)よし (24)かせ
(25)なら (26)いろど
(27)く (28)すぎ
(29)す (30)つるいと
(31)ふところ (32)まぬか・まぬが
(33)ほ (34)ひ
(35)た (36)そうろう
(37)ふ (38)こ
(39)かお (40)さだ
(41)まぎ (42)おちい
(43)おこ (44)くだ
(45)はだ (46)ほうむ
(47)ひむろ (48)も
(49)うらうら (50)にな

スキルアップ

(3)「棚上《たなあ》げ」は、問題を一時保留して、解決や処理をあとにのばすこと。

(9)「謡《うたい》」は、能楽の歌詞、およびそれに曲節をつけたもの。または、それをうたうこと。

(13)「匁《もんめ》」は、尺貫法による重さの単位。一匁は、約三・七五グラム。

(18)「泣《な》きっ面《つら》に蜂《はち》」は、悪いことや不幸なことが重なることのたとえ。

(25)「倣《なら》う」は、ある事を見本にして、それに従うこと。まねる意味。

(35)「矯《た》める」には、矯正するという意味と、じっとねらいをつける、という意味がある。

(38)「請《こ》う」は、願うこと、頼むこと。「請」には「う―ける」という訓もある。

(45)「肌《はだ》が合わない」は、なんとなく気が合わないこと。

(46)この「葬《ほうむ》る」は、存在を隠してこっそり始末するの意。

(47)「氷室《ひむろ》」とは、天然の氷を夏までたくわえておくための部屋や穴のこと。

特別な読み（熟字訓・当て字）

▼本誌P.40～43

ウォーミングアップ P.40

A. 解答

1
(1)かぐら (2)こうごう
(3)かんぬし (4)みき
(5)おもや (6)おば
(7)うば (8)なっとう
(9)あずき (10)だいず

2
(1)のら (2)りょうえん
(3)なだれ (4)やまくず
(5)のりと (6)しゅくじ
(7)なこうど (8)ちゅうかい
(9)すもう (10)そうだん

Ⅰ練習1Ⅰ P.41

A. 解答

1
(1)つゆ (2)あんか
(3)ろうにゃく・ろうじゃく
(4)ひより (5)たち
(6)まぶか (7)すきや
(8)はたち (9)るす
(10)しんしょう (11)だんじき
(12)におう (13)こんだて
(14)つきやま (15)ゆさん
(16)さいふ (17)たび
(18)たぐ (19)はんれい
(20)やおちょう (21)ここち
(22)ゆくえ (23)げんち
(24)せき

Ⅱ練習2Ⅱ P.42～43

A. 解答

1
(1)むほん (2)ゆいしょ
(3)どきょう (4)さじき
(5)こくう (6)よせ
(7)ゆかた (8)せっしょう
(9)はっと (10)ぼんのう
(11)じゅず (12)いぶき
(13)ざこ (14)ごんぎょう
(15)しわす (16)こんりゅう
(17)もさ (18)ろくしょう
(19)しょうよう (20)そうさい
(21)げし (22)くり
(23)ぞうり (24)うわき
(25)だし (26)あま
(27)えこう (28)てんません
(29)いはつ (30)りちぎ
(31)るろう (32)いおう
(33)うおがし (34)やくびょうがみ
(35)そうごん (36)くどく
(37)きゃたつ (38)ちご
(39)けねん (40)れいげん
(41)ほて (42)かや
(43)くろうと (44)こうげ
(45)しろうと (46)とあみ
(47)じょうじゅ (48)でこぼこ
(49)さいご (50)くおん

スキルアップ

(1)「謀反《むほん》」は、臣下が、君主に背いて兵をおこすこと。「むはん」と読まないこと。

(4)「桟敷《さじき》」は、他より一段と高く設けた見物席のこと。

(9)「法度《はっと》」は、おきてや規則として禁じられていること。

(17)「猛者《もさ》」は、勇敢で気力あふれる強い人、技にすぐれて盛んに活躍する人をいう。

(18)「緑青《ろくしょう》」は、銅の器物の表面にできる緑色のさびのこと。

(19)「従容《しょうよう》」は、ゆったりとして落ち着いたさまをいう。

(22)「庫裏《くり》」は、寺の台所、住職とその家族の住む部屋。

(27)「回向《えこう》」は、布施などをおこなって、死者のめい福を祈ること。

(44)「香華《こうげ》」は、仏前に供える香と花。

(49)「最期《さいご》」は、命が尽きるときに使う。

(50)「久遠《くおん》」は、永遠、永久。また、遠くて久しいこと。

漢字の読み（同字の音訓）

▼本誌 P.44～53

ウォーミングアップ P.44～45

A. 解答

1

(1) えい
(2) は
(3) せん
(4) し
(5) れい
(6) すず
(7) かん
(8) わずら
(9) とう
(10) す
(11) さく
(12) す
(13) たん
(14) かつ
(15) しゅう
(16) うれ
(17) なん
(18) やわ
(19) おう
(20) お
(21) さい
(22) いろど
(23) しょく
(24) く
(25) しょう
(26) さわ
(27) じゃっ
(28) も
(29) か
(30) あやま
(31) りゅう
(32) やなぎ
(33) そう
(34) さが
(35) せい
(36) い

練習1 P.46～49

A. 解答

1

(1) そし
(2) はば
(3) けいやく
(4) ちぎ
(5) かんきゅう
(6) ゆる
(7) ぼうちょう
(8) かたわ
(9) じんだい
(10) はなは
(11) じょうぞう
(12) かも
(13) じひ
(14) いつく
(15) きせい
(16) すで
(17) せいきょ
(18) ゆ
(19) じゅうめん
(20) しぶ
(21) しこう
(22) うかが
(23) ないしょ
(24) お
(25) しゅぼう
(26) はか
(27) はいすいこう
(28) みぞ
(29) じゅんたく
(30) うる
(31) もほう
(32) なら
(33) せいちょう
(34) す
(35) ぎょうてん
(36) おお
(37) けっぺき
(38) いさぎよ
(39) そつう
(40) うと

2

(1) しんとう
(2) ひた
(3) ちょうはつ
(4) いど
(5) くどう
(6) か
(7) こかつ
(8) か
(9) てんか
(10) とつ
(11) こうはい
(12) すた
(13) はんか
(14) あたい
(15) ついきゅう
(16) およ
(17) かつぼう
(18) かわ
(19) かれい
(20) うるわ
(21) ぞうわい
(22) まかな
(23) しゅうりょう
(24) すず
(25) こうしゅ
(26) しぼ
(27) だいこ
(28) つづみ
(29) かぎょう
(30) かせ
(31) きゅうち
(32) きわ
(33) きょうりょう
(34) せま
(35) じんじょう
(36) とこなつ
(37) しゅうぶん
(38) みにく
(39) ふっとう
(40) わ

練習2　P.50～53

A. 解答

1

(1) いちぐう　(2) すみ
(3) きょうこう　(4) あわ
(5) きょぜつ　(6) こば
(7) かんかい　(8) なつ
(9) ふんさい　(10) くだ
(11) きちゅう　(12) い
(13) けっかん　(14) おとしい
(15) きそ　(16) いしずえ
(17) こうそ　(18) ひか
(19) ゆうしょく　(20) う
(21) しゅうばつ　(22) ひい
(23) ひげ　(24) いや
(25) きょうゆ　(26) さと
(27) ほうしょく　(28) あ
(29) つうぎょう　(30) あかつき
(31) ぶじょく　(32) あなど
(33) ぼうすい　(34) つむ
(35) ひおう　(36) おく
(37) だこう　(38) へび
(39) ばんそう　(40) しも
(41) ふんがい　(42) いきどお
(43) ほんやく　(44) ひるがえ
(45) しょうど　(46) あせ
(47) たんせい　(48) はざかい

スキルアップ

(7)「かんがい」と読まないように注意。

(11)「忌中《きちゅう》」は、家族に死者があって、家人が慎んでいる期間。

(14)「陥《おち》る」と「陥《おとしい》れる」は送りがなでも区別できる。

(16)「礎《いしずえ》」は、建物の下に据え置く土台の石。物事の基礎となる大事なものという意味もある。

(17)「控」の「空」から「くうそ」と読まないように注意。

(29)「通暁《つうぎょう》」は、すみずみまで非常に詳しくよく知っていること。

(35)「秘奥《ひおう》」は、容易に到達できない奥深いところ。

(39)「晩霜《ばんそう》」は、晩春に降りるおそじものこと。

(45)「焦土《しょうど》」は、建物や草木が焼けて、焼け野原になった所のこと。

(48)「端境期《はざかいき》」とは、古米に替わり新米が出回る直前の時期のことだが、比喩《ゆ》的に新旧交代の空白期もいう。

2

(1) しゅうぜん　(2) つくろ
(3) ちょうかい　(4) こ
(5) たんとう　(6) にな
(7) きが　(8) う
(9) けんし　(10) まゆ
(11) せいやく　(12) ちか
(13) かいさい　(14) もよお
(15) むざん　(16) みじ
(17) さんか　(18) かさ
(19) しょうしょ　(20) みことのり
(21) しゅしょう　(22) ことさら
(23) くじゅう　(24) しるこ
(25) しゃだん　(26) さえぎ
(27) びょうとう　(28) むね
(29) ぼうぎゃく　(30) しいた
(31) こんだん　(32) ねんご
(33) ようぎょう　(34) かまもと
(35) くつじょく　(36) はずかし
(37) じゅうじつ　(38) あ
(39) しもん　(40) はか
(41) ふってい　(42) はら
(43) ちょうぼう　(44) なが
(45) はんざつ　(46) わずら
(47) ぞくしゅう　(48) くさ

スキルアップ

(9)「繭糸《けんし》」は、繭と糸、または繭からとった糸のこと。

(17)「傘下《さんか》」は、中心的な人物・勢力の支配や指導を受ける立場にあること。

(20)「詔《みことのり》」は、天皇のいわれたこと。または、それを書いた文書のこと。

(28)「棟上《むねあ》げ」は、家を建てるとき、骨組ができ上がって、最後にその棟木を上げること。「棟上げ式」はその儀式。

(40)「はかる」と読む漢字には、「計る・測る・量る・図る・謀る」などがある。「諮る」は、皆に相談するの意で用いる。

(41)「払底《ふってい》」は、ものがなくなり、補充がきかない状態にあること、欠乏することをいう。

漢字の部首

▼本誌P.60〜69

ウォーミングアップ　P.60〜61

A.解答

1

(1) 塁・土
(2) 夢・夕
(3) 丙・一
(4) 歴・止
(5) 相・目
(6) 放・攵
(7) 畑・田
(8) 化・匕
(9) 次・欠
(10) 料・斗
(11) 協・十
(12) 賊・貝
(13) 鳴・鳥
(14) 勝・力
(15) 瀬・氵
(16) 則・刂
(17) 賓・貝
(18) 役・彳
(19) 覚・見
(20) 維・糸

2

(1) イ
(2) ア
(3) ウ
(4) イ
(5) エ
(6) ア
(7) ア
(8) エ
(9) ウ
(10) ウ
(11) エ
(12) イ
(13) ア
(14) ア
(15) ウ
(16) ア
(17) ウ
(18) イ
(19) エ
(20) ア
(21) エ
(22) イ

Ⅰ練習1Ⅰ　P.62〜65

A.解答

1

(1) 女
(2) 亻
(3) 口
(4) 心
(5) 乚
(6) 走
(7) 己
(8) 香
(9) 氵
(10) 阝
(11) 巾
(12) 冖
(13) ⻗
(14) 口
(15) 麻
(16) 忄
(17) ⺍
(18) 艹
(19) 糸
(20) 臣
(21) 言
(22) 亻
(23) 阝
(24) 犬
(25) 辶
(26) 門
(27) 缶
(28) 血
(29) 言
(30) 辰
(31) 見
(32) 言
(33) 忄
(34) 口
(35) 皿
(36) 鳥
(37) 欠
(38) 囗
(39) 辶
(40) 馬
(41) 口
(42) 口
(43) 艹
(44) 肉
(45) 虫
(46) 羽
(47) 八
(48) 月
(49) 日
(50) 亻
(51) 心
(52) 亻
(53) 犭
(54) 車
(55) 扌
(56) 弓
(57) 土
(58) 工
(59) 亻
(60) 行
(61) 亠
(62) 肉
(63) 亻
(64) 甘
(65) 貝
(66) 魚
(67) 玄
(68) 氵
(69) 扌
(70) 山

2

(1) 扌
(2) 木
(3) 糸
(4) 礻
(5) 土
(6) 工
(7) 罒
(8) 丶
(9) 穴
(10) 犭
(11) 日
(12) 卩
(13) 心
(14) 艹
(15) 言
(16) 弓
(17) 金
(18) 幺
(19) 月
(20) 夕
(21) 大
(22) 氺
(23) 八
(24) 疒
(25) 金
(26) 言
(27) 衣
(28) 匚
(29) 禾
(30) 幺
(31) 辶
(32) 衣
(33) 宀
(34) 貝
(35) 巾
(36) 辶
(37) 彡
(38) 囗
(39) 疒
(40) 刂
(41) 頁
(42) 穴
(43) 阝
(44) 日
(45) 車
(46) 糸
(47) 儿
(48) ⻊
(49) 土
(50) 田
(51) 山
(52) 人
(53) 鬼
(54) 女
(55) 阝
(56) 犭
(57) 厂
(58) 心
(59) 言
(60) 石
(61) 儿
(62) 角
(63) 飠
(64) 皿
(65) 几
(66) 一
(67) 礻
(68) 戸
(69) 曰
(70) 木

Ⅱ練習2Ⅱ　P.66〜69

A.解答

1

(1) 子　こ
(2) 鹿　しか
(3) 口　くちへん
(4) 大　だい
(5) 竜　りゅう
(6) 女　おんな
(7) 斤　きん
(8) 匚　かくしがまえ
(9) 十　じゅう
(10) 日　ひ
(11) 弓　ゆみ
(12) 厶　む
(13) 革　かわへん
(14) 虍　とらがしら・とらかんむり
(15) 斉　せい
(16) 阝　こざとへん
(17) 木　きへん
(18) 口　くち
(19) 又　また
(20) 干　かん・いちじゅう
(21) 斉　せい
(22) 力　ちから
(23) 辛　からい
(24) 灬　れんが・れっか
(25) 大　だい

(26) 酉 とりへん
(27) 厂 がんだれ
(28) 勹 つつみがまえ
(29) 虫 むし
(30) 扌 てへん
(31) 二 に
(32) 田 た
(33) 卩 わりふ・ふしづくり
(34) 目 めへん
(35) 甘 かん・あまい
(36) ト と・うらない
(37) 尸 かばね・しかばね
(38) 立 たつへん
(39) 𤴔 ひきへん
(40) 舟 ふねへん
(41) 弓 ゆみ
(42) 門 もんがまえ
(43) 辶 しんにょう・しんにゅう
(44) 大 だい
(45) 广 まだれ
(46) 心 こころ
(47) 覀 おおいかんむり
(48) 止 とめる
(49) 土 つちへん
(50) 𠆢 ひとやね
(51) 貝 かいへん
(52) 山 やまへん
(53) 十 じゅう
(54) 虫 むしへん
(55) 貝 かいへん
(56) 廾 こまぬき・にじゅうあし

(57) 而 しかして・しこうして
(58) 亻 にんべん
(59) 頁 おおがい
(60) 山 やまへん
(61) 彳 ぎょうにんべん
(62) 彡 さんづくり
(63) 米 こめへん
(64) 凵 うけばこ
(65) 忄 りっしんべん
(66) 戸 とだれ・とかんむり
(67) 一 いち
(68) 心 こころ
(69) 音 おと
(70) 又 また
(71) 白 しろ

スキルアップ

(8) 「匹」「医」「区」「匿」の部首は「匸（かくしがまえ）」。「匠」は「匚（はこがまえ）」。常用漢字で「はこがまえ」に属するものは「匠」の一字だけ。

(12) 「去」と「参」の部首が「ム（む）」。

(21) 「斉」はその漢字自体が部首だが、「斎」は「斉（せい）」を部首とする。

(23) 「辛」はその漢字自体が部首となる。

(31) 「亜」以外に、「互」「井」なども「二（に）」を部首とするが、「二」は意味ではなく、形の上から部首に立てられている。

(56) 常用漢字では「弊」以外に「弁」が「廾（こまぬき・にじゅうあし）」を部首とする。

(68) 「慮」の部首は、「虍（とらがしら・とらかんむり）」ではないので注意。気持ちに関係のある字なので、「心（こころ）」を部首とする。

(70) 字形からは「又（また）」をとらえにくいので注意。

(71) 「白」はその漢字自体が部首となる。

2

(1) 魚 うおへん
(2) 土 つち
(3) 耒 すきへん・らいすき
(4) 王 おうへん・たまへん
(5) 釆 のごめ
(6) 癶 はつがしら
(7) 隶 れいづくり
(8) 殳 るまた・ほこづくり
(9) 戈 ほこづくり・ほこがまえ
(10) 欠 あくび・かける
(11) 攵 のぶん・ぼくづくり
(12) 肉 にく
(13) 廴 えんにょう
(14) 屮 てつ
(15) 口 くち
(16) 土 つち
(17) 言 げん
(18) 矢 やへん
(19) 耳 みみ
(20) 自 みずから
(21) 阝 こざとへん
(22) 舌 した
(23) 火 ひ
(24) 瓦 かわら
(25) 毋 なかれ
(26) 冂 どうがまえ・けいがまえ
(27) 㔾 まきがまえ・わりふ・ふしづくり
(28) 罒 あみがしら・あみめ・よこめ

(29) 亠　なべぶた・けいさんかんむり
(30) 斗　とます
(31) 髟　かみがしら
(32) 冖　わかんむり
(33) 耳　みみへん
(34) 聿　ふでづくり
(35) 目　め
(36) 臼　うす
(37) 舌　した
(38) 里　さと
(39) 黒　くろ
(40) 車　くるまへん
(41) 鬼　きにょう
(42) 食　しょく
(43) 飠　しょくへん
(44) 歯　はへん
(45) 干　かん・いちじゅう
(46) 宀　うかんむり
(47) 月　つきへん
(48) 歹　かばねへん
いちたへん・がつへん
(49) 車　くるま
(50) 行　ぎょうがまえ・ゆきがまえ
(51) 鼓　つづみ
(52) 戈　ほこづくり・ほこがまえ
(53) ⺮　たけかんむり
(54) 犭　けものへん
(55) 片　かたへん
(56) 隹　ふるとり
(57) 羊　ひつじ
(58) 又　また

(59) 力　ちから
(60) 羽　はね
(61) 巛　かわ
(62) 阝　こざとへん
(63) ⺌　しょう
(64) ⻗　あめかんむり
(65) 木　きへん
(66) 力　ちから
(67) 木　きへん
(68) 面　めん
(69) 彳　ぎょうにんべん
(70) 口　くち
(71) 虫　むし

スキルアップ

(2)「垂」はもともと大地の果ての意をあらわしたので、地面に関係ある字といえる。

(7)「隶（れいづくり）」は、つかまえる意をあらわす部首。

(12) 体に関係のある字なので、部首は「肉（にく）」。「⺼」を部首にしたり、「月」で「にくづき」としたりしないように注意。

(14)「屮（てつ）」は、一本の草が芽を出した様子をかたどったもの。これを部首とするのは、常用漢字では「屯」のみ。

(22)「舗」の部首が「舌（した）」に分類されるのは、旧字「舖」の左側の形によっている。(37)の「舎」の部首が「舌」なのも同様である。

(27)「㔾（わりふ・ふしづくり）」は、ひざまずく意をあらわす部首。「巻」の旧字「卷」は「㔾」の字形がはっきりとしている。

(34) 字形からは「聿（ふでづくり）」をとらえにくいので注意。

(39)「黙」から「黒（くろ）」はとらえにくいが、旧字では「默」と左に位置していた。

(48)「歹（かばねへん・いちたへん・がつへん）」には、死ぬことに関係する漢字が分類される。「殊」のもともとの意味は断ち切って殺す。

(51)「鼓」はその漢字自体が部首となる。

(63) 常用漢字では「当」以外に「尚」が「⺌（しょう）」を部首とする。

熟語の理解（熟語の構成）

▼本誌P.76～85

ウォーミングアップ P.76～77

A. 解答

1
(1) 逸脱　(2) 韻律　(3) 免疫
(4) 婚姻　(5) 威厳　(6) 渦中
(7) 野猿　(8) 拝謁　(9) 誘拐
(10) 寡黙　(11) 叙勲　(12) 循環
(13) 奨励　(14) 醜悪　(15) 倫理

2
(1) e　(2) d　(3) c　(4) e
(5) c　(6) a　(7) b　(8) f
(9) c　(10) f　(11) c　(12) f

3
(1) イ　(2) ア　(3) カ　(4) ウ
(5) シ　(6) エ　(7) ス　(8) ケ
(9) コ　(10) ク

4
(1) ウ　(2) ア　(3) ケ　(4) シ
(5) オ　(6) ソ　(7) ク　(8) エ

Ⅰ 練習1 P.78～81

A. 解答

1
(1)ウ (2)ウ (3)イ (4)ア
(5)イ (6)エ (7)ア (8)エ
(9)カ (10)ウ (11)エ (12)ア
(13)ア (14)ウ (15)エ (16)ウ
(17)ウ (18)ウ (19)ウ (20)イ
(21)ア (22)エ (23)エ (24)イ
(25)ウ (26)ア (27)エ (28)カ
(29)ウ (30)ア (31)ア (32)ウ
(33)ア (34)エ (35)ウ (36)カ
(37)エ (38)ア (39)エ (40)エ
(41)ウ (42)エ (43)カ (44)イ
(45)エ (46)ア (47)ア (48)ウ
(49)カ (50)ウ (51)カ (52)ア
(53)ア (54)オ (55)ア (56)ウ
(57)エ (58)ア (59)イ (60)カ

2
(1)エ (2)カ (3)ウ (4)ウ
(5)カ (6)ウ (7)オ (8)オ
(9)ア (10)カ (11)カ (12)イ
(13)ウ (14)ア (15)ア (16)ウ
(17)オ (18)エ (19)カ (20)ウ

3
(1)ア (2)ウ (3)ウ (4)ア
(5)イ (6)イ (7)エ (8)ウ
(9)ア (10)ア (11)エ (12)ウ
(13)エ (14)イ (15)ウ (16)ア
(17)エ (18)イ (19)ア (20)ウ

Ⅱ 練習2 P.82～85

A. 解答

1
(1)g (2)i (3)k (4)b
(5)e (6)d (7)l (8)f
(9)c (10)h (11)j (12)a

スキルアップ

(2)「俊」も「英」も、すぐれるという意味を持つ漢字。「俊英《しゅんえい》」で、能力や才能などがすぐれていること。またその人。

(6)「漢」には男という意味があり、「好漢《こうかん》」は好ましい立派な男のこと。

(9)「天授《てんじゅ》」とは、天から授かったもの。それは天が授けるということ。

2
(1)c (2)h (3)f (4)d
(5)a (6)e (7)b (8)j
(9)k (10)i (11)g (12)l

スキルアップ

(1)「枢要《すうよう》」は、物事の大切なところ。「枢」にはかなめという意味がある。

---

(2)「憂患《ゆうかん》」は、心配し心を痛めること。「患」には、わずらう以外にうれえるという意味もあるので注意。

(10)「性急《せいきゅう》」は、せっかちなこと。

3
(1)弔 (2)狭 (3)軟 (4)楽
(5)陽 (6)彼 (7)雲 (8)凹
(9)雌 (10)偽

スキルアップ

(6)「彼我《ひが》」とは、相手と自分のこと。

(9)「雌雄《しゆう》」には、めすとおすという意味のほかに、優劣や勝ち負けという意味もある。

4
(1)悪 (2)磨 (3)逐 (4)褒
(5)併 (6)愉 (7)辱 (8)密
(9)沸 (10)慮

スキルアップ

(3)「放逐《ほうちく》」は、追い払うこと。「逐」には、追い払う、順を追う、競うなどの意味がある。

(4)「賞」にも、ほめるという意味があることをおさえる。

---

(9)「煮沸《しゃふつ》」は、水などを煮えたぎらせること。

5
(1)f (2)c (3)e (4)h
(5)a (6)b (7)g (8)d

スキルアップ

(2)「慶事《けいじ》」は、めでたいこと。よろこびごと。

(5)「貴賓《きひん》」は、身分の高い客。

(6)「相殺《そうさい》」は、差し引いて損得がなくなるようにすること。

6
(1)イ (2)ア (3)ウ
(4)イ (5)エ

スキルアップ

(1)ア・ウ・エの「容」は、かたち、ありさまの意味で、オはたやすいの意味で用いられている。

(3)ア・イの「要」は、しめくくり、あらましの意で、エ・オの「要」は、かなめの意で用いられている。

対義語・類義語

▼本誌P.92～101

ウォーミングアップ P.92～93

A. 解答

1
(1)零落 (2)添加 (3)閑話 (4)軽率 (5)小心 (6)拙劣 (7)感謝 (8)架空 (9)絶後 (10)兼務

2
(1)阻害 (2)格別 (3)自信 (4)弁論 (5)体裁 (6)恒例 (7)専制 (8)克明 (9)順次 (10)履歴

3
(1)在 (2)労 (3)遵・順 (4)縮 (5)哀 (6)飛 (7)羅 (8)豪 (9)随 (10)提

4
(1)粗 (2)舶 (3)騰 (4)践 (5)胎 (6)朗 (7)輩 (8)刷 (9)欠 (10)衰

練習1 P.94～97

A. 解答

1
(1)ウ・エ (2)ア・エ (3)イ・ウ (4)イ・ウ (5)イ・エ (6)ア・ウ (7)イ・エ (8)ア・エ (9)イ・エ (10)ア・イ (11)ウ・エ
(いずれも順不同)

2
(1)ウ・エ (2)ア・エ (3)ウ・エ (4)ア・イ (5)イ・ウ (6)イ・エ (7)イ・ウ (8)ア・ウ (9)ア・イ (10)ア・イ (11)ウ・エ
(いずれも順不同)

3
(1)ア こうきゅう イ 暫時
(2)ア じゅうじつ イ 空虚
(3)ア そうしつ イ 獲得
(4)ア とうき イ 下落
(5)ア あいご イ 虐待
(6)ア ぐどん イ 俊敏
(7)ア だきょう イ 決裂
(8)ア かんよう イ 偏狭
(9)ア ふへん イ 特殊
(10)ア はんぼう イ 閑散

4
(1)ア こんきゅう イ 辛酸
(2)ア さくじょ イ 抹消
(3)ア あくしゅう イ 弊風
(4)ア れんめん イ 陸続
(5)ア さくりゃく イ 陰謀
(6)ア そうきょ イ 雄図
(7)ア なっとく イ 了解
(8)ア ほんしつ イ 精髄
(9)ア むちゅう イ 傾倒
(10)ア かいこ イ 罷免

練習2 P.98～101

A. 解答

1
(1)粗略・疎略 (2)発端 (3)不易 (4)熟睡 (5)暗愚 (6)心配 (7)節倹 (8)韻文 (9)追従 (10)示唆

スキルアップ

(2) 「終局《しゅうきょく》」は、事件や物事の決着がつくこと。物事の起こるきっかけは「発端《ほったん》」。
(7) 「節約《せつやく》」「節倹《せっけん》」「倹約《けんやく》」はいずれも類義語。
(9) 「迎合《げいごう》」は、意に染まらなくても相手に合わせること。「追従《ついしょう》」は、へつらうこと。「追従《ついじゅう》」と読むと別の意味なので注意。

2
(1)召還 (2)湿潤 (3)寡黙 (4)酷評 (5)蒸発 (6)掌握 (7)変遷 (8)忍耐 (9)出奔 (10)献身

スキルアップ

(1)「派遣《はけん》」の対義語なので、派遣していた者を呼び戻す意の「召還《しょうかん》」が適切。招き呼び寄せる意の「招喚」としない。

(9)「逐電《ちくでん》」は、「ちくてん」とも読み逃亡すること。

(10)「犠牲《ぎせい》」を犠牲者の意でとらえると混乱するので注意。目的のために身命をささげて尽くすという意味をおさえておくこと。

3

(1)歴然　(2)濃厚　(3)混乱
(4)拙速　(5)沈滞　(6)倫理
(7)誤解　(8)未練　(9)敢行
(10)確執

スキルアップ

(1)「歴」には、はっきりとした様子という意味がある。

(4)「巧遅《こうち》」は、巧みではあるが遅いこと。「拙速《せっそく》」は、できあがりはまずいが仕事は速いこと。「巧遅より拙速を尊ぶ」ということばがある。

(8)「遺恨《いこん》」には、長い間持ち続けた恨みという意味のほかに、心残りという意味もある。

4

(1)酷寒　(2)加重　(3)頒布
(4)広大　(5)遺失　(6)詐取
(7)安泰　(8)委託　(9)委細
(10)折衝

スキルアップ

(2)「加重《かじゅう》」は、更に加えて重くすること。「荷重」「過重」と混同しないように注意。

(3)「頒布《はんぷ》」は、広く分けて配布し、行きわたらせること。

(10)相手と話し合いをして何かを決めようとする意をあらわす熟語には、「交渉《こうしょう》」「折衝《せっしょう》」「談判《だんぱん》」がある。

5

(1)傍系　(2)穏健　(3)廃刊
(4)抽象　(5)違背　(6)関与
(7)疎外　(8)奮戦　(9)星霜
(10)虚構

スキルアップ

(1)「嫡流《ちゃくりゅう》」は、正統の流派のこと。

(2)「穏健《おんけん》」の「穏」を「隠」にしないように注意。

(6)「介入《かいにゅう》」「関与《かんよ》」ともに、かかわることをあらわす語。

(9)「光陰《こういん》」は、「光」が日、「陰」が月の意で月日を、「星霜《せいそう》」は星は天を一年で一周し、霜は年ごとにおりる意から年月をあらわす語。

6

(1)消滅　(2)束縛　(3)傑物
(4)陳腐　(5)完工　(6)堪忍
(7)知己　(8)専念　(9)不朽
(10)転換

スキルアップ

(4)「新奇《しんき》」は、目新しくもの珍しいこと。「陳腐《ちんぷ》」は、ありふれていて新しさがなく、つまらないこと。

(6)「勘弁《かんべん》」は、他人の過失などを許すこと。「堪忍《かんにん》」は、他人の過失を怒らず我慢すること。「×勘忍」としないように注意。

7

(1)疎遠　(2)干渉　(3)自生
(4)高慢　(5)退却　(6)他界
(7)抄録　(8)成就　(9)落着
(10)鼓舞

スキルアップ

(4)「高慢《こうまん》」の「慢」を「漫」としないようにする。

(6)「物故《ぶっこ》」は、人が死ぬことの、改まった書きことば的ないい方。

(7)「抄」は、抜き書きするという意味を持つ漢字。

(10)「鼓舞《こぶ》」も、励ますことをあらわす。

8

(1)売却　(2)強壮　(3)卑俗
(4)凶作　(5)斉唱　(6)威嚇
(7)克明　(8)流浪　(9)悠久
(10)停滞

スキルアップ

(3)「高尚《こうしょう》」は、俗っぽくなく、上品で程度の高いこと。「卑《ひ》俗《ぞく》」は、下品で卑しいこと。

(6)「恐喝《きょうかつ》」「威嚇《いかく》」ともに、おどす意をあらわす語。

(9)「悠久《ゆうきゅう》」は「永遠《えいえん》」に比べると、書きことば的ないい方。

四字熟語

▼本誌 P.106〜117

ウォーミングアップ　P.106〜107

A. 解答

1
(1)未 (2)大 (3)乱 (4)無 (5)適 (6)中 (7)果 (8)骨 (9)水 (10)日 (11)泰 (12)断

2
(1)八 (2)千 (3)百 (4)四 (5)千 (6)一 (7)三 (8)万 (9)三 (10)一 (11)五 (12)三 (13)九 (14)七 (15)十 (16)二 (17)六 (18)一 (19)零 (20)九・十

Ⅰ練習1Ⅰ　P.108〜111

A. 解答

1
(1)引 (2)励 (3)援 (4)呉 (5)故 (6)池 (7)迅 (8)鶏 (9)単 (10)薄

2
(1)恥 (2)妄 (3)奔 (4)転 (5)岐 (6)憂 (7)妙 (8)雷 (9)予 (10)柳

3
(1)枯 (2)断 (3)尚 (4)哀 (5)忍 (6)離 (7)眠 (8)画 (9)以 (10)閑

4
(1)懲 (2)喝 (3)緒 (4)騎 (5)貫 (6)諮 (7)途 (8)迷 (9)躍 (10)篤

5
(1)涯 (2)復 (3)異 (4)顕 (5)騰 (6)消 (7)粛 (8)鯨 (9)休 (10)鬼

6
(1)謀 (2)縛 (3)偏 (4)象 (5)興 (6)潔 (7)即 (8)弾 (9)衷・中 (10)忍

7
(1)錯誤 (2)正銘 (3)寡聞 (4)端麗 (5)春愁 (6)崇拝 (7)新陳 (8)極楽 (9)供養 (10)割拠

8
(1)無縫 (2)伯仲 (3)竜頭 (4)披露 (5)隔世 (6)転嫁 (7)息災 (8)垂範 (9)奮励 (10)辛苦

Ⅱ練習2Ⅱ　P.112〜117

A. 解答

1
(1)一髪 (2)棒大 (3)墨客 (4)深長 (5)内剛 (6)枝葉 (7)和衷 (8)神出 (9)皆既 (10)夏炉

スキルアップ

(3)「文人《ぶんじん》墨客《ぼっかく》《ぼっきゃく》」は、詩文や書画などの風雅なものにたずさわる人のこと。

(4)「深長《しんちょう》」は、意味が深く含みがあること。「慎重」「伸長」などとしないこと。

(5)「外柔内剛《がいじゅうないごう》」は、外見は穏やかそうに見えるが、実際は意志が強いこと。

(6)「枝葉末節《しようまっせつ》」は、本質からはずれたささいなこと。どうでもよい部分。

(7)「和衷協同《わちゅうきょうどう》」は、心を同じくしてともに力を合わせること。

(10)「夏炉冬扇《かろとうせん》」は、夏の火鉢と冬の扇のことで、無用なもの、役に立たないもののたとえ。

2

(1) 環視　(2) 阻喪
(3) 幽谷　(4) 依然
(5) 乾燥　(6) 臨機
(7) 扶養　(8) 緩急
(9) 粗製　(10) 春宵

スキルアップ

(1)「衆人環視《しゅうじんかんし》」は、多くの人がまわりで見ていることをいう。「環視」を「監視」としないように注意。

(2)「意気阻喪《いきそそう》」は、意気込みがくじけ弱り、元気を失うこと。同じような意味の表現に「意気消沈《いきしょうちん》」がある。

(3)「深山幽谷《しんざんゆうこく》」は、人が踏み入れていない、奥深く静かな自然のこと。

(9)「粗製濫造《そせいらんぞう》」は、質の悪い品をやたらに多くつくること。

(10)「春宵一刻《しゅんしょういっこく》」は、「春宵一刻値千金《あたいせんきん》」の略で、春の夜は何よりも趣深く、その一刻は何ものにもかえがたい価値があるということ。

3

(1) 急転　(2) 朝令
(3) 面従　(4) 権謀
(5) 則天　(6) 低頭
(7) 高吟　(8) 周到
(9) 徒食　(10) 選択

スキルアップ

(2)「朝令暮改《ちょうれいぼかい》」は、命令や法令がすぐに変わって定まらないこと。

(3)「面従腹背《めんじゅうふくはい》」は、表面だけ服従するふりをして、内心は反抗していること。

(4)「権謀術数《けんぼうじゅっすう》」は、人をあざむくための策略。

(5)「則天去私《そくてんきょし》」は、私心を捨てて自然のままに生きること。夏目漱石《そうせき》が晩年に目指した境地をあらわすことばでもある。

(7)「放歌高吟《ほうかこうぎん》」は、「高歌放吟」ともいい、あたり構わずに大声で歌い吟ずること。

(9)「無為徒食《むいとしょく》」は、何もしないで、ただぶらぶらと日を過ごすこと。

4

(1) 暖衣　(2) 同床
(3) 和魂　(4) 謹厳
(5) 内疎　(6) 楼閣
(7) 気鋭　(8) 無尽
(9) 満帆　(10) 集散

スキルアップ

(1)「暖衣飽食《だんいほうしょく》」は、物質的に何の不足もない満ち足りた生活をいう。

(4)「謹厳実直《きんげんじっちょく》」は、きわめてつつしみ深く誠実で正直なこと。「謹厳」を「謹言」としないように注意。

(5)「内疎外親《ないそがいしん》」は、外見は親しそうにしているが、内心ではうとんじていること。

(6)「空中楼閣《くうちゅう(の)ろうかく》」は、根拠のないこと、現実性に欠けることのたとえ。

(8)「縦横無尽《じゅうおうむじん》」は、自由自在に振る舞うさま。「無尽」は尽きることがない意で、「無人」としない。

5

(1) 妄想　(2) 貫徹
(3) 弾琴　(4) 潔斎
(5) 心猿　(6) 普遍
(7) 禍福　(8) 紳士
(9) 理非　(10) 白砂

スキルアップ

(3)「対牛弾琴《たいぎゅうだんきん》」は、牛に対して琴を弾いて聞かせる意から、何の効果もなく無駄なこと。

(5)「意馬心猿《いばしんえん》」は、煩悩や妄念のために心が乱れ落ち着かないことのたとえ。

(6)「普遍妥当《ふへんだとう》」は、どんな場合にも真理として承認されること。「不偏」としないように注意。「意」も心の意。

(7)「禍福得喪《かふくとくそう》」は、わざわいにあったり、幸いにあったり、成功して出世したり、位を失ったりすること。

(10)「白砂青松《はくしゃせいしょう》」は、美しい海岸の景色のことで、白い砂と青々とした松が続く海岸線をいう。

6

(1) 酌量
(2) 到来
(3) 耗弱
(4) 尚友
(5) 卓説
(6) 面折
(7) 巧言
(8) 累世
(9) 遠隔
(10) 博覧

スキルアップ

(2) 「好機到来《こうきとうらい》」と同じような意味の表現に「千載一《せんざいいち》遇《ぐう》」がある。
(3) 「心神耗弱《しんしんこうじゃく》」は、精神が衰弱して判断力が乏しくなり、正常な行動ができないこと。
(4) 「読書尚友《どくしょしょうゆう》」は、書物を読んで、昔の賢人を友とすること。
(6) 「面折廷争《めんせつていそう》」は、面と向かって、臆することなく争論すること。
(7) 「巧言令色《こうげんれいしょく》」は、愛想のよいことをいったり、顔色をつくろって、人にこびへつらうこと。「好言」「広言」などとしないこと。
(8) 「累世同居《るいせいどうきょ》」は、幾代にもわたる同族が子々孫々同じ家に一緒に住むこと。

7

(1) 転倒
(2) 津津・津々
(3) 微吟
(4) 怪奇
(5) 隻語
(6) 唯一
(7) 勤倹
(8) 孤城
(9) 寛仁
(10) 晴耕

スキルアップ

(3) 「低唱微吟《ていしょうびぎん》」は、小さな声でしんみりと歌うこと。
(5) 「片言隻語《へんげんせきご》」は、わずかなことば、ほんのひと言ふた言。
(7) 「勤倹力行《きんけんりっこう》」は、仕事に励み、倹約し、努力して精一杯行うこと。「力行」は「りきこう」「りょっこう」「りょくこう」とも読む。
(8) 「孤城落日《こじょうらくじつ》」は、零落して昔の勢いを失い、助けもなく心細いさま。
(9) 「寛仁大度《かんじんたいど》」は、心が広くて慈悲深く、度量が大きいこと。

8

(1) 径行
(2) 壮語
(3) 豪傑
(4) 玉条
(5) 充棟
(6) 周知
(7) 海内
(8) 一致
(9) 薬石
(10) 論旨

スキルアップ

(1) 「直情径行《ちょくじょうけいこう》」は、自分の思ったとおりに振る舞うこと。同じような意味の表現には「直言直行《ちょくげんちょっこう》」がある。
(3) 「英俊豪傑《えいしゅんごうけつ》」は、多くの中で特に優れた人物。「英俊」は人並みよりひいで優れていること。また、その人。
(4) 「金科玉条《きんかぎょくじょう》」は、自分の主張や立場などの絶対的なよりどころとなる教訓や信条。
(5) 「汗牛充棟《かんぎゅうじゅうとう》」は、蔵書が、非常に多いことのたとえ。
(7) 「海内《かいだい》」は天下、国内のことで、「海内無双《かいだいむそう》」は、世の中に並ぶものがないほど優れていること。
(9) 「薬石無効《やくせきむこう》」は、薬や医者の治療もききめがないことで、人の病死にいう。

9

(1) 千紫・c
(2) 麗句・e
(3) 唯我・a
(4) 気宇・d
(5) 乱麻・b

スキルアップ

(1) 「千紅万紫《せんこうばんし》」「万紫千紅《ばんしせんこう》」ともいう。「千」「万」は数の多いことをあらわす。
(4) 「気宇《きう》」は、心構え、心の広さのこと。
(5) 「快刀《かいとう》」は切れ味のよい刀、「乱麻《らんま》」はもつれた麻の意。

10

(1) 弊衣・e
(2) 夜郎・a
(3) 夢死・d
(4) 明哲・b
(5) 撃壌・c

スキルアップ

(1) 「弊衣《へいい》」はぼろぼろの衣服。「破帽《はぼう》」は破れた帽子。
(2) 昔、中国西南部の夜郎国が、漢《かん》の広大さを知らずに、自国だけが大国だとして漢の使者に国の大小を尋ねたという故事による。

11

(1)異端・d　(2)百鬼・c
(3)剛健・e　(4)与奪・b
(5)比翼・a

スキルアップ

(2)多くの化け物が夜中に行列を作って歩く意。
(4)生かすも殺すも、与えるも奪うもすべて思いのままであるという意。
(5)「比翼《ひよく》」は、「比翼の鳥」で、雌雄の二羽が翼を共有して常に一体となって飛ぶという想像上の鳥のこと。「連理《れんり》」は、「連理の枝」で、根や幹は別だが、枝と枝が結合して一つになっているもの。男女の仲のよいことに例える。

12

(1)青天・c　(2)滑脱・e
(3)流言・a　(4)浦浦(浦々)・b
(5)電光・d

スキルアップ

(1)晴れわたった青空と日の光で快晴の意から転じたもの。「白日《はくじつ》」は輝く太陽のこと。「晴天白日」としないように。
(4)「津」は港、「浦」は海辺、海岸の意。

送りがな

▼本誌P.124〜131

ウォーミングアップ　P.124〜125

A. 解答

1
(1)ア　(2)ア
(3)イ　(4)イ
(5)ア　(6)イ
(7)ア　(8)イ
(9)ア　(10)ア
(11)イ　(12)イ
(13)イ　(14)イ
(15)イ　(16)イ
(17)ア　(18)ア
(19)イ　(20)ア
(21)イ　(22)ア
(23)イ　(24)イ
(25)ア

練習1　P.126〜127

A. 解答

1
(1)与える　(2)眺める
(3)犯す　(4)襲う
(5)滞る　(6)偏る
(7)薫る　(8)妨げる
(9)遮る　(10)誘う
(11)併せる　(12)挑む
(13)顧みる　(14)稼ぐ
(15)繕う

2
(1)あざむく
(2)あつかう
(3)おこたる・なまける（順不同）
(4)おもむく
(5)つむぐ
(6)ひそむ・もぐる（順不同）
(7)こばむ
(8)すずむ・すずしい（順不同）
(9)すすめる
(10)うけたまわる
(11)まかなう
(12)ほめる
(13)みがく
(14)みにくい
(15)ためる

‖練習2‖ P.128～131

A. 解答

1

(1)鮮やかな　(2)懇ろに　(3)焦る　(4)提げる　(5)費える　(6)若しくは　(7)滴る　(8)和らぐ　(9)損ねる　(10)埋もれ　(11)駆ける　(12)忍ばせる　(13)更ける　(14)忌まわしい　(15)締める　(16)戒める　(17)紛らわしい　(18)汚れ　(19)兆し　(20)謝る　(21)慈しむ　(22)葬る　(23)散らかる　(24)嘆かわしい　(25)鎮め　(26)悼む　(27)懐かしい　(28)患う　(29)催す　(30)瞬く　(31)興す　(32)占める　(33)侵される　(34)厳かに　(35)統べる　(36)災い　(37)装う　(38)強いる　(39)揺らぐ　(40)秀でる　(41)憩う　(42)過ち　(43)寂れ　(44)契っ　(45)卑しい　(46)免れ　(47)軟らかい・柔らかい　(48)憎らしい　(49)握る　(50)虐げられ

スキルアップ

(2)「懇《ねんご》ろだ」は、『送り仮名の付け方』通則1の例外(3)により、活用語尾を送るという本則が適用されないので注意。

(6)接続詞は最後の音節を送るというのが本則だが、『送り仮名の付け方』通則5の例外(1)により「若しくは」と送る。

(14)通則2の本則により、「忌《い》まわしい」は活用語尾以外の部分に他の語を含んでいるが、「忌む」という語「忌む」の送りがなのつけ方によって「忌まわしい」と送る。

(17)動詞の「まぎらす」が、「紛らす」と送ることから考える。

(20)文意からわびるという意味の「謝る」である。まちがえるという意味の「誤る」と使い分けをすること。

(27)「懐」は、「なつ―かしい」「なつ―かしむ」「なつ―く」「なつ―ける」という訓があるので注意。

(31)会社をオコス場合、「興」が適切。「起」は「起こす」で、「興す」と送り方も違うので注意。

(35)「統《す》べる」は下一段活用の動詞なので「べる」が活用語尾。

(47)「軟らかい」は、形容動詞「軟らかだ」の語幹を含む語。「軟らかだ」は活用語尾の前に「らか」を含む形容動詞なので、通則1の本則が適用されずに、その音節から送られている。この送りがなのつけ方によって「軟らかい」となる。「柔らかい」と書く時も同様である。

2

(1)麗しい　(2)蓄える　(3)競う　(4)抑え　(5)偽っ　(6)奉る　(7)極まる　(8)侮り　(9)醸す　(10)伺い　(11)軽やかだ　(12)詳しく　(13)脅かす　(14)培われ　(15)貢ぎ　(16)憤り　(17)芳しく　(18)雇う　(19)唆す　(20)臭い　(21)和やかな　(22)及ぼす　(23)陥る　(24)恭しく　(25)潔く　(26)彩る　(27)戯れ　(28)砕く　(29)辱め　(30)疎んじられ　(31)巡り　(32)傍ら　(33)漏らす　(34)哀れむ　(35)阻む　(36)懲らしめ　(37)漬ける　(38)奏でる　(39)浮かれる　(40)覆す　(41)担ぐ　(42)倣う　(43)衰え　(44)翻る　(45)畳む　(46)染みる　(47)障る　(48)穏やかな　(49)結わえ　(50)食らう

スキルアップ

(1)語幹が「し」で終わる形容詞は「し」から送るので、「麗《うるわ》しい」となる。

(6)音節数は多いが、五段活用の動詞なので、最後の「る」が活用語尾。よって、「奉《たてまつ》る」と送る。

(30)通則2の本則により、「疎《うと》んじる」は、活用語尾以外の部分に他の語を含んでいるが「疎む」の送りがなのつけ方によって「疎んじる」と送る。

(32)「傍《かたわ》ら」は、『送り仮名の付け方』通則3の例外(1)により、名詞は送りがなをつけないという本則が適用されないので注意。「情け」「互い」「誉れ」「勢い」なども同様で名詞だが最後の音節を送る。

(43)活用のある語から転じた名詞はもとの語の送りがなのつけ方によるので、「衰える」→「衰え」となる。

(47)文意から「触わる」ではないとわかる。「支障」という熟語から「障る」を導き出すとよい。

書きとり

▼本誌P.136～151

ウォーミングアップ

P.136～137

A. 解答

1
(1)訪・訪問 (2)併・合併 (3)飢・飢餓 (4)贈・贈呈 (5)捜・捜査 (6)載・掲載 (7)遮・遮断 (8)貢・貢献 (9)避・退避

2
(1)諭 (2)泣 (3)髪 (4)丹 (5)遷 (6)致 (7)享 (8)勅 (9)厳 (10)融 (11)陥 (12)釣 (13)弾 (14)坪 (15)累 (16)麦 (17)仲 (18)窯 (19)脊 (20)面 (21)秩 (22)閥

練習1

P.138～143

A. 解答

1
(1)糧 (2)拒否 (3)生涯 (4)苦慮 (5)欺 (6)麻 (7)溝 (8)眺望 (9)横綱 (10)繭 (11)字 (12)培 (13)情緒 (14)漬 (15)朗 (16)侮 (17)素朴 (18)繊細 (19)謹 (20)蛍狩 (21)利益 (22)渋 (23)実践 (24)升酒 (25)矛先 (26)煮物 (27)誇 (28)賄 (29)貫徹 (30)到達 (31)老若 (32)尼僧 (33)隅 (34)翻訳 (35)循環 (36)挑戦 (37)幻 (38)哲学 (39)匿名 (40)猫 (41)面目 (42)童歌 (43)脚韻 (44)寮 (45)緑青 (46)疎

2
(1)顕著 (2)霊長 (3)汚 (4)最期 (5)障 (6)一矢 (7)解熱 (8)洞察 (9)押印 (10)四肢 (11)渋面 (12)太鼓 (13)戯 (14)惨敗 (15)拠点 (16)給仕 (17)定 (18)奥義 (19)褒美 (20)更迭 (21)敷設・布設 (22)頻繁 (23)妨 (24)風鈴 (25)辛抱 (26)泥土 (27)懲 (28)法廷 (29)疫病 (30)醜 (31)蚊 (32)補佐 (33)桟橋 (34)建立 (35)旨 (36)災 (37)枠内 (38)寂 (39)弔問 (40)軌道 (41)剛球・豪球・強球 (42)匁 (43)厄介 (44)喪 (45)緒 (46)基

3

(1) 渓流
(2) 缶詰
(3) 靴
(4) 篤実
(5) 塀
(6) 戻
(7) 猶予
(8) 塚
(9) 訂正
(10) 逝去
(11) 邸宅
(12) 疲
(13) 集
(14) 探
(15) 囲碁
(16) 岬
(17) 頒布
(18) 柳
(19) 惨
(20) 呉服
(21) 陳謝
(22) 矯正
(23) 怠惰
(24) 媒介
(25) 悟
(26) 撤去
(27) 凡庸
(28) 婚姻
(29) 下弦
(30) 肌身
(31) 端
(32) 誘
(33) 小児
(34) 和
(35) 停泊
(36) 募
(37) 酷似
(38) 貝殻
(39) 繕
(40) 慶事
(41) 幻滅
(42) 履修
(43) 訴訟
(44) 跳
(45) 偏
(46) 幸

練習2 P.144～151

A. 解答

1

(1) 炊事
(2) 懸念
(3) 門扉
(4) 分析
(5) 申告
(6) 均衡
(7) 偵察
(8) 献立
(9) 銘柄
(10) 健
(11) 診断
(12) 涼
(13) 肖像
(14) 随所・随処
(15) 廃
(16) 昆布
(17) 一夕
(18) 雪辱
(19) 妥当
(20) 払底
(21) 漸次
(22) 懇切
(23) 据
(24) 茶道
(25) 抄本
(26) 逓減
(27) 書斎
(28) 眼
(29) 孤立
(30) 猛者
(31) 庶民
(32) 息吹
(33) 圧搾
(34) 陥
(35) 商
(36) 暫時
(37) 虐
(38) 罷免
(39) 賢察
(40) 外科
(41) 弧
(42) 批准
(43) 名残
(44) 充・当
(45) 醸
(46) 褐色
(47) 一升
(48) 絹布
(49) 主催
(50) 棟上

スキルアップ

(2)「懸念《けねん》」は、気にかかって心配に思うこと。
(6)「均衡《きんこう》」は、バランス、つりあい。
(20)「払底《ふってい》」は、(入れ物の底をはたいて出したように)物がすっかりなくなること。
(21)「漸次《ぜんじ》」は、次第に、だんだんの意。「暫時《ざんじ》」と混同しないように注意。
(26)「逓減《ていげん》」は、次第に減ること、減らすことをいう。
(36)「暫時《ざんじ》」は、しばらくの間、しばしの意。
(39)「賢察《けんさつ》」は、相手が推察することを敬っていうことば。
(42)「批准《ひじゅん》」は、条約を国家が最終的に承認することや、その手続きをいう。
(50)「棟《むね》上《あ》げ」は、家を建てる時、柱などの骨組みができて、その上に棟木(屋根の一番高い部分に渡してある木材)を上げること。また、それを祝う儀式。

2

(1) 思索
(2) 愚
(3) 愉快
(4) 胸襟
(5) 譲
(6) 迅速
(7) 応酬
(8) 化粧
(9) 潤沢
(10) 行脚
(11) 治癒
(12) 浄財
(13) 泰西
(14) 洗濯
(15) 沸
(16) 廃物
(17) 俊敏
(18) 家畜
(19) 披露
(20) 拷問
(21) 凝
(22) 償還
(23) 戸棚
(24) 携帯
(25) 悠長
(26) 老翁
(27) 崩落
(28) 会釈
(29) 放免
(30) 拒
(31) 覆
(32) 薫陶
(33) 恨
(34) 秘
(35) 詳細
(36) 賜
(37) 砕
(38) 紳士
(39) 磨
(40) 熟
(41) 抱負
(42) 兵糧
(43) 悪寒
(44) 秀
(45) 歳暮
(46) 採譜
(47) 疎通
(48) 横柄
(49) 詔書
(50) 翻

スキルアップ

(4)「胸襟《きょうきん》」は、心の中。「胸襟を開く」で、うちとけて心中を打ち明ける。

(13)この「泰」は極の意で、「泰西《たいせい》」は西洋、欧米のこと。

(22)「償還《しょうかん》」は、借金・負債を返却することをいう。

(25)「悠長《ゆうちょう》」は、ゆうゆうとしている様子、のんびりと落ち着いている様子。

(27)「崩落《ほうらく》」は、崩れ落ちることのほかに、相場が急に下落することもいう。

(32)「薫陶《くんとう》」は、すぐれた人格をもって人を感化すること。

(42)敵の食糧補給路を断って戦闘力を弱める攻め方が「兵糧《ひょうろう》攻め」。

(46)「採譜《さいふ》」は、民謡などのメロディーを楽譜に書きとること。

(48)「横柄《おうへい》」は、偉そうな態度で、無礼な様子。

3

(1)漆黒
(2)懐
(3)承
(4)助
(5)犬猿
(6)枢軸
(7)浦里
(8)遺憾
(9)草履
(10)謹慎
(11)喪失
(12)欧風
(13)仲人
(14)崇拝
(15)洞穴
(16)久遠
(17)総括
(18)憂・愁
(19)遊説
(20)腰痛
(21)小春日和
(22)読経
(23)穏和・温和
(24)背
(25)風袋
(26)首肯
(27)同僚
(28)阻
(29)市井
(30)威嚇
(31)懸
(32)為替
(33)岳父
(34)桟敷
(35)施工
(36)制覇
(37)賠償
(38)峡谷
(39)甚大
(40)余剰
(41)相殺
(42)築山
(43)絡
(44)担
(45)審理
(46)一斉
(47)昔日
(48)謀
(49)蚊帳・蚊屋
(50)唆

スキルアップ

(6)「枢軸《すうじく》」は、物事の中心となる大事な部分。特に、政治機構の中心部。

(7)「浦里《うらざと》」は、海の近くにある集落、漁村のこと。「裏里」などとしない。

(8)「遺憾《いかん》」は、心残りがして不本意なこと。「遺憾なく」は副詞で、心残りなく、十分に、の意。

(17)「総括《そうかつ》」は、個々のものを、全体を見通してまとめること。

(25)「風袋《ふうたい》」は、はかりで物を量る時のその品物の包装・容器・箱など。

(26)「首肯《しゅこう》」は、もっともだと認め、賛同すること。

(33)「岳父《がくふ》」は、妻の父の敬称。

(35)「施工《しこう》」は「せこう」とも読み、工事を行うこと。

(41)「相殺《そうさい》」は、差し引きして損得がないようにすること。互いに同種の債務を負っているとき、対当額だけ差し引いて消滅させることもいう。

4

(1)鍛
(2)擦
(3)長蛇
(4)脚立
(5)妨害
(6)夜更
(7)憤
(8)安閑
(9)懐
(10)偏見
(11)督促
(12)山車
(13)倣
(14)丁寧
(15)定款
(16)芳
(17)兆
(18)偽
(19)勘当
(20)便宜
(21)奔走
(22)玄人
(23)否
(24)擬音
(25)渇望
(26)遍路
(27)叙勲
(28)悼
(29)雰囲気
(30)回向
(31)忌
(32)開眼
(33)虚空
(34)恭
(35)由緒
(36)双肩
(37)忘却
(38)和尚
(39)浴衣
(40)通暁
(41)渦中
(42)詠
(43)過
(44)帰依
(45)慈
(46)数珠
(47)窮状
(48)礎
(49)富貴
(50)寄席

スキルアップ

(8)「安閑《あんかん》」は、何もせずにのんきにしている様子。安らかで静かな様子。

(15)「定款《ていかん》」は、会社や公益法人などの、組織や目的、業務内容に関する基本的な規則、その文書のこと。

(27)「叙勲《じょくん》」は、功績・功労のあった人に勲等を授け、勲章を与えること。

(28)人の死を悲しみ、嘆く意の「イタむ」だから、「悼む」である。

(30)死者のために仏事を営み、その霊を慰めることを「回向《えこう》」という。

(36)「双肩《そうけん》」は、左右の肩のこと。比喩《ゆ》的に責任や任務をになう身の意味にも使う。

(40)「通暁《つうぎょう》」は、詳しく知っていること。

(44)「帰依《きえ》」は、仏の教えを信じ、すがること。

(49)「富貴《ふうき》」は、金持ちで地位も高いこと。

書きとり（同音・同訓異字 異音類字）

▼本誌P.152～159

ウォーミングアップ P.152～153

A. 解答

1
(1)エ (2)オ (3)イ (4)エ (5)ウ (6)ア (7)ウ (8)オ (9)エ (10)ア (11)ウ (12)エ (13)オ (14)ア (15)ウ (16)ウ (17)イ (18)オ (19)イ (20)ウ (21)オ

2
(1)エ (2)オ (3)ア (4)ウ (5)エ (6)ア (7)ア (8)エ (9)イ (10)イ (11)ア (12)オ (13)ウ (14)エ (15)ア (16)エ (17)イ (18)オ

Ⅰ練習1 P.154～155

A. 解答

1
(1)症 (2)礁 (3)侵 (4)犯 (5)妄 (6)耗 (7)盲 (8)惜 (9)析 (10)籍 (11)揚 (12)挙 (13)申 (14)唇 (15)診 (16)娠 (17)徐 (18)除 (19)暇 (20)寡 (21)稼 (22)徴 (23)微 (24)透 (25)騰 (26)謄 (27)搭 (28)充 (29)汁 (30)柄 (31)幣 (32)弊 (33)逐 (34)遂 (35)憤 (36)粉 (37)献 (38)魂 (39)懇 (40)錠 (41)冗 (42)浄 (43)盛 (44)稚 (45)維 (46)唯

Ⅱ練習2 P.156～159

A. 解答

1
(1)顧 (2)省 (3)静 (4)沈 (5)占 (6)締 (7)済 (8)澄 (9)諮 (10)図 (11)映 (12)栄 (13)含 (14)膨 (15)割 (16)裂 (17)荒 (18)粗 (19)履 (20)吐 (21)押 (22)推 (23)患 (24)煩

スキルアップ

(1)・(2)回顧する場合は「顧みる」、反省する場合は「省みる」。

(3)気持ちを落ち着かせる場合は「静める」が適切。

(11)他のものとの関係でいちだんと美しく見えることをいうのは「映える」。

(12)「栄え」は、光栄、名誉。

(21)「横車《よこぐるま》を押す」は、道理に合わないことを無理に押し通すこと。

2

(1)戯 (2)欺 (3)偽 (4)信仰 (5)振興 (6)深更 (7)新興 (8)請願 (9)正眼・青眼 (10)誓願 (11)法曹 (12)包装 (13)局地 (14)極致 (15)傘下 (16)惨禍 (17)賛歌 (18)浸入 (19)侵入 (20)新入 (21)謁見 (22)越権 (23)究明 (24)糾明

スキルアップ

(6)「深更《しんこう》」は、夜中、夜更けの意。

(8)～(10)「請願」は、書類を出して希望を願い出ること。「正眼・青眼」は、剣道で切っ先を敵の目に向けること。中段の構え方。「誓願」は、神仏に誓い願うこと。

(11)「法曹《ほうそう》」は、法律事務に従事する者をいう。

(21)「謁見《えっけん》」は、身分の高い人に会うこと。

(24)罪・不正などを問い正し、明らかにすることを「糾《きゅう》明《めい》」という。

3

(1)対称 (2)対照 (3)対象 (4)教授 (5)享受 (6)渉外 (7)障害 (8)謹 (9)慎 (10)踊 (11)躍 (12)不変 (13)普遍 (14)縦隊 (15)渋滞 (16)仕 (17)支 (18)乾 (19)渇 (20)接 (21)継 (22)気迫 (23)希薄 (24)強硬 (25)恐慌 (26)伸 (27)延 (28)断 (29)裁 (30)領有 (31)両雄 (32)普請 (33)不審 (34)喚起 (35)換気 (36)概観 (37)外患 (38)更新 (39)交信 (40)後進 (41)誇示 (42)固辞 (43)彫 (44)掘 (45)累進 (46)塁審 (47)摂取 (48)窃取 (49)尋 (50)訪

スキルアップ

(6)「渉外《しょうがい》」は、団体や組織で、外部に対して連絡や交渉をすることをいう。

(12)・(13)「不変」は、変わらないこと。「普遍」は、広く行き渡ること。ちなみに、「不偏」はかたよらないこと。

(20)切れているものをつなぎ合わせる意では、「接ぐ」を用いる。

(34)「喚起《かんき》」は、呼び起こすこと。

(36)「概観《がいかん》」は、ある物事の全体をざっと見わたすこと。また、だいたいの様子。

(42)「固辞《こじ》」は、かたく辞退すること。

(45)「累進《るいしん》」は、地位などが次々と上に進むこと、数量の増加につれて、それに対する比率が増すことをいう。

(48)「窃取《せっしゅ》」は、こっそりと盗み取ること。

書きとり（誤字訂正）

▼本誌P.160～169

ウォーミングアップ P.160～161

A.解答

1

(1)ア (2)ア、 (3)ア (4)イ (5)ア (6)ア (7)イ (8)イ (9)イ (10)ア (11)ア

2

(1)複・復 (2)共・享 (3)選・染 (4)殴・欧 (5)廊・楼 (6)擬・疑 (7)基・軌 (8)諸・緒 (9)粧・装 (10)職・飾 (11)剤・済 (12)参・傘 (13)銭・践 (14)缶・乾 (15)帯・滞 (16)線・遷 (17)堕・惰 (18)葬・喪 (19)策・索 (20)符・譜

練習1　P.162～165

A. 解答

1

(1) 因・姻　(2) 亭・廷　(3) 詰・喫　(4) 徴・懲　(5) 規・企　(6) 間・閑　(7) 信・振　(8) 講・購　(9) 漢・官　(10) 予・余　(11) 債・催　(12) 疑・偽　(13) 徐・除　(14) 墾・懇　(15) 隆・立　(16) 偉・異　(17) 優・悠　(18) 礁・焦　(19) 滋・慈　(20) 弱・寂　(21) 粉・紛　(22) 名・銘　(23) 重・面　(24) 済・斎　(25) 義・宜　(26) 付・赴　(27) 径・経　(28) 栽・裁　(29) 撤・徹　(30) 清・請　(31) 使・遣　(32) 壌・醸　(33) 察・擦　(34) 虜・慮　(35) 理・履　(36) 令・麗　(37) 義・儀　(38) 優・融　(39) 勲・薫　(40) 好・恒　(41) 倹・検　(42) 気・機　(43) 玄・弦　(44) 準・准

2

(1) 陰・隠　(2) 勇・有　(3) 尽・人　(4) 率・律　(5) 壮・荘　(6) 並・併　(7) 意・遺　(8) 変・偏　(9) 交・好　(10) 生・性　(11) 魂・根　(12) 堅・健　(13) 謄・騰　(14) 条・情　(15) 環・還　(16) 神・森　(17) 主・首　(18) 官・冠　(19) 愛・哀　(20) 厄・疫　(21) 卒・率　(22) 膜・幕　(23) 句・口　(24) 訟・証　(25) 速・促　(26) 荷・架　(27) 伏・服　(28) 豊・芳　(29) 盲・妄　(30) 半・伴　(31) 上・生　(32) 銘・明　(33) 化・嫁　(34) 勤・努　(35) 戦・選　(36) 鎮・沈　(37) 包・抱　(38) 防・妨　(39) 方・法　(40) 補・舗　(41) 不・付（附）　(42) 材・財　(43) 単・端　(44) 廃・敗

練習2　P.166～169

A. 解答

1

(1) 放・倣　(2) 技・戯　(3) 肖・祥　(4) 有・裕　(5) 急・糾　(6) 閉・締　(7) 則・即　(8) 点・天　(9) 慢・漫　(10) 範・凡　(11) 奮・震　(12) 走・争　(13) 交・混　(14) 誤・過　(15) 俸・封　(16) 化・禍　(17) 技・業　(18) 受・請　(19) 世・生　(20) 談・断　(21) 類・累　(22) 耐・堪　(23) 意・慰　(24) 触・障　(25) 体・袋　(26) 添・沿　(27) 用・擁　(28) 賞・彰　(29) 着・就　(30) 掲・携　(31) 悠・猶　(32) 否・秘　(33) 豊・宝　(34) 憂・幽　(35) 接・設

スキルアップ

(2) 遊びたわむれることには「遊戯」を用いる。「遊技」は娯楽としての遊びのこと。

(7) 物事の状態にうまく対応しあてはまることには「即する」を用いる。「則する」はある事柄を基準としてそれに従うこと。例「法に則する」。

(10) 「凡例《はんれい》」は、書物の初めに編集方針やその使い方などを書いた文章のこと。

(15) 「素封家《そほうか》」は、古くから非常な富を持っている家のこと。代代続いた財産家のこと。

(16) 「輪禍《りんか》」は、電車・自動車・オートバイなどによる交通事故の災難のこと。

(21) 「累《るい》が及《およ》ぶ」の「累」には、まきぞえ、わずらいという意味がある。

(23) 「弔慰金《ちょういきん》」は、死者を弔い遺族を慰める気持ちを込めて、遺族に贈るお金のこと。

(32) 「黙秘《もくひ》」は、自分に不利なことはいわないで押し通すこと。

2

(1) 唯・維
(3) 異・違
(5) 郎・朗
(7) 歳・載
(9) 窮・糾
(11) ○
(13) 行・衡
(15) 需・受
(17) 壇・断
(19) 基・規
(21) 広・公
(23) 相・双
(25) 面・綿
(27) 互・誤
(29) 創・挿
(31) 掘・彫
(33) 破・覇
(35) 頂・眺

(2) ○
(4) 覧・欄
(6) 勢・斉
(8) 底・抵
(10) 冒・暴
(12) 前・漸
(14) 乗・剰
(16) 習・倣
(18) 扇・旋
(20) 計・諮
(22) 折・切
(24) ○
(26) 痛・悼
(28) 委・依
(30) 状・条
(32) ○
(34) 核・殻

スキルアップ

(6) 大勢がそろって同時に行うことには「一斉」を用いる。

(16) ある物事を手本としてまねることは「倣う」を用いる。

(17) 「独断専行《どくだんせんこう》」は、自分の判断だけで思う通りにすること。

(18) 「旋風《せんぷう》」は、つむじ風のことで、比喩《ゆ》的に周辺に大きな影響を与える変化・出来事のこと。

(20) 「はか―る」の使い分けに注意する。「計る」は、主に数を数えたり、時間についての数値を得るときに使う。「諮る」は、専門家や他の人の意見を聞く、という意味。

(26) 「いた―む」の使い分けに注意する。「悼む」は、人の死を悲しみ、嘆くこと。「痛む」は、病気やけがによって、体に痛みを感じること。

(34) 地球の表面の硬い部分は「地殻」。「地核」は地球の中心部のこと。

実力完成問題 第1回

▼本誌P.170～175

P.170～175

(一)
1 ふじょ
2 るい
3 おうしゅう
4 こうばく
5 なんど
6 きひん
7 だきょう
8 めいき
9 せんぱく
10 さんぜん
11 ふぜい
12 しゅういつ
13 いちまつ
14 こんせい
15 かんしょう
16 ばいかい
17 しゅくぜん
18 こうずか
19 くんとう
20 りやく
21 つちか
22 むね
23 すじか
24 みつ
25 わずら
26 おそれ
27 きわ
28 はだみ
29 あば
30 そそのか

(二)
1 じゅうとう
2 あ
3 かいこん
4 かたまり
5 こかつ
6 かわ
7 ちょうはつ
8 いど
9 せんれつ
10 あざ

(三)
1 エ
2 ア
3 イ
4 ウ
5 ウ
6 ウ
7 オ
8 エ
9 ア
10 エ

(四)
1 又
2 辶
3 囗
4 夕
5 至
6 大
7 大
8 禾
9 車
10 頁

(五)
1 悔っ
2 促す
3 惜しく
4 脅かす
5 辱める

(六)
1 違反（違犯）
2 蛇行
3 拙劣
4 封鎖
5 薄利
6 反目
7 高慢
8 折衝
9 職務
10 怠惰

(七)
問1
1 定離
2 必衰
3 夏炉
4 少壮
5 衆生
6 唯一
7 成就
8 一騎
9 森羅
10 興起

問2
A 6
B 3
C 1
D 4
E 8

(八) 1 募・模　2 解・壊　3 待・滞　4 諸・庶　5 潜・染

(九) 1 資格　2 刺客　3 添　4 沿　5 避　6 裂　7 周忌　8 臭気　9 酌　10 組

(十) 1 叙勲　2 贈呈　3 遺恨　4 懐疑　5 披露　6 釈明　7 吟味　8 透徹　9 花瓶　10 該当　11 稚児　12 溝　13 装　14 血眼　15 炎　16 渦巻　17 建坪　18 飢　19 帆掛　20 翻

実力完成問題 第2回

▼本誌P.176～181

P.176～181

(一) 1 ひじゅん　2 おおざっぱ　3 けんじ　4 はき　5 きょうきん　6 ぼくせき　7 おんる　8 こっきしん　9 せんかい　10 ほんりゅう　11 はいき　12 ひょうしょう　13 へいこう　14 じんりん　15 しゅんさい　16 けいちょう　17 かっすい　18 けんきょう　19 まめつ　20 きゅうてい　21 はなお　22 ほうむ　23 ゆ　24 きざ　25 あわ　26 いさぎよ　27 なつ　28 すず　29 うけたまわ　30 へび

(二) 1 やっき　2 おど　3 ふっとう　4 わ　5 きょうしゅう　6 うれ　7 きょうげき　8 はさ　9 せきべつ　10 お

(三) 1 ア　2 ウ　3 オ　4 エ　5 ウ　6 イ　7 イ　8 ア　9 イ　10 エ

(四) 1 カ　2 木　3 宀　4 心　5 又　6 聿　7 矢　8 貝　9 ⺍　10 尸

(五) 1 励まし　2 秀でる　3 飽きる　4 汚らわしい　5 企てる

(六) 1 享楽　2 寡黙　3 挿入　4 途絶　5 陳腐　6 無窮　7 丹念　8 追想　9 披露　10 架空

(七) 問1 1 滅却　2 鶏口　3 一徹　4 千載　5 普遍　6 謹厳　7 千紫　8 雨奇　9 外剛　10 妄想
問2 A 7　B 6　C 4　D 2　E 5

(八) 1 憤・紛　2 踏・到　3 近・緊　4 検・遣　5 巧・効

(九) 1 既得　2 危篤　3 伯仲　4 白昼　5 抱擁　6 包容　7 転嫁　8 添加　9 盛　10 漏

(十) 1 一矢　2 融通　3 生涯　4 雇用　5 還暦　6 謄本　7 韻律　8 過剰　9 苦衷　10 推奨　11 砕　12 忍　13 奏　14 棟上　15 殻　16 駆　17 剣　18 神酒　19 操　20 筒抜